インボイス・
改正電子帳簿保存法に対応！

増補改訂

小さな会社の

経理・人事・総務が ぜんぶ自分で できる本

税理士 北川知明

ソシム

税金の税率や社会保険・労働保険の料率は毎年変更されるので、実務に当たっては必ず最新のものを使用するようにお願いします。

はじめに

　小さな規模の会社の事務担当者の多くは、経理・人事・総務の役割をひとりでこなさなければなりません。これは馬鹿にならない作業量ですし、カバーする範囲も膨大です。結局、「来る日も来る日も目先の事務に追われ、ばたばたしている」「わからないことがあって、本当は調べて確認したいけど、時間がないから前任者のやり方をそのまま続けている」という人も多いのではないでしょうか。

　ひとりで事務的な仕事をすべてこなすためには、本来は多くの知識と幅広い経験が必要で、それを身に付けるためには長い年月がかかります。各分野の本を何冊も読み返し、それを実際にやってみて身に付くものです。「そんなのわかっているよ。でも時間がない！」が担当者の本音だと思います。税理士としていままで多くの担当者の方とお話させていただき、実務に役立ち、しかも簡単に読める本が書けないかとずっと考えていました。

　この本では、実務で特に必要とされる事柄に重点を置き、**それらをすぐに手を動かすことができるように具体的に記載**しています。そして、単に情報の羅列ではなく、実務上つまずきやすい点や注目すべきポイントを解説しているため、**単なる暗記にならず理屈がわかり無理なく身に付ける**ことができます。本書を読んでいただくと、今までなんとなく前任者のやり方をまねしていたのが、なぜそうするのか理屈がわかるようになります。

　本書の内容は、経理、人事、総務にわたり幅広く、かつ、多くの会社で必要とされることに絞って説明しています。中小企業の方だけではなく、大企業の若手の方が経理、人事、総務の基礎を横断的に理解するために読まれるのにも適しています。この本を読んでいただいた方が疑問を1つでも多く解消し、業務に自分なりの創意工夫が生まれ、そこから経理・人事・総務の業務がより改善されれば、これ以上の喜びはありません。

　本書も店頭に並んでから7年近くたちました。その間に税金をはじめ社会保険や労働保険などにも多くの改正がありました。その中でも、電子帳簿保存法やインボイスの影響が大きいことから、これらに関する解説を加えるとともに、以前からある解説も細かい点ではありますが見直しています。新版も、事務担当者の疑問を解消する一助となればうれしく思います。

2023年8月　著者

Contents

Chapter
2 ｜ 日常的に行う
経理関連の事務

Chapter

3

日常的に行う
人事関連の事務

Chapter

4

年に1回行う
事務

Chapter

5

発生のつど対応する
事務

本書の使い方

● 本書の構成

本書は次の5つの章から構成されています。

章	名称	概要
1	経理・人事・総務の事務の基礎	経理・人事・総務の事務処理を行うときに必要となる基礎的な知識を解説しています。
2	日常的に行う経理関連の事務	経理の業務を中心に日常的にしなければならない業務を解説します。付随する業務として請求書、納品書、領収書発行などの営業に関する事務処理の一部も解説しています。
3	日常的に行う人事関連の事務	給与計算をはじめとする人事の業務を中心に日常的に行う必要があるものを解説します。
4	年に1回行う事務	決算、年末調整、さまざまな税金の申告、株主総会など、年に1回は必ず発生する事務処理のやり方を解説します。
5	発生のつど対応する事務	従業員の採用や退職、税務調査など、発生したときに適切な対応が必要とされる業務について解説します。

また、巻末には「小さな会社のためのよく使う勘定科目リスト」を掲載しています。このリストを活用すれば、経理の仕訳を起こすときに悩むことなく、適切な勘定科目を選択できるようになります。

本書の水先案内人

本書のいろいろなところで左のキャラクターが登場します。小さな会社の経理・人事・総務の業務に精通していて、「業務のポイント」「作業上注意したいところ」「ちょっとした効率化のアイディア」「無駄話」などをつぶやいています。たまに乱暴な言葉遣いもあるかもしれませんが、耳を傾けてみてください。

●本書の紙面構成

本書では、さまざまな業務を解説するために、次のように2種類の紙面を用意しています。

業務の流れをつかもう ➡ **どんな業務で必要なものかや何日かかるかが把握できる！**

経理や人事の業務では、決算、固定資産管理、給与計算、年末調整などの一連の流れに沿った業務が数多くあります。これらの業務の概要やスケジュールを確認できます。細かい個別の作業にとりかかる前に、その業務が何日ぐらい必要で、大まかにどのような処理が必要なのかを把握するのに便利です。

業務をくわしく知ろう ➡ **具体的な書類の書き方や提出先、注意点がわかる！**

書類の作成や様々な手続きなど、細かい作業の詳細を1セクション1テーマで詳しく解説します。原則1テーマ1見開きで解説しています。

業務の流れをつかもう

業務の頻度と締切を表します。

大まかな業務のスケジュールを解説しています。

業務の概要をまとめています。

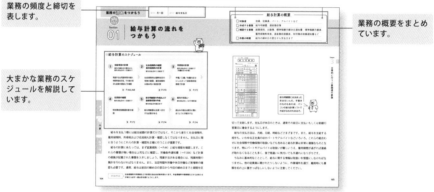

業務をくわしく知ろう

業務の注意点やコツをまとめています。

解説している業務のジャンルを表示しています。

資料の見方や提出書類の作り方を図解で解説しています。

補足事項をまとめています。

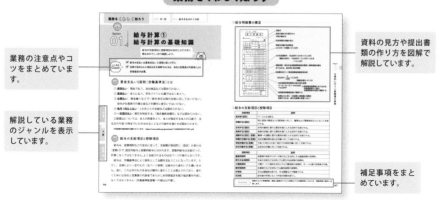

●ダウンロードデータについて

　本書の解説の中で「書類名^{DL}」と「DL」の表記がある書類は、下記のサイトからダウンロードして使用することができます。ファイルはエクセルもしくはワードで作成されているので、ご使用にあたってはこれらのソフトとソフトが稼働するパソコンが必要となります。

ダウンロードのURL

https://www.socym.co.jp/book/1427/

　ダウンロードデータについては、P.342も参照してください。

1

経理・人事・総務の 事務の基礎

Keyword

経理の事務 / 人事の事務 / 総務の事務 / 印鑑 / 書類の整理 / 書類の保存期間 / 税金に関する書類の保存 / 印紙と切手 / 定款 / マイナンバー / 就業規則 / 労働時間と休日の基礎知識 / 割増賃金と三六協定 / 年次有給休暇の管理 / 振替休日と代休の管理 / 社会保険と労働保険の概要 / 税務署などへ提出している書類 / 税金の申告と納付

Section

01 経理の事務のあらまし

経理の仕事はいかに早く正確に処理をするかが大事なのだ。

経理は規律が大切

　経費精算で期限順守を社内に呼びかけ、少額なものも手続きにこだわるなど、経理の仕事は規律を大切にします。なぜなら、経理は第一にお金を扱う部署であること、また決算を必ず期限どおりに仕上げなければならない重責を負っているからです。したがって、必然的に社内には厳しい態度にならざるを得ません。本書では、経理が社内に対して正しく指導していけるよう、多くの会社で必要となる経理の基本を実務的な観点からまとめました。

　経理の仕事は大きく、会計に関することと税金に関することに分かれます。会計に関することでは、基本を理解するとともに定形的な処理方針を決めることが早く正確な処理をするために重要です。また、決算作業や税金に関することは、事前準備とスケジューリングがポイントになります。また、顧問税理士との連携も重要となります。

● 経理関連のスケジュール

※会社の決算が3月末の場合

1月	2月	3月
法定調書・給与支払報告書の提出、償却資産申告書の提出、所得税の納付（納期の特例）		決算期（3月決算会社）※、決算準備※
4月	**5月**	**6月**
決算作業※	法人税申告書※、法人事業税・住民税申告書※、消費税申告書の提出※、住民税特別徴収税額通知書の受領	住民税の納付（納期の特例）
7月	**8月**	**9月**
所得税の納付（納期の特例）		税務調査
10月	**11月**	**12月**
		住民税の納付（納期の特例）

経理

人事

総務・他

● 本書で取上げる経理の事務

日々の会計処理

現金・預金の管理、会社の信用を左右する小切手の管理、売上代金や仕入代金の回収と支払いに関する売掛金・買掛金の管理、事務所のパソコンや工場の機械など設備投資や保証金などの固定資産・繰延資産の管理などがあります。

決算作業

月々の処理が正しく行われていることを確認し、決算特有の処理を行います。月々の作業にもれや誤りがあると、決算作業がその分大変になります。月々処理すべきことは決算に繰越さないようにします。

所得税・住民税の納付手続き

給与や報酬の支払いの際に差引いた所得税や住民税は、原則として翌月10日までに納付します。納付が遅れるとペナルティーがかかります。納期の特例として6か月分をまとめて納付することもあります。

各種申告書の提出と納付

税務署に提出・納付する法人税申告書と法人税以外にも、さまざまな種類の申告書と税金があります。これらの申告書の提出と納付は毎年定期的に行われます。各申告書の概要と申告・納付時期を押さえます。

法定調書の作成

1年間に支払った給与、報酬、家賃などを集計して税務署へ提出します。12月決算の会社以外は決算期と一致しないため、とりまとめに苦労することも。法定調書の対象となる取引や金額の基準を理解します。

税務調査対応

税務調査というと調査官に厳しい指摘をされる怖いイメージを持たれる方も多くいます。しかし、税務調査の手続きには一定の流れがあります。その流れを理解し、落ち着いて対応することが大切です。

顧問税理士との連携

会計データ入力を会社で行い、税金計算や申告書の作成は顧問税理士へ依頼するかたちが一般的です。決算や申告のときだけでなく、普段から積極的に相談すると貴重なアドバイスがもらえます。

会計と税金に関して早く正確な処理

Section

02 | 人事の事務のあらまし

人事の仕事はその性格上、
とてもデリケートです。

人事はプライバシーを扱う

　人事は給与や賞与を計算し従業員の評価にかかわる部署で、各従業員のプライバシーを扱います。会社は人なりといわれるように、適切な従業員の処遇は会社の経営の根幹で、人事はそれを支える部署です。この本では、事務的な作業面を中心に説明をしています。

　人事の仕事は個々の従業員にかかわる問題を扱うため非常にデリケートなものです。言ってはいけないことを言わないだけでなく、ふとしたことから情報がもれてしまうことがないよう普段から立ち振る舞いに慎重さがもとめられます。

　政府が主導する『働き方改革』のもと、長時間労働を抑制すべく、労働時間管理や残業時間の削減が一層厳しく問われるようになっています。従業員を不利に扱うことのないよう、まずは労働時間をきちんと記録することが大切です。

● 人事関連のスケジュール

1月	2月	3月
新年度の賃金台帳、出勤簿等の準備		従業員の退職、被扶養者届の提出、健康保険・介護保険の料率改定チェック
4月	**5月**	**6月**
新入社員の入社、雇用保険の料率改定チェック		労働保険の年度更新開始、特別徴収税額の更新
7月	**8月**	**9月**
社会保険の定時決定		社会保険の標準報酬月額等級の更新、厚生年金保険の料率改定チェック
10月	**11月**	**12月**
	年末調整の準備	年末調整、源泉徴収票の交付、冬季賞与支給、賞与支払届の提出

経理

人事

総務・他

本書で取上げる人事の事務

給与・賞与計算、年末調整

給与計算は社会保険料などの各種控除の取扱い、賞与計算は給与とは異なる取扱いがある点に注意が必要です。年末調整は、1年間の給与・賞与をもとに従業員の税金を決定する大切な作業です。

社会保険と労働保険の取扱い

原則として、すべての会社は社会保険の対象で、従業員が1人でもいれば労働保険も対象です。不正に手続きを免れていると、従業員が不利益を受けたり、会社にペナルティーがかかることもあります。

社会保険の定時決定、随時改定

社会保険は毎年決まった時期に見直しをします（定時決定）。また、給与が増減し一定の条件を満たした場合も見直しをします（随時改定）。いずれも、その後の社会保険の負担額を決定する大切な手続きです。

労働保険の更新手続き

労働保険は最初に概算でその年度の保険料を納め、翌年に確定した保険料との差額を精算します。これを毎年繰返していきます。労働保険の対象となる従業員を把握し、給与を集計して申告します。

従業員の採用と退職

従業員の採用と退職に際して、社会保険、労働保険、税金に関して多くの手続きがあります。従業員のプライバシーに関する情報も多く入手することになるため、その取扱いには充分に注意します。

労働時間と休日、割増賃金

労働時間と休日の取扱いは、労働基準法や就業規則などの取決めを充分に理解しなくては正しい処理ができません。また、割増賃金の計算は計算が細かく手間もかかります。作業の手順を整理することが大切です。

年次有給休暇、振替休日と代休

年次有給休暇は従業員ごとにその付与と消化がまちまちとなるので、個別に管理しなければなりません。また、振替休日と代休の違いを理解するとともに、正しく振替休日を与えられるようにします。

就業規則の作成

労働基準法に違反しない範囲で、従業員が守るべき規律および労働条件に関する取決めであり、従業員が働く際によるべき根本規程です。ひな形をそのまま用いるのではなく、自社に合った内容を検討します。

適切な従業員の処遇

Section 03 | 総務の事務のあらまし

> 総務の仕事は会社をひとつにまとめること。

総務は会社の潤滑油

　総務は会社の潤滑油とも言われ、会社の各部署がスムーズに連携を取り、全従業員が能力を発揮するための縁の下の力持ちです。また、会社を代表して取引先など会社外の関係者ともかかわります。決して、簡単な仕事ではありません。この本では、中小企業に的をしぼり、多くの会社で関係するところを中心に説明しています。

> 総務は細かい仕事も多いし、日々の管理がとても重要なんだ。

● 総務関連のスケジュール

※会社の決算が3月末の場合

1月	2月	3月
4月	**5月**	**6月**
株主総会の準備※	株主総会の開催※、役員改選等の登記申請手続き	保管期限到来分の書類の廃棄
7月	**8月**	**9月**
10月	**11月**	**12月**
		マイナンバー取得もれのチェック

●本書で取上げる総務の事務

印鑑の管理

取引先と契約する際に使う代表者印から請求書を発送するときに使う請求書在中のゴム印まで多くの数と種類の印鑑があります。これらの印鑑が使われる場面と、押印のしかたを解説します。

書類の整理と保存

日々大量の書類を作成し、また大量の書類を受取ります。これらを作成、受領のつど、一定の法則にもとづき整理をしないと確認したいときに確認できず、また最悪の場合、盗難や紛失のおそれもあります。

印紙と切手の管理

印紙や切手はお金ではありません。しかし、従業員が個人的な目的で使ったり、金券ショップに持ち込めば換金もできます。そのようなことが無いように管理に工夫が必要です。

定款や登記事項証明書

定款や登記事項証明書は、官庁などに出す書類に形式的に添付すればよいことは知っているかもしれません。しかし、それらがどのようなもので何が記載されているものかを知っておくことも重要です。

マイナンバー制度

マイナンバー（個人番号）制度は、平成28年からはじまりました。これらは、税金や社会保険などで頻繁に出てくるので、制度の基本的な取扱いを理解しておく必要があります。

株主総会・取締役会・監査役

会社は決算が終わると毎期必ず株主総会を開催します。株主総会での決議のしかたや議事録のひな形など、また会社によっては取締役会や監査役についても理解しておく必要があります。

内容証明

取引先から代金を回収できない場合や契約を解除する際など重要な場面で作成します。基本的な作成のしかたを理解します。

部署間の連携向上、全従業員の能力発揮、対外的な代表

Section

04 ｜ 印鑑の種類と使いかた

押印には用途ごとにいくつかの種類があるから、
目的により適切なものを選択しよう。

ここだけ Check!

- ✅ 代表者印を銀行印としても届出ることができる。
- ✅ 割印、契印、捨印、消印の意味と役割を理解して使い分ける。
- ✅ 角印は会社が書類を作成した証明となるが、印の有無は書類の法的な効力には関係しない。

会社で使用する印鑑には、それぞれの役割がある

　会社ではさまざまな種類の印鑑が使われます。**代表者印**（会社実印、丸印とも呼ばれる）は会社の本店を所轄する登記所へ、**銀行印**は利用する銀行へ所定の届出が必要です（角印、認印、ゴム印についての届出は不要）。なお、銀行で口座を開設する際に代表者印を銀行印として登録できますが、代表者印と銀行印を兼用した場合、契約時などに代表者印を持ち出したときに、その間は銀行の手続きができないなど不便なことが出てくるため、通常はそれぞれ別に用意します。

　また、会社名、住所、電話番号など会社の基本情報、請求書在中や速達その他普段からよく手書きをする文言のゴム印を作成しておくと、作業効率も上がります。他社から送られてくる書類に押されているゴム印で、自社で使えそうなものは取り入れるようにしましょう。

通常の押印以外にも特定の役割で印鑑を使用することがある

　代表者印や銀行印は、さまざまな契約書、領収書、申請書、届出書などへの押印に使われます。また、**割印**（2つの書類が同じものであることを示す）、**契印**（複数のものが組み合わせであったり、続きものであったりすることを示す）、**捨印**（のちの訂正のための押印）、**消印**（収入印紙などが使用済みであることを示す）などと呼ばれる特定の役割をもった押印の種類があります。

会社で使われる印鑑の種類

会社には使い道によりさまざまな印鑑があります。

代表者印（会社実印）
- 契約書の締結
- 法人登記の手続き

角印（社印）
- 見積書の発行
- 請求書の発行

銀行印
- 銀行での各種手続き
- 小切手を振出す

認印[個人]
- 見積書の承認
- 社内文書の確認、承認

ゴム印
- 社名や住所を
  自書するかわりに押す

〒169-85XX
東京都新宿区北新宿 5-5-5
蔵吹倶株式会社
代表取締役　　出差員　太郎
電話番号 03-52XX-41XX

割印・契印・捨印・消印

単に署名の横に押すだけではなく、特別な役割をもった押印のしかたがあります。

○領収書の割印

領収書とミミが1つの組み合わせであることを示す

○契約書の契印（袋とじでない場合）

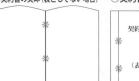

○契約書の契印（袋とじの場合）

綴じられた契約書がひと続きであることを示す

○割印

2通の契約書が同じ内容であることを示す

○捨印

あとの訂正のために押す
（契約書、申込書など）

○消印

使用済みであることを示す
（印紙）

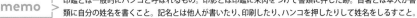

memo 印鑑とは一般的にハンコと呼ばれるもの。印影とは印鑑に朱肉をつけて書類に押した跡。自署とは本人が書類に自分の姓名を書くこと。記名とは他人が書いたり、印刷したり、ハンコを押したりして姓名をしるすこと。

Section

05 | # 書類の整理のしかた

書類の整理はルールを決めて、それを徹底する
ことが大切なんだ。

ここだけ Check! —

- ✔ 基本は古い日付のものが下になるようにファイリングする。
- ✔ 各ファイルを重ねずに整理整頓する。
- ✔ 保存のしかたを変更する際は事前に上司などの確認をとる。

 ## 効率的な書類整理が仕事の効率化を実現する

　総務・経理・人事部門では、多種多様な書類を扱います。これらをキチンと整理し、いつでも簡単に取り出せるようにしておかなくてはなりません。総務・経理・人事部門では書類が増えるたびに順番に上にファイリングしていくので、**基本的に古い日付のものがより下**になります。また、ファイルはいつでも取り出して確認したり、書類を綴じたりできるように定位置にかつ積み重ねずに置きましょう。ここがしっかりできると作業効率が上がります。

 ## 決算終了後のファイルは基本的に段ボール箱で保存する

　決算終了後は、前期のファイルは基本的に段ボール箱に入れて保存します。段ボール箱の側面には事業年度、各ファイル名、保存期限を書いた用紙（**書類保存箱ラベル**^{DL}）を貼りましょう。ただし、基本情報ファイル、申告書ファイル、従業員ファイル、契約書ファイル、社会保険・労働保険ファイル、源泉徴収簿ファイル、領収書（税、社会保険、労働保険関係）は当期も続けて同じファイルに綴じていきます。

書　類　保　存　箱			
事業年度	自　令和　　　年　　　月　　　日		
	至　令和　　　年　　　月　　　日		
保存書類	■ 支払済み請求書ファイル ■ 請求書控え（入金済み）ファイル ■ 領収書（税、社会保険、労働保険関係以外） ■ 仕訳帳 ■ 総勘定元帳		
保存期限	令和　　　年　　　月　　　日		

書類保存箱ラベル

memo ＞ e-Tax や eLTAX を使った電子申告の際の書類の整理のしかたについては P.294 参照。

● 効率的な書類管理のためのファイルの種類（総務系）

ファイル名	解説
基本情報ファイル	定款(→ P.38)、登記事項証明書(→ P.334)はクリアポケットに入れて、税務届出書・申請書は2穴パンチで穴をあけて、いずれもフラットファイルに綴じます。
申告書ファイル	株主総会議事録(→ P.286)と申告書(決算書、固定資産台帳、棚卸表を含む)を、2穴パンチで穴をあけ事業年度ごとにフラットファイルに綴じます。
契約書ファイル	取引先と締結した契約書を、取引先ごとにインデックスを付けてクリアポケットファイルに入れて保管します。
未払請求書ファイル、支払済み請求書ファイル	支払業務(→ P.96)
請求書控え(未入金)ファイル、請求書控え(入金済み)ファイル	請求書の作成のしかた(→ P.140)、請求業務(→ P.88)

● 基本情報ファイルの管理方法

会社に関する基本的な書類を保存します。むやみに穴をあけたりしないようにします。

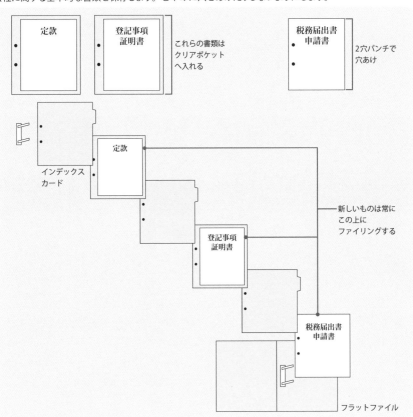

定款　登記事項証明書　これらの書類はクリアポケットへ入れる　税務届出書申請書　2穴パンチで穴あけ

インデックスカード　定款

新しいものは常にこの上にファイリングする

登記事項証明書

税務届出書申請書

フラットファイル

> **memo** フラットファイルとはパンチで穴をあけた書類をプラスチックや金属でできた留め足（ひも状のもの）に通して順番に綴じるファイルのこと。

● 効率的な書類管理のためのファイルの種類（人事系）

ファイル名	解説
従業員ファイル	労働者名簿を一番最初に綴じ、その後に従業員ごとにインデックスを作成し、労働条件通知書控え、雇用契約書、身元保証書、退職届、退職合意書控え、離職証明書（事業主控）をクリアポケットファイルに入れて保管します。
社会保険・労働保険ファイル	健康保険・厚生年金保険被保険者報酬月額算定基礎届、労働保険申告書など、社会保険と労働保険に関する書類を2穴パンチで穴をあけてフラットファイルに綴じます。特に気にならなければ、古い日付のものから順に綴じるだけでインデックスで区分する必要はありません。
源泉徴収簿ファイル	源泉徴収簿と扶養控除等申告書を2穴パンチで穴をあけてフラットファイルに綴じます。最初に扶養控除等申告書、その上に源泉徴収簿を綴じます。年末調整時に回収する扶養控除等申告書（コピー）（→ P.218）、基礎控除申告書兼配偶者控除等申告書兼所得金額調整控除申告書（→ P.226）、保険料控除申告書（→ P.222）などについては、源泉徴収簿の上に綴じます。

● 従業員ファイル / 源泉徴収簿ファイルの管理方法

従業員とその給与に関する書類を保存します。従業員が多くなると整理のしかたが作業効率に影響します。

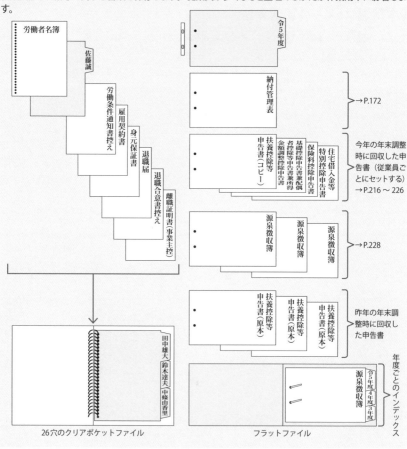

経理
人事
総務・他

memo ＞ パイプ式ファイルとはパンチで穴をあけた書類をパイプ状の留め足と留め具を組み合わせて綴じるファイルで、留め具を利用すれば比較的自由に書類の出し入れが可能。

026

効率的な書類管理のためのファイルの種類（経理系）

ファイル名	解説
仕訳帳と総勘定元帳	会計ソフトで作成した場合であっても、決算終了後には、仕訳帳と総勘定元帳は印刷して保管しておく必要があります。2穴パンチで穴をあけて厚さに応じたファイルに綴じましょう。仕訳帳と総勘定元帳でインデックスを付けますが、総勘定元帳の勘定科目ごとには必ずしもインデックスを付ける必要はありません。
領収書（税、社会保険、労働保険関係以外）	ものにより大きさがバラバラのため、スクラップブックにのり付けするか、A4用紙にのり付けして2穴パンチで左側に穴をあけて紐で綴じることが一般的です。のり付けする際は、古いものを下から順に少し重ねて貼ります。
領収書（税、社会保険、労働保険関係）	税金や社会保険関係は、後で見返すことが比較的多いため、これ以外の領収書とは区別して市販のノートにのり付けして保存します。

領収書の管理方法

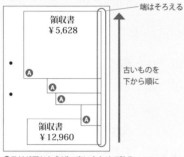

●税・社会保険・労働保険関係以外

領収書
¥5,628

端はそろえる

古いものを下から順に

Ⓐ

Ⓐ

Ⓐ

Ⓐ

領収書
¥12,960

Ⓐ日付が同じならば一度にまとめて貼る

●税・社会保険・労働保険関係

・1ページ目から順番に貼る
・枚数が多くなければ重ねて貼らなくてよい

領収済通知書

領収証書

ノート

大きさがまちまちな領収書ですが、右端をそろえて貼ると見やすくなります。

領収書をA4用紙に貼る際は、右下から右上にかけてまっすぐに貼り付けよう。小さい領収書をA4用紙に2列に渡り貼る際は、2列目は1列目の領収書にかからないように、左下から左上にかけてまっすぐに貼り付けるんだ。列が曲がっていたり、多くを詰め込んで貼り付けたりすると後で探しにくくなってしまうぞ！

のり付けの方法

のり付けする際は、1枚1枚貼り付けるのではなく、次のようにまとめて貼り付けます。
❶最初に5~6枚領収書を取り
❷すべて裏向きにし
❸のり付け部分だけずらして縦に並べる。
❹一気にのり付けし
❺そのまま表に返して
❻まとめて貼り付ける。

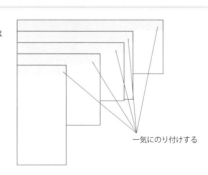

一気にのり付けする

memo

リングファイルとはパンチで穴をあけた書類をリング状の留め具に綴じるファイルで、リングの開閉で自由に書類の出入れが可能。

頻度： － 締切： －

Section

06 | 書類の保存期間

書類は種類ごとに保存期間が決められているんだ。マイナンバー記載の書類以外は長く保管する分には問題ないよ。

ここだけ
Check!

✓ 基本情報ファイルと申告書ファイルは永久、仕訳帳と総勘定元帳は10年、その他は7年間保存する。

✓ マイナンバーが記載された書類は、原則として法定の保存期間より長めの保存はできない。

書類の保存期間は法律で決まっている

　総務や経理で扱う書類には、書類ごとに法律で保存期間が決められているものがあり、その保存期間を守らなくてはなりません。大まかには、会社法関係は10年、経理関係は7年、総務関係は2〜5年となっています。

　これらの書類は長く保存する分には構わないので、**基本情報ファイルと申告書ファイルは永久、仕訳帳、総勘定元帳は10年間、その他は7年間を基本**としましょう。ただし、会社によっては法定の保存期間にかかわらず永久に保存する書類が存在するケースもあります。したがって処分する前には上司に必ず確認してください。

　書類の保存は次のようにします。

①期中は書類の整理のしかた（→P.24）のとおり、各書類をファイリングします。

②決算終了後、段ボールに入れて保存します（→P.24）。

③保存期間が過ぎたことを確認して廃棄します。

マイナンバー記載の書類は保存期間が過ぎたら廃棄

　マイナンバー（→P.40）が記載された書類（扶養控除等申告書など）については「長め」に保存することは禁止です。これらの書類については、「原則的な保存期間の一覧」にある保存期間が過ぎたら必ず廃棄しましょう。

経理

人事

総務・他

● 原則的な保存期間の一覧

保存期間	書類の名称		保存開始日
永久	定款		会社設立日
10年	決算書、仕訳帳、総勘定元帳		帳簿の閉鎖、決算書の作成日
	株主総会議事録		株主総会の日
7年	申告書、領収書、契約書、請求書、見積書、発注請書、納品書、検収書控え、請求書控え、見積書控え、発注書、納品書控え、検収書、源泉徴収簿、預金通帳、固定資産台帳、棚卸表など		基本的には申告書の提出期限（欠損金が発生した事業年度については10年）
	扶養控除等申告書、保険料控除申告書、基礎控除申告書兼配偶者控除等申告書兼所得金額調整控除申告書		会社が受領した翌年の1月11日
5年	身元保証書、一般健康診断個人票、面接指導結果報告書（ストレスチェック含）		作成日から
	労働基準法関係 ※当面は経過措置により3年	労働者名簿、労働条件通知書控え、雇用契約書、退職届、解雇通知書控え、出勤簿、賃金台帳、年次有給休暇管理台帳	退職、解雇の日など
4年	雇用保険被保険者資格取得等確認通知書、雇用保険被保険者資格喪失確認通知書、被保険者離職証明書（事業主控）、被保険者休業開始時賃金月額証明書（事業主控）（育児・介護）、育児休業給付受給資格確認票・（初回）育児休業給付金支給申請書、介護休業給付金支給申請書		
3年	雇用・労災保険関係	労働保険保険関係成立届、労働保険概算・確定保険料申告書	退職、解雇の日など
	労働者災害補償保険関係	労働者災害補償保険特別加入申請書、療養補償給付たる療養の給付請求書、療養補償給付たる療養の費用請求書	
2年	健康保険・厚生年金保険関係	被保険者資格取得等確認通知書、被保険者資格喪失確認通知書、標準報酬月額決定通知書	
	雇用保険関係	適用事業所設置届、事業主事業所各種変更届、被保険者関係届出事務等代理人選任・解任届	

● 実務からみた基本的な保存期間

保存期間	名称	保存開始日等
永久	基本情報ファイル、申告書ファイル	
10年	仕訳帳、総勘定元帳	申告書の提出期限から
7年 ※	従業員ファイル（退職者・解雇者分）	退職、解雇の日などから
	契約書ファイル（契約終了分）	契約が終了した時から
	支払済み請求書ファイル	書類を発行（受領）した事業年度に関する申告書の提出期限から
	請求書控え（入金済み）ファイル	
	社会保険・労働保険ファイル	毎年の1月10日（20日）に所得税を納付した後に7年経過した分を廃棄
	源泉徴収簿ファイル	
	領収書（税、社会保険、労働保険関係以外）	書類を受領した事業年度に関する申告書の提出期限から
	領収書（税、社会保険、労働保険関係）	ノートのすべてのページに貼り終えた時から
	出勤簿、賃金台帳	1冊の記載が終わってから7年経過後（ルーズリーフ式の場合には各用紙ごとに記載してから7年経過後）から廃棄
	一般健康診断個人票	書類を受領した事業年度に関する申告書の提出期限から

※欠損金が発生した事業年度については9年（平成30年4月1日以後開始事業年度は10年）

> **memo** > たとえ少額の領収書であっても基本的に7年間保存が必要です。スキャナで読み取りデータで保存するには、電子帳簿保存制度の要件を満たす必要があります。

頻度： － 締切： －

07

税金に関する書類の保存

税金に関する書類には、ほかとは違うルールがあるのです。結構面倒。

ここだけ Check!

- ✅ 令和6年から電子取引はファイルの保存が義務になる。
- ✅ 会計帳簿の電子保存は、事務手続きを自社にあわせて修正すれば、残りの要件は難しくない。
- ✅ スキャナ保存は、いきなりすべての書類を対象にせず、まず枚数の多いものなどから取り組んでみるとよい。

税金関連の電子的な書類の保存方法が変更に

　請求書や領収書などの取引に関して交わされる書類を、紙ではなくPDFなどのファイルでやり取りすることが増えています。具体的には、メールの添付ファイルの送受信や、インターネット上のウェブサイトからダウンロードする方法などがあります。このようにファイルで取引関係書類をやり取りする取引を、電子取引といいます。2024（令和6）年1月1日以降は、電子取引に関するファイル（相手から受け取ったファイルと相手に渡したファイルの両方）は、原則として印刷した紙での保存が認められなくなり、**ファイルのまま保存する**ことが義務付けられました。保存方法についてはルールが決められています。小さな会社でも取組みやすい方法としては右ページのようなものがあります。

紙の書類の電子保存も可能だがルールが細かいので注意

　上記の電子取引については「**電子帳簿保存法（電帳法）**」という法律で決められています。電帳法では、紙で保存している書類を電子的に保存する方法も定めています。具体的には会計ソフトで作成した仕訳帳や元帳などのデータを印刷しないでそのまま保存する「**電子帳簿保存**」と、取引先からの請求書や領収書などの紙の書類をスキャナで読み込んで保存する「**スキャナ保存**」があります。

　どちらも、使用する機材の基準、マニュアルの整備、検索機能などの細かい要件が決められていて、それに則した運用が必要です（→P.33）。

経理

人事

総務・他

● 2024年以降の電子取引データの保存の概要

対象となる取引	取引先とやり取りする、契約書、見積書、発注書、発注請書、納品書、物品受領書、請求書、領収書などのデータ
保存ファイルの内容	メールの添付ファイル、ウェブサイトからのダウンロード、ウェブサイトのスクリーンショットなど
ファイル形式	PDF、エクセル、ワード、画像など
ファイルの保存方法	ファイル名に検索項目を入れる、エクセルでの検索簿作成（大規模な場合にはシステムの導入もあり。→ P.34）

● 小規模の会社での管理方法の例

①訂正及び削除の防止に関する事務処理規程を作成する

会社として、ファイルの訂正や削除を原則としてしないことと、やむをえず訂正や削除をしなければならないときの手続きを規程としてまとめます。
規程のひな形が国税庁ホームページよりダウンロードできるため、これに自社の名前などを入力して保存します。

②取引年月日、取引先名、取引金額が検索できる状態で保存する

PDFなどのファイル名を「20241231_A商事_1,100,000」のように「取引年月日_取引先名_取引金額」とすることで、最低限の検索は可能になります（下図参照）。

③装置の設置、マニュアル等の保存

税務調査官が使うパソコン、ディスプレイ、プリンタ、ソフトウェア、これらの操作説明書の備付け。

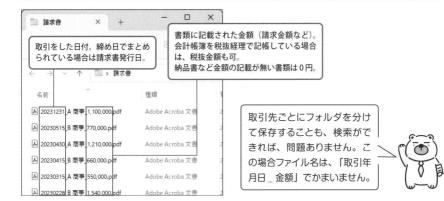

取引をした日付。締め日でまとめられている場合は請求書発行日。

書類に記載された金額（請求金額など）。会計帳簿を税抜経理で記帳している場合は、税抜金額も可。納品書など金額の記載が無い書類は0円。

取引先ごとにフォルダを分けて保存することも、検索ができれば、問題ありません。この場合ファイル名は、「取引年月日_金額」でかまいません。

● 電子取引データの保存の要件

前ページで取り上げた電子取引データの保存に求められる要件は下記のとおりです。

項目	要件
装置の設置、 マニュアル等の 保存	PDF 閲覧ソフトなどをインストールしたパソコン、プリンタの設置、これらの操作説明書の保存。操作説明書は PDF などデータやインターネット上で閲覧できる状態でも可 　自社独自に開発したソフトを使用する場合には、開発時に作成された基本設計書、概要書、フロー図、仕様書、定義書なども保存
電子取引事務 処理規程	電子取引事務処理規程を作成する 　国税庁ホームページより「電子取引データの訂正及び削除の防止に関する事務処理規程」をダウンロードし、自社に合わせて修正すれば OK（下記コラム参照）
検索	取引年月日、取引先名、取引金額で検索できる 　会計ソフトの保存機能、経費精算システムや証憑管理システムの利用（→ P.34） 　件数が少ないときには、ファイル名を「取引年月日 _ 取引先名 _ 取引金額」にする方法、エクセルで取引年月日、取引先名、取引金額の検索簿を作成し、ファイルと紐付ける方法もある 　備考：前々事業年度の売上高が 1,000 万円以下（令和 6 年からは 5,000 万円以下）の場合は検索要件は不要。データの保存は必要なので注意
税務調査	調査官に求められたらデータを見せたり渡す

会計ソフトには、電子取引の保存に対応したものがある。電子取引の保存に対応した経費精算システムを使用していれば、経費精算関係のファイルは OK。その他のファイルを別途検討する。

Column

規程などのひな形のダウンロード

「電子帳簿保存法」では、規程や事務手続書類の整備を実施の要件としています。本セクションで取り上げている「電子取引データの訂正及び削除の防止に関する事務処理規程」「国税関係帳簿に係る電子計算機処理に関する事務手続を明らかにした書類」「スキャナによる電子化保存規程」の各規程のひな形は下記のホームページからダウンロードが可能です。

○参考資料（各種規程等のサンプル）
https://www.nta.go.jp/law/joho-zeikaishaku/sonota/jirei/0021006-031.htm

---

memo　電子取引データを要件に従って対応できないことに「相当の理由」がある場合、猶予措置もありますが、本書では説明を省略しています。

経理

人事

総務・他

● 会計帳簿の電子保存の要件

会計関連の書類は紙に印刷しての保存が求められますが、下記の要件をすべて満たすことができれば電子データでの保存が認められています。

対象となる帳簿	仕訳帳、総勘定元帳、固定資産台帳、補助元帳など、会社で作成している会計帳簿（一部を対象とし、他は紙で保存することも可）
データの保存方法	次の2つの方法のいずれか ・会計ソフトのデータでの保存 ・PDF＋CSVなど出力したデータでの保存　（会計ソフトを乗換える場合には、PDFのほかに検索性のあるCSVも合わせて保存が必要）

会計ソフトをきちんと使って、データを管理できれば、比較的取り組みやすいかな。

①装置の設置、マニュアル等の保存

会計ソフトをインストールしたパソコン、プリンタの設置、これらの操作説明書の保存
操作説明書の保存はPDFなどのデータや、オンラインマニュアルやオンラインヘルプ機能でも可
自社独自に開発した会計ソフトを使用している場合には、開発時に作成された基本設計書、概要書、フロー図、仕様書、定義書なども保存

②事務手続きをまとめた書類の整備

会計ソフトの操作に関する事務手続き（入力処理やデータの保存手順など）をまとめた書類の作成
国税庁ホームページより「国税関係帳簿に係る電子計算機処理に関する事務手続を明らかにした書類」をダウンロードし、自社に合わせて修正すればOK（左ページコラム参照）
会計事務所へ記帳を外注している場合には、委託契約書の保存と、会計ソフトデータの備付けおよび保存に関する部分を修正した事務手続きの作成

③税務調査時の対応

調査官に求められたら会計帳簿のデータを見せたり渡す

● スキャナ保存の要件

取引関連の書類も基本は紙での保存ですが、下記の要件をすべて満たすことができれば電子データでの保存が認められています。ただし、要件を満たすためには、何らかのシステムが必要になります。

システム導入の検討の際には、「紙で保存」と「スキャンデータを保存」の手間やコストの比較、将来的にシステムを乗り換える際にデータのダウンロードが可能かどうかなどを確認しておく必要があります。

対象となる書類	取引先から紙で受取った請求書、領収書、契約書、納品書、検収書など。 取引先へ渡す請求書、領収書、契約書、納品書、検収書などの紙の控え
データの保存方法	・手軽に始められる：領収書やレシートなどのスキャンデータを保存する機能をもつ会計ソフトや経費精算システムを使う ・本格的に始める：証憑管理システムを使う

①スキャナ

スキャナのスペックは解像度 200dpi 以上、階調フルカラー（赤緑青 256 色）
※令和 5 年 12 月までは以下の 2 つの要件も必要。令和 6 年 1 月からは不要
　・解像度と階調と読み取り面の大きさに関する情報の保存（情報がスキャンデータに記録されない場合、原則として解像度は 200dpi 、階調はフルカラー、大きさは A4 とすることを規程に記載し、それ以外は個別に記録する対応も考えらえる）
　・スキャンをした担当者か、監督者を記録（監督者を規程に記載でも OK）

②タイムスタンプ

データを保存する際、次の要件を満たすタイムスタンプを押す
　・書類の保存期間（→ P.28）を通じ、データの訂正・削除が無いことが確認できる
　・上記確認を事業年度内の期間を指定して一括で検証できる
タイムスタンプが電帳法の要件を満たすかは、タイムスタンプ業者などに確認

③スキャナ保存規程

スキャナ保存規程を作成する
　国税庁ホームページより「スキャナによる電子化保存規程」をダウンロードし、自社に合わせて修正する。ひな形の第 6 条にいう「入力」はスキャンをしてタイムスタンプを押すことを指す。また、2 か月を超えて入力する部分の記載は、本書でおすすめしている方法では 2 か月＋ 7 営業日以内にスキャンおよびタイムスタンプを完了することを前提に修正する。第 13 条も同様。

---

memo 「経費精算システム」は、株式会社ラクス「楽楽精算」など、「証憑管理システム」は株式会社 NTT データビジネスブレインズ「ClimberCloud」などがある。

④作業期限

書類のスキャンとタイムスタンプ付与は規程に定めた期限から7営業日までに行う
　「規程に定めた期限」は書類を受取ってから社内承認を取るまでの期限で、自社の状況に応じて「スキャナ保存規程」で自由に決められるが、最長で書類を受取ってから2か月以内とする。書類を受取ってから2か月以内に社内承認をとり、それから7営業日までにスキャンしてタイムスタンプを押す。

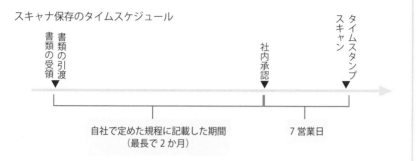

スキャナ保存のタイムスケジュール

⑤会計帳簿との紐づけ

・データから対応する帳簿の記載部分へ、また帳簿の記載部分から対応するデータへ相互にたどれるよう、データと帳簿との紐づけを行う
　　例　スキャンデータを保存する機能をもつ会計ソフトの保存機能を使う
　　　　証憑管理システムでは、データの検索項目に伝票番号を加える（この場合は、先に会計ソフトに登録を行い、伝票番号を先に決める）
・データを訂正や削除した場合には訂正や削除をした事実とその内容が確認できるか、または訂正や削除自体できないシステムであることが必要

⑥装置の設置、マニュアル等の保存

データの保存ソフト（会計ソフト、経費精算システム、証憑管理システム）をインストールしたパソコン（モニタ径14インチ（35cm）以上のカラーディスプレイ）、カラープリンタの設置、これらの操作説明書の保存
　　・上記装置で画像を拡大や縮小して表示したり、印刷できること、4ポイントの大きさの文字が認識できることが必要
　　自社独自に開発したソフトを使用する場合は、開発時に作成された基本設計書、概要書、フロー図、仕様書、定義書なども保存。

⑦検索

取引年月日、取引先名、取引金額で検索できる
　　会計ソフトに保存機能があれば通常は問題ない。経費精算システムや証憑管理システムでは、検索項目を設定する。調査官にデータを提供することで、検索項目の組合せ検索や期間を指定しての検索は不要になる。

⑧税務調査

調査官に求められたらデータを見せたり渡す

Section
08 | # 印紙と切手の管理と取扱い

印紙と切手は換金できるため、少額なものでも管理を正しく行おう。

ここだけ
Check!
- ✔ 印紙も切手も換金できるため現金と同様に扱う。
- ✔ 高額な印紙や切手は必要なつど購入する。
- ✔ 印紙と切手は切手印紙受払簿で管理する。

印紙（収入印紙）と切手は現金と同じように扱う

印紙とは、**収入印紙**の略称で国が税金や手数料などを徴収するために発行している証票です。**切手**とともに会社で多く使用されるため、まとめて購入して保管しておくことがよく行われます。

印紙と切手はいずれも換金可能なため、紛失が無いように管理をしなければいけません。ましてや従業員による持出しなどがあってはいけません。そのためにも、**高額の切手や印紙は本人より申し出があってから総務・経理担当者から直接手渡し**します。

印紙や切手の使用が多い場合は、**切手印紙受払簿**^{DL}を作成し従業員に持ち出すつど記入してもらいましょう。これを作成すると、補充が必要なときも一目でわかり便利です。

その他の金券類の管理も切手・印紙と同様に

印紙、切手以外にも葉書、レターパック、商品券、クオカード、図書カードなど多くの金券類が会社にあります。これらについても切手や印紙に準じて自社に合った管理が必要です。すべてを受払簿につけるのも手間がかかるので、責任者を決めて必要なつど、従業員へ直接手渡しするだけでも不正防止につながります。

契約書に誤って印紙を貼りつけてしまったときなどは、必要事項を記入した「印紙税過誤納確認申請書」を一緒に税務署へ提出すると印紙代金分の還付を受けられるぞ。

印紙と切手の管理の概要

- ☐ **目的** 　　　印紙や切手を適切に管理し、紛失や私的使用を防止する。
- ☐ **作成する書類** 　切手印紙受払簿
- ☐ **確認する書類** 　切手、印紙
- ☐ **作業の時期** 　毎月月初と月末

● 切手印紙受払簿

切手や印紙を使うつど記載していきます。不正な使用の防止に役立ちます。

8月分　切手印紙受払簿

	63円	84円	94円	120円	140円	210円		200円	400円	600円	1,000円		使用目的	氏名
前月繰越	10	20	16	10	10	10		8	8	5	5			
当月補充								12	14	15	5			
8/1	1												A商事	木下
5			2					1					領収書	田中
8													B販売	山田
15											4		代理店契約書	一宮
翌月繰越	9	20	14	10	10	10		19	22	20	6			

> 月末には受払簿の翌月繰越数と実際に保管している数が一致していることを確認する。

> エクセル上で使う場合には常に自動で計算される。印刷して使う場合にはこの部分は月末に集計する。

＊　印紙、切手を使用する方は日付、使用した枚数、使用目的、氏名を記載してください。
＊　使用目的欄は、郵送先、契約書名などを記載してください。

memo 登記印紙とは、登記事項証明書などを取得する際にかつて使用していましたが、現在は発行されていません。現行制度では登記印紙の代わりに収入印紙を使用します。

頻度： － 締切： －

Section 09 | 定款

普段はあまり気に留めないものだけど、突然必要になったりする。

ここだけ
Check!

- ✓ 原始定款は公証役場で20年間保管されている。
- ✓ 定款を改訂しても役所などに変更後の定款を提出する必要はない。
- ✓ 定款を改訂したら登記の変更が必要か確認する。

定款とは会社の誕生時に作成する根本的な規則のこと

定款とは、会社の商号、目的、本店所在地、役員の数など**会社に関する基本的な事項を定めたもの**で、**会社の根本的な規則**です。定款は会社を設立する際に作成する必要があり、設立時に作成される定款を原始定款といいます。原始定款は、会社設立時に公証役場で認証され、20年間保管されます。会社が原始定款を紛失してしまったときなどには、公証役場に定款の謄本（定款の内容がすべて記載されているもの）を申請することが可能です。会社は定款の記載に反することは行えず、そのためには、定款を変更する必要があります。

定款を改訂しても印紙の貼付や再認証は不要

株主総会（→P.286）の決議などで定款の記載事項に変更があった場合には、直近の定款もしくは原始定款から最新の定款へ改訂（必要な部分を差し替え）します。改訂した定款には印紙の貼付は不要で、公証役場で再度認証する必要もありません（改訂した事項が登記を変更する必要があってもです）。

定款の改訂内容は会社しか知りません。定款に記載する事項と登記事項証明書（→P.334）に記載される事項は重なる部分が多くあるため、定款を改訂する場合には、登記の変更も必要かどうかを確認しましょう。

過去の株主総会で決議した定款の変更内容が最新の定款に反映されていないような場合には、過去の株主総会議事録で定款の変更点を確認し、もれなく反映するようにします。

経理

人事

総務・他

定款の記載事項

記載事項の種類	内容
絶対的記載事項	定款に必ず記載しなければならない事項で、1つでもその記載が無い定款は無効になる 　目的、商号、本店の所在地、設立に際して出資される財産の価額またはその最低額、発起人の氏名または名称および住所
相対的記載事項	定款に記載した場合に限り、その効力がある事項 　全部の株式の内容について譲渡制限などの定め、種類株式の発行、株主総会の定足数や決議要件の法定要件と異なる定め、株券発行など
任意的記載事項	定款に記載することで取扱いを明確にする目的で記載する事項 　株主名簿の基準日、定時株主総会の招集時期、株主総会の議長、取締役や監査役などの員数、事業年度、公告方法など

定款のサンプル

会社に関する基本的な事項が書かれています。変更した場合には基本的に会社にしか無いため大切に保存します。

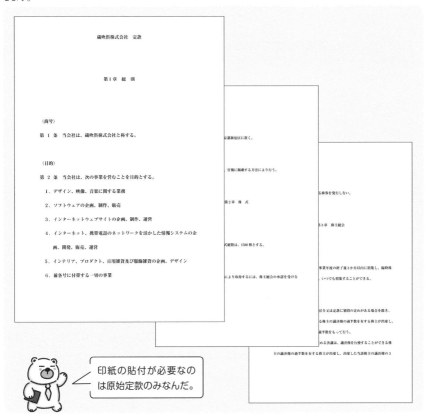

印紙の貼付が必要なのは原始定款のみなんだ。

memo　過去の株主総会議事録も充分になく現状での最新の定款の作成が難しい場合には、登記事項証明書などから改めて定款の内容を検討し、株主総会で承認を取る対応も考えられます。

Section
10 | マイナンバーとは

マイナンバーは厳格に管理する必要があるんだ。

●マイナンバーの取得から廃棄までのサイクル

マイナンバーは、4つのサイクルに応じて管理します。

	出来事	必要な作業
取得	従業員の採用 新たな取引先との契約 事務所や駐車場の賃貸借契約	マイナンバーの利用目的の明示 身元確認と番号確認によるマイナンバーの取得
利用提供	年末調整、法定調書の提出 社会保険や労働保険の加入手続き	［税務署・市町村］源泉徴収票、給与支払報告書、支払調書などへの記載 ［ハローワーク・労働局］雇用保険被保険者資格取得届などへの記載 ［健康保険組合・年金事務所］健康保険・厚生年金保険被保険者資格取得届、報酬月額算定基礎届などへの記載
保管	－	マイナンバーは担当者以外の目に触れないようにする マイナンバーに関する従業員への教育 保管体制の検討・見直し
廃棄	従業員の退社 取引先との取引終了 賃貸借契約の終了	マイナンバーが記載された書類や記録されたデータの廃棄（法律で保存が義務付けられているものは除く）

　住民票を有する全国民に対し、1人1つのマイナンバーが住所地の市町村で指定されるようになりました。社会保障、税、災害対策の分野限定で、国や地方公共団体などが保有する個人情報とマイナンバーを紐付けて効率的に情報を管理します。

　マイナンバーは平成27年10月5日時点で住民票に記載されている住民に指定されます。住民票に記載されていれば生まれたばかりの赤ちゃんや外国籍の人も対象者です。以降は、新たに住民票登録された人に指定されます。与えられるマイナンバーは数字のみで構成される12桁の番号で、市町村から住民票の住所宛てに**個人番号通知書**に記載され郵送されてきます。原則として一度指定されると番号は生涯

memo　マイナンバー（個人番号）は「行政手続における特定の個人を識別するための番号の利用等に関する法律（マイナンバー法）」で定められています。

経理

人事

総務・他

マイナンバーの概要

- [ ] **対象者** 役員、従業員、パート、アルバイト、取引先
- [ ] **確認する書類** 個人番号の記載された住民票の写し、個人番号カード、運転免許証など
- [ ] **記載する書類** 扶養控除等申告書、雇用保険被保険者資格取得届、健康保険厚生年金保険被保険者資格取得届、支払調書など

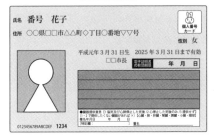

表面

裏面

個人番号カード

変わりません。

　マイナンバーで取得した個人情報の管理に関しては**厳しい罰則**も定められています。たとえば、不正な利益を図る目的で個人番号を提供または盗用した場合、3年以下の懲役または150万円以下の罰金または併科とされています。たかが番号と安易に取扱い、うっかり漏えいなどが無いように厳格な管理が必要です。

　個人番号カードは交付申請書の郵送やパソコンなどからの申請により交付が受けられます。ICチップ付きのカードで、表面に氏名、住所、生年月日、性別（基本4情報）と顔写真、裏面にマイナンバーが記載されます。本人確認のための身分証明書として使用できるほか、e-Tax等の電子申請などが行える電子証明書も標準搭載されているのが特徴です。

　マイナンバーの法人版といわれる**法人番号**は数字のみで構成される13桁の番号で、法人の登記されている所在地へ書面により通知されます。法人番号はマイナンバーと異なりその利用に制限はなく、インターネット上の「国税庁法人番号公表サイト」を通じて公表もされます。公表される情報は①商号、②本店の所在地、③法人番号の3項目（基本3情報）です。

> **memo** マイナンバーは原則として平成28年1月1日以降提出分の書類に記載しますが、健康保険・厚生年金保険分野については平成29年1月1日以降提出分の書類に記載します。

Section 10₋₁ マイナンバーの取得・利用・保管・廃棄

> マイナンバーは不要になったらすぐに廃棄しよう。

ここだけ Check!
- ✓ マイナンバーを取得するには利用目的の明示が必要になる。
- ✓ マイナンバーは法律で決められた目的以外には利用できない。
- ✓ マイナンバーを取得する際は、番号確認と身元確認を行う。

マイナンバーの取得時には本人確認と利用目的の通知が必須

マイナンバーを取得する際は本人に利用目的^{DL}を明示するとともに、取得した番号が正しいことを確認する番号確認と他人へのなりすましを防止する身元確認が必要です。マイナンバーは、右ページに示すようなマイナンバー法が定めた事務の範囲を超えた利用はできません。たとえば社員番号の代用としての利用もできません。本人への利用目的の通知には右ページのような方法があります。あくまで利用目的を通知すればよいため、同意は不要です。

不要になったマイナンバーは直ちに廃棄する

マイナンバーは法律で定められた範囲で利用する場合のみ保管が許されます。したがって、本人が退職した、店舗の賃貸借契約が終了したなど今後利用することが無くなった場合には、原則としてその時点でマイナンバーの記載された書類などは廃棄が必要です。ただし、その書類に法定保存期間（扶養控除等申告書7年など）がある場合にはその期間中は引続きマイナンバーが記載されたまま保管することができます。

マイナンバーを取扱う際は、その漏えい、滅失、毀損を防止するなどの措置を講じなければなりません。具体的な措置については、個人情報保護委員会から「特定個人情報の適正な取扱いに関するガイドライン」が示されています。従業員が100人以下の中小企業には一部簡便的な取扱いが認められているので、自社の実態に合わせて対策を講じることが大切です。

経理

人事

総務・他

番号確認と身元確認をする際の書類の組合せ例

番号確認[3]	身元確認[3]
個人番号カード	
通知カード（最新の住所氏名が記載されているもの[4]）	運転免許証など[1]
個人番号の記載された住民票の写し	運転免許証など[1]
個人番号の記載された住民票の写し	健康保険証と年金手帳など[2]

※1　運転免許証、パスポート、在留カード、特別永住者証明書など
※2　次の書類から2つ以上。健康保険証、年金手帳、児童扶養手当証書など
※3　確認したこれらの書類のコピーを保管する義務はありません
※4　令和2年5月25日より通知カードは廃止され、引越しや結婚をしても、役所で通知カードの記載事項を修正してもらえなくなりました。個人番号通知書は番号確認書類としては使えません。

マイナンバーの利用目的

番号確認と身元確認をする代表的な書類を理解します。

健康保険・厚生年金保険関係届出事務
国民年金第3号被保険者関係届出事務
雇用保険関係届出事務
労働者災害補償保険関係届出事務
給与所得・退職所得に係る源泉徴収票作成事務

マイナンバーの利用目的の通知方法

マイナンバーを取得するには利用目的を相手に通知する必要があります。

社内への掲示
チラシの配布
回覧板
面談時に口頭で連絡
就業規則への記載

知っておきたいマイナンバーの用語

個人番号利用事務実施者	マイナンバーを使って、法律や条例で定める行政事務を処理する行政機関、地方公共団体、独立行政法人などのこと
個人番号関係事務実施者	個人番号利用事務実施者にマイナンバーを記載した書類の提出などを行う者（民間の会社など）のこと
特定個人情報	マイナンバーやマイナンバーに対応する符号（マイナンバーを規則的に変換した番号など）をその内容に含む個人情報のこと

▶マイナンバーで困ったら（国税庁 https://www.nta.go.jp/）
社会保障・税番号制度＜マイナンバー＞FAQ

memo ▷ 対面で身元確認を行う場合は、身元確認の書類の「提示」を受ける（目の前で見せてもらう）ことが原則です。郵送で身元確認を行う場合は、身元確認の書類のコピーの「提出」を受ける必要があります。

頻度： － 　締切： －

Section

11 | 就業規則の作成

常時10人未満の事業場では作成義務は無いけれども、作成したほうがベター。

ここだけ
Check!

- ✅ 常時10人以上かどうかは事業場単位で判断する。
- ✅ 絶対的必要記載事項・相対的必要記載事項・任意的記載事項がある。
- ✅ 労働基準法を下回る労働条件にしてはいけない。

 従業員10名以上の事業場が作成を義務付けられる

　就業規則は、すべての従業員が守るべきルールや労働条件をまとめたものです。就業規則を作成し届出る義務があるのは、パート・アルバイトを含む常時10人以上の従業員がいる事業場です。作成は**事業場（営業所、店舗など）単位**なので、会社全体で10人以上であっても各営業所や店舗などで10人未満であれば作成義務はありません。しかし、義務が無くても就業規則を作成した方が職場のルールが明確になるメリットがあります。

 作成した就業規則は労働基準監督署に届出る

　就業規則には、必ず記載しなければならない事項（**絶対的必要記載事項**）と会社によって該当すれば記載する事項（**相対的必要記載事項**）、記載してもしなくてもよい事項（**任意的記載事項**）があります。

　作成した就業規則は従業員の代表の意見を聴かなくてはなりません。従業員の代表とは、従業員の過半数が代表と認めた者で、実際は人事の担当者などが多いようです。管理職や会社が指名した者はなれません。従業員の代表には意見書を作成・自署（自署は義務ではないが、後のトラブル防止のため）してもらいます。**労働基準監督署には、就業規則にこの意見書と就業規則（変更）届を添付して届出ます**。各2部作成し、一部は提出用、もう一部は会社控えとして受付印をもらいます。届出た就業規則は**従業員へ配布したり、事業場に備付けたりして**従業員がいつでも見られるようにしておきます。

経理

人事

総務・他

● 就業規則作成のスケジュール

1　職場の実態の把握
従業員が常時 10 人以上になったとき

労働時間は何時から何時か、休日はいつかなど現状の自社の実態を確認する

2　就業規則を作成する
実態把握後 1 〜 2 週間

モデル就業規則などを参考にしながら就業規則の文章を作成

3　作成した就業規則を職場に周知する
作成後

従業員に就業規則を知らせる

4　従業員の代表の意見を聴く
就業規則の周知後

従業員の代表に就業規則に対する意見書を作成してもらう

5　労働基準監督署へ届出る
意見書受領後 1 週間

従業員の意見書を添えて労働基準監督に就業規則を届出る

労働条件を悪化させる就業規則の変更（不利益変更）は、従業員の同意が必要なのだ。

▶モデル就業規則のダウンロード（厚生労働省 http://www.mhlw.go.jp/）
ホーム > 政策について > 分野別の政策一覧 > 雇用・労働 > 労働基準 > 事業主の方へ > モデル就業規則

● 就業規則の記載事項

記載事項の種類	内容
絶対的必要記載事項	始業および終業の時刻、休憩時間、休日、休暇ならびに交替制の場合には就業時転換に関する事項／賃金の決定、計算および支払の方法、賃金の締切りおよび支払の時期ならびに昇給に関する事項／退職に関する事項(解雇の事由を含む)
相対的必要記載事項	退職手当に関する事項／臨時の賃金（賞与）、最低賃金額に関する事項／食費、作業用品などの負担に関する事項／安全衛生に関する事項／職業訓練に関する事項／災害補償、業務外の傷病扶助に関する事項／表彰、制裁に関する事項／その他全労働者に適用される事項
任意的記載事項	服務規律、個人情報保護、守秘義務に関する事項など

労働契約書の内容が就業規則に反している場合は、その反している部分は無効になり就業規則の内容に読み替えられるんだ。

memo ｜ 労働基準法はすべての従業員に適用される法律で、これに違反する内容の就業規則や労働契約書を作成してもその違反した部分については無効となります。

頻度： － 　締切： －

Section

12

労働時間と
休日の基礎知識

法定労働時間、所定労働時間、法定休日などは
割増賃金に関係してくるんだ。

ここだけ
Check!

- ✅ 法定労働時間と所定労働時間の違いを理解する。
- ✅ 法定休日と法定外休日の違いを理解する。
- ✅ 休憩時間が45分以上か1時間以上かは労働時間を考慮する。

法定労働時間を超えた労働時間に割増賃金が発生する

　法定労働時間とは、労働基準法で定められた労働時間の上限で、原則として1日8時間1週40時間です。これには休憩時間は含めません。これを超えると**法定時間外労働**となり、割増賃金が発生します。**所定労働時間**とは、雇用契約書や就業規則で定めた労働時間で、法定労働時間以内でなければなりません。所定労働時間を超えて働いても、法定労働時間内であれば原則として割増賃金を支払う義務はありません（通常の賃金は支払う）。

　休憩時間とは、会社が従業員に労働時間の途中で与えなければいけない自由時間のことで、労働時間が6時間を超える場合は45分以上、8時間を超える場合は1時間以上と決められています。原則として全従業員に一斉に与えます。

法定休日は会社が自由に決めることができる

　法定休日とは、労働基準法で定められた休日の最低限で、**1週間に1日もしくは4週間に4日**です。法定休日に働かせると法定休日労働となり、割増賃金が発生します。法定休日は会社で自由に決めることができ、日曜日に限りません。**法定外休日とは、法定休日以外の休日**のことで、たとえば月曜日から金曜日まで週5日勤務の従業員で、日曜日を法定休日としている会社では、土曜日が法定外休日となります。法定外休日に働いても、休日分の割増賃金を支払う義務はありません（ただし1週40時間を超えた場合など法定労働時間を超えたときは、法定労働時間外分の支払いが必要）。

● 法定労働時間と所定労働時間

名称	定義	定義を超えた労働
法定労働時間	労働基準法で定められた労働時間の上限 1日8時間、1週40時間	割増賃金が発生
所定労働時間	会社が雇用契約や就業規則で定めた労働時間	原則として法定労働時間を超えるまで割増賃金を支払わなくてもよい

● 法定休日と法定外休日

名称	定義	休日出勤
法定休日	労働基準法で定められた最低限の休日 1週間に1日もしくは4週間に4日	割増賃金が発生
法定外休日	会社が雇用契約や就業規則で定めた法定休日以外の休日	原則として法定労働時間を超えるまで割増賃金を支払わなくてもよい

● 割増賃金と法定・所定労働時間の関係

割増賃金は法定労働時間を超えた部分に支払われます。

割増賃金の対象となるのはあくまでも法定労働時間を超えた部分なんだ。

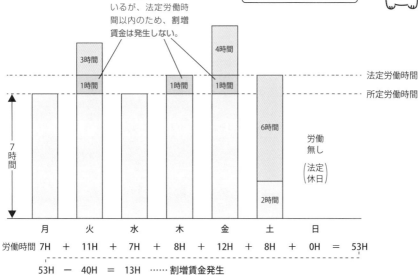

所定労働時間を超えているが、法定労働時間以内のため、割増賃金は発生しない。

法定労働時間
所定労働時間

7時間

労働時間 7H ＋ 11H ＋ 7H ＋ 8H ＋ 12H ＋ 8H ＋ 0H ＝ 53H

53H － 40H ＝ 13H …… 割増賃金発生

法定労働時間

memo 常時10人未満の事業場で商業・映画演劇業（映画の制作の事業を除く）と保健衛生業・接客娯楽業については、法定労働時間は1週44時間とされています。

頻度： － 　　締切： －

Section

13 | 割増賃金と三六協定

従業員に残業をさせるには三六協定の締結が必要なんだ。

ここだけ Check!

☑ 各割増率は合算して適用される。

☑ 法定時間外労働や休日労働をさせるには事前に届出が必要になる。

☑ 割増賃金を法定労働時間超か所定労働時間超のいずれで付けるかは就業規則などで確認する。

 ## 割増賃金は合算して適用される

　法定時間外労働には月60時間までは25％・月60時間を超える部分には50％、法定休日労働には35％、深夜労働（午後10時〜午前5時）には25％の**割増賃金**を支払う必要があります。法定時間外労働と深夜労働、法定休日労働と深夜労働は、合算して適用されます。割増率は法律で決められた率以上であればよく、たとえば法定時間外労働に30％の割増率を適用しても構いません。

　法定時間外労働や休日労働をさせる場合には、事前に従業員の代表と**時間外・休日労働に関する協定届**を作成し労働基準監督署に届出る必要があります。労働基準法36条に定められていることから**三六協定**と呼ばれます。

> 協定届を提出しても、法定時間外労働は次の範囲内にしなければいけません。
> 　原則：月45時間、年360時間まで
> 　特別な事情がある場合：①年720時間以内、②月100時間未満、③2〜6か月平均で80時間以内、のすべてを満たす（②③は法定休日労働も含めて判定されます）。なお、特別な事情は年6か月までしか認められません。
> ※特別な事情の例　予算・決算業務、ボーナス商戦に伴う業務の繁忙、納期のひっ迫、大規模なクレームへの対応、機械のトラブルへの対応

 ## 労働時間はタイムレコーダや出勤簿で管理する

　労働時間の記録方法として、一般的にはタイムレコーダや出勤簿が使用されます。タイムレコーダは単なる打刻のみでなく、給与計算ソフトと連携が可能なものもあり給与計算の手間を省くことが可能です。もちろん、従業員が少ない場合には**出勤簿**^{DL}に手書きで記録するのも問題ありません。

▶時間外・休日労働に関する協定届のダウンロード（厚生労働省東京労働局 https://jsite.mhlw.go.jp/tokyo-roudoukyoku/）
ホーム > 各種法令・制度・手続き > 労働基準・労働契約関係 > 労働基準 > 時間外・休日労働に関する協定届（36協定）

経理

人事

総務・他

● 割増賃金のイメージ

割増賃金は 2 つの条件に該当すれば合算してかかります。

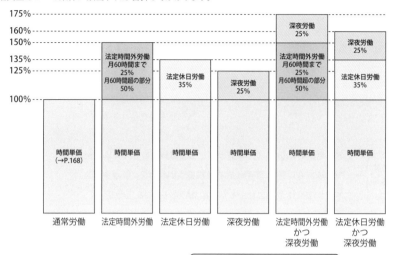

上記の割増率は法律で定められた最低限度なので、それを超えた金額を支払うのは自由なんだ。

● 時間外・休日労働に関する協定届

法定時間外労働や休日労働をさせる場合には、労働基準監督署に届出が必要です。

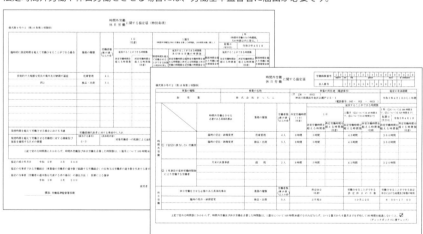

「2 ～ 6 か月平均で 80 時間以内」とは、当月が 8 月とすると、7 ～ 8 月平均、6 ～ 8 月平均、5 ～ 8 月平均、4 ～ 8 月平均、3 ～ 8 月平均のすべてが 80 時間以内です。直近 5 か月の実績をもとに、当月何時間まで認められるか事前に確認しておくことが必要になります。

memo 法定労働時間を超えなければ割増賃金を支払う義務はありませんが、従業員に有利に扱い、所定労働時間を超えれば一律に割増賃金を支払うのは問題ありません。

Section 14 | 年次有給休暇の管理

年次有給休暇とは、有給での休日を与える制度です。

ここだけ
Check!

☑ 年次有給休暇は従業員の所定労働日数などで付与日数が異なる。

☑ 年次有給休暇管理台帳で従業員ごとに記録・管理する。

☑ 年次有給休暇は付与して2年で切捨てになる（時効）。

年次有給休暇は年間最大20日の付与

　年次有給休暇とは、有給で所定の日数分の休日を与える制度で、原則として1日単位で取得します（労使の合意があれば半日単位や、労使協定を結べば時間単位での取得も可能）。年次有給休暇は**入社から6か月間継続勤務**し、雇用契約等により定められた出勤する日の**8割以上出勤**した従業員に10日以上付与しなくてはなりません（出勤日に休日労働は含まれない）。以後1年ごとに1日ずつ、3年目以降は2日ずつ付与日数が増え、最大で年間20日付与されます。パートやアルバイトなどは所定労働日数などにより付与日数が異なります。年次有給休暇を取得（消化）できる期間は付与日から2年間です。

正常な運営を妨げる場合は取得の時季を変更させることができる

　年次有給休暇をいつ取得するかは、原則として従業員が決めます。ただし、業務繁忙期に大勢が一緒に取得するなど事業の正常な運営を妨げる場合には、時季を変更させることが可能です（これを**時季変更権**という）。

　年次有給休暇を取得した日は、基本的に①平均賃金もしくは②所定労働時間勤務した場合に支払われる賃金を支払います。

　　①原則過去3か月間に支払われた給与の総合計÷3か月間の総日数

　　②雇用契約により決められた所定労働時間勤務した場合に支払われる給与

　年次有給休暇は従業員ごとに付与日数と残日数がバラバラのため、**年次有給休暇管理台帳**^{DL}を作成して記録・保存しておくことが必要です。

年次有給休暇の管理の概要

- ☑ **対象者**　　従業員（役員は対象外）、パート、アルバイト
- ☑ **作成する書類**　年次有給休暇管理台帳
- ☑ **確認する書類**　就業規則、雇用契約書
- ☑ **作業の時期**　付与、取得するつど

この表は法律に定める最低日数なので、これ以上の日数を付与するのは会社の自由なのだ。

● 年次有給休暇の付与日数

所定労働時間、日数		継続勤務期間						
		6か月	1年6か月	2年6か月	3年6か月	4年6か月	5年6か月	6年6か月
右のいずれかに該当	週30時間以上 週5日以上 年間217日以上	10日	11日	12日	14日	16日	18日	20日
週30時間未満かつ右のいずれかに該当	週4日 年間169日〜216日	7日	8日	9日	10日	12日	13日	15日
	週3日 年間121日〜168日	5日	6日	6日	8日	9日	10日	11日
	週2日 年間73日〜120日	3日	4日	4日	5日	6日	6日	7日
	週1日 年間48日〜72日	1日	2日	2日	2日	3日	3日	3日

※年次有給休暇を10日以上付与した従業員に対して、付与した日から1年以内に5日分は消化させる義務（時季指定義務）があり、罰則もあります。

● 年次有給休暇管理台帳

令和●年度　年次有給休暇管理台帳

氏名	入社日	勤続年数	基準日	付与日数	取得日数	年次有給休暇を取得した日（時季）							
例 佐藤　一郎	2016/4/1	7年0か月	2023/10/1	20	2	2023/11/3	2023/11/4						
					0								
					0								
					0								
					0								

＊基準日（付与した日）から1年以内に5日分は取得させる義務（時季指定義務）があり、罰則もあります。

従業員に残日数をいつ聞かれてもすぐ答えられるようにきちんと管理しておこう。

memo > 年次有給休暇の買上げ（会社が従業員から買上げること）は原則としてできません。ただし2年の時効により消滅する分の日数や退職、解雇により消滅する日数などについては可能です。

Section

15 振替休日と代休の管理

振替休日と代休には大きな違いがあるので理解しておこう。

ここだけ
Check!

- ☑ 振替休日と代休の違いを理解する。
- ☑ 振替休日にするには要件がある。
- ☑ 法定休日労働の代休の場合、割増賃金が発生する。

休日に労働する点は同じだが、取扱いが異なる振替休日と代休

振替休日とは、たとえば**事前に**休日である日曜日と労働日である水曜日を入替え、日曜日を労働日とすることです。事前にこのような入替えをしておくことで、仮に日曜日が法定休日であったとしても日曜日の労働に対して**法定休日労働の割増賃金が不要**になります。なお、振替休日が認められるためには、あらかじめ決められた4つの要件を満たさなければなりません。

代休とは、**休日に労働させてその後に休日を与える**ことです。したがって、後で休日を与えたとしても**休日労働をしたことに変わりはないので**、それが法定休日であった場合には割増賃金が必要になります。また、代休は義務ではありませんが、代休を与えない結果、1週40時間の法定労働時間を超えてしまう場合には、法定時間外労働の割増賃金の支払いが必要です。

振替休日と代休を取らせるときの注意点

法定休日に労働をさせる場合、**振替休日と代休では割増賃金の有無が変わります**。振替休日では就業規則に規定を設けた上で出勤簿などに振替えた日を記録し、代休でも**出勤簿**^{DL}などに記録を残します。また、振替休日であっても、1週の労働時間が40時間を超えた場合には、その超えた労働時間は法定時間外労働として割増賃金の対象です。できれば同一週内での振替えにします。

法定外休日の労働であれば、振替休日や代休にかかわらず、そもそも休日労働の割増賃金は不要なんだ。

経理

人事

総務・他

振替休日の要件

1 就業規則に振替休日の規定を設ける。

　例「業務の都合により会社が必要と認める場合は、あらかじめ第○条の休日を他の日と振替えることがある。」

2 振替日は事前に特定する。

3 1週1日または4週4日の休日を確保した上で振替休日を決める。

4 遅くとも前日の勤務時間終了までに通知する。

● 振替休日の例

振替休日は事前に労働日と休日を振替えます。

振替前

日	月	火	水	木	金	土
休	労	労	労	労	労	休

↓

振替後

日	月	火	水	木	金	土
休	労	労	労	休	労	労

土曜日に労働してもらうため、
木曜日を休日（振替休日）にする

同一週内の振替であれば振替による割増賃金は発生しない。他の週への振替により週40時間を超えると割増賃金が発生する。

● 出勤簿の例

出勤日と欠勤日を記載するシンプルな例です。

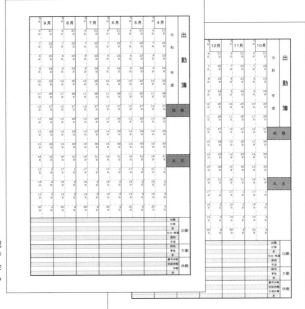

これは必要事項を記載する最小限度のものです。エクセルなどで会社に最適なものを作るのが一般的です。

---

memo ▷ 1週40時間を計算する際、何曜日から何曜日までを1週とするかは会社が決められる。特に決まりが無い場合は、日曜日から土曜日となる。

Section

16 | 社会保険と労働保険の概要

社会保険はすべての会社、労働保険は従業員を
雇用している会社に加入の義務がある。

ここだけ
Check!

- ✔ 会社は原則として社会保険に加入しなければならない（少なくとも社長は対象者になる）。
- ✔ パートやアルバイトを1名でも雇用していれば労災保険に加入しなければならない。
- ✔ 106万円の壁と呼ばれるパート・アルバイトの社会保険適用拡大は従業員101人以上の企業が対象。

 ## 加入が義務付けられる社会保険と労働保険

社会保険と労働保険はいずれも法律により加入が義務付けられる保険です。

社会保険には健康保険と介護保険と厚生年金保険があります。健康保険は業務以外のケガや病気、出産、死亡などに備える保険、介護保険は介護が必要になったときに介護サービスを受ける保険、厚生年金保険は高齢になったとき、障害が残ったとき、死亡したときに、本人や遺族に年金または一時金を受給する保険です。役員と従業員は社会保険に原則加入しなければなりませんがパート、アルバイトや契約社員などは労働時間などで加入の可否を判定します。

 ## 雇用保険と労災保険から構成される労働保険

労働保険は、雇用保険と労災保険（正式には労働者災害補償保険）からなります。雇用保険は従業員が失業した際の失業手当の支給、教育訓練給付、育児・介護休業給付などを行い、労災保険は従業員の業務上のケガや病気に備えます。原則として従業員は雇用保険と労災保険に加入しなければなりません。しかし、雇用保険は労働時間などにより対象とならない従業員がいます。一方、労災保険は学生アルバイトも含め、**すべての従業員**が対象です（役員は対象外）。

本来加入しなければいけないところ、加入を拒否していると法律上懲役や罰金もありえます。また、2年間さかのぼって本来納付すべき保険料を徴収されます。

主に中小企業を対象とした全国健康保険協会が運営
する健康保険を略して「協会けんぽ」という。

経理

人事

総務・他

社会保険の対象者

従業員の種類に応じて対象者の判定をします。

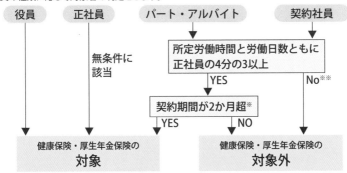

※契約期間が2か月以内であっても、雇用契約書等において（1）契約が更新される旨または更新される場合がある旨の記載がある場合や（2）過去に同様の雇用契約で更新された実績がある場合には、社会保険の対象者になります。

※※令和4年10月より従業員101人以上の会社では週の所定労働時間が20時間以上、月額給与が8万8千円以上、契約期間が2ヶ月以上、学生でないのすべての条件を満たす従業員は健康保険・厚生年金保険の対象となります。

雇用保険と労災保険の対象者

雇用保険
①1週間の所定労働時間が20時間以上かつ、 ②31日以上引き続き雇用される見込み

労災保険
労働時間にかかわらずすべての従業員が対象

労働時間から見た対象者

社会保険と労働保険の対象者の判定は共に労働時間がポイントになります。

労働時間にかかわらず
労災保険の対象者

週20時間以上
雇用保険の対象者

週30時間以上
健康保険・厚生年金保険の対象者※

※就業規則などで定める正社員の所定労働時間が週40時間以外の場合はその4分の3以上。

労働保険（雇用保険と労災保険）のイメージ

種類	雇用保険	労災保険
管轄の役所	ハローワーク	労働基準監督署
保険の内容	失業手当の給付など	業務上のケガや病気に備える
保険料関係	労働基準監督署	

配偶者や子などの扱い

	健康保険 （被扶養者）	厚生年金保険 （第3号被保険者）	雇用保険	労災保険
配偶者	○※	○※	×	×
子、孫など	○※	×	×	×

※年収130万円未満であることなどの条件がある。

> memo　大企業や同業種の中小企業などが集まって作った健康保険組合が運営する健康保険を組合管掌健康保険（組合健保）といい、組合健保の保険料率は組合が独自に決めることができます。

業務を**くわしく**知ろう

頻度： － 　　締切： －

Section

17 | 税務署などへ提出 している書類の確認

税務署などへ提出した書類の内容により会計処理のしかたなどが変わるんだ。

ここだけ Check!

- ✓ 提出書類には提出期限があるため、期限内に提出されているか確認する。
- ✓ 会社が法定の評価方法や償却方法以外を採用していないか確認する。
- ✓ 万が一、提出書類を紛失しても、申告書等閲覧サービスがある。

会社が提出する書類には申請書と届出書がある

会社は設立時から事業を運営していく中で、数多くの書類を税務署などに提出します。これら書類の中には、**提出しなければせっかくの特例の適用を受けられない**ものもあります。過去にどのような書類を提出しているか必ず確認しておきましょう。

提出書類には申請書と届出書があります。申請書は青色申告の承認や申告期限の延長など何らかの取扱いをお願いするための書類で、提出後に税務署などに認められれば承認されます（申請書を提出し税務署の承認があっても、特に通知は無いことが多い）。届出書は会社の設立などの事実そのものや償却方法の届出など、いくつかの選択肢から会社が選んだものを報告する書類です。

会社に無い書類は税務署で確認できる

会社が過去に提出した申告書、届出書、申請書などの提出書類を紛失しても、税務署で保管されている書類の閲覧が可能です。これを**申告書等閲覧サービス**といいます。閲覧するには本人確認書類や委任状などが必要になるため、事前に手続きを税務署に確認しておきましょう。

ただし申告書等閲覧サービスはあくまで閲覧と写真撮影のみで、コピーをもらうことはできません。税務署などに提出した書類の控えは絶対に紛失しないように気をつけ、できればスキャナでデータ化しておくと安心です。

▶**各提出書類のダウンロード**（国税庁 https://www.nta.go.jp/）
ホーム＞税の情報・手続・用紙＞申告手続・用紙＞申告・申請・届出等、用紙（手続の案内・様式）＞税務手続の案内（税目別一覧）＞法人税など

経理

人事

総務・他

● 主な提出書類の一覧

書類名	解説
法人設立届出書	会社を設立したら必ず提出する届出書です。設立後、増資をしたり事業年度を変更したりしていると届出書の記載と現状は異なるので、下記の異動届出書（複数ある可能性あり）も合わせて確認します。届出先は税務署、都道府県税事務所、市町村役場です。
給与支払事務所等の開設・移転・廃止届出書	上記とともに、通常は会社設立時に提出します。支店などで給与支払事務を行う場合には、支店でも提出することがあります。届出先は税務署です。
青色申告の承認申請書	法人税には青色申告と白色申告があり、青色申告には多くの特典があります。青色申告で申告するためには申請書を提出して税務署の承認を受けます。申請書の注意点は、①申請書に記載されている青色申告が適用される事業年度、②申請書が期限内に提出されていることの2点です。また、申請書には提出期限があり、原則として適用を受ける前事業年度末になります（下図参照）。申請先は税務署です。
棚卸資産の評価方法の届出書	商品や製品などの棚卸資産の評価方法（→ P.124）は、法律では最終仕入原価法と決められています。最終仕入原価法以外の移動平均法などを選択したい場合には、棚卸資産をどの評価方法で計算するのか届出なければなりません。届出先は税務署です。
減価償却資産の償却方法の届出書	器具備品などの減価償却資産の償却方法（→ P.106）は、法律では定率法と決められています。定率法以外の定額法などを選択したい場合には、減価償却資産をどの償却方法で計算するのか届出なければなりません。届出先は税務署です。
源泉所得税の納期の特例の承認に関する申請書	源泉所得税は原則として、翌月10日までに納付します。申請書を提出し承認を受けると、7月と翌年1月の2回にまとめて納付することができます（→ P.182）。申請先は税務署です。
定款の定め等による申告期限の延長の特例の申請書	法人税の申告書は原則として事業年度末から2か月以内に提出しなくてはなりません。申請書を提出して承認されると、1か月延長して3か月以内となります。申請書の注意点は、①申請書に記載されている延長される最初の事業年度、②申請書が期限内に提出されていることの2点です。申請書の提出期限は適用を受ける事業年度末です。たとえば、令和5年4月1日から令和6年3月31日の事業年度から適用を受ける場合には、令和6年3月31日が提出期限となります。申請先は税務署、都道府県税事務所です（市町村役場への申請は不要）。
異動届出書	事業年度の変更、本社の移転、資本金額の増減、社名の変更、代表取締役の変更、事業目的の変更、支店・工場などの設置や廃止などの会社に関する事項に変更があったときに提出する届出書です。代表取締役以外の取締役が就任・退任しても、提出する必要はありません。届出先は税務署、都道府県税事務所、市町村役場です。
消費税申告期限延長届出書	法人税の申告期限の延長の特例を受けている会社が、消費税も申告期限の延長を受ける場合に提出する届出書です。提出すると申告期限が1か月延長され法人税と一緒になります。届出書の提出期限は、消費税の申告期限延長の適用を受けようとする事業年度（課税期間）の末日です。
適格請求書発行事業者の登録申請書	適格請求書発行事業者の登録を受ける手続きです。申請を行い登録が行われると税務署から登録日が通知され、登録日から適格請求書発行事業者になります。令和5年9月30日までに申請を行えば、特例でインボイス制度開始の令和5年10月1日から登録を受けることができます。また、新たに設立した会社の場合は、特例で設立事業年度終了の日までに申請すれば、設立日にさかのぼって登録を受けることができますが、インボイスの発行に必要な手続きのため、できるだけ早く提出します。

● 青色申告の承認申請書の提出期限（設立第1期）

青色申告の承認申請書には提出期限があり、原則として適用を受ける前事業年度末になります。たとえば、令和5年10月1日から令和6年9月30日の事業年度から適用を受けたい場合には、令和5年9月30日までに提出しなくてはなりません。ただし、設立第1期から適用を受ける場合は、設立日から3か月を経過した日と事業年度末のいずれか早い日の前日です。

❶と❷のいずれか早い日（R5.9.30）の前日 ➡ R5.9.29が提出期限

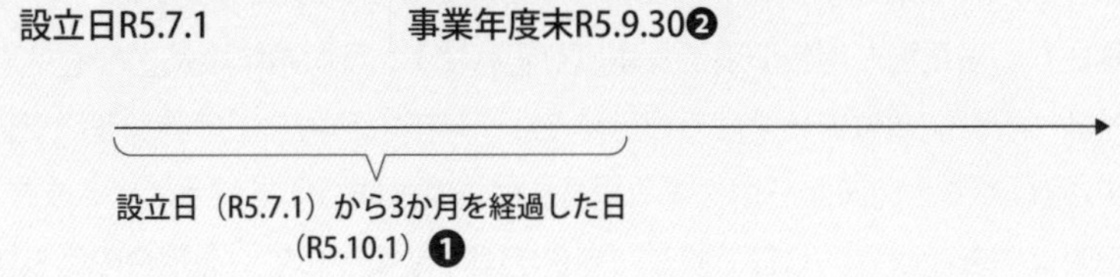

設立日R5.7.1 　　　　事業年度末R5.9.30❷

設立日（R5.7.1）から3か月を経過した日
（R5.10.1）❶

▶給与支払事務所等の開設・移転・廃止届出書と源泉所得税の納期の特例の承認に関する申請書のダウンロード（国税庁 https://www.nta.go.jp/）
ホーム＞税の情報・手続・用紙＞申告手続・用紙＞申告・申請・届出等、用紙（手続の案内・様式）＞税務手続の案内（税目別一覧）＞所得税・源泉所得税＞源泉所得税関係

Section

18 | 税金の申告と納付

会社は法人税や消費税などの税金を決められた
期限までに申告・納付する義務がある。

ここだけ
Check!

- ✅ 申告期限は必ず守る。
- ✅ 郵送の場合は特定記録などで発送日を証拠として残す。
- ✅ 郵送の場合は、業務センターが設置されていないか確認する。

申告は郵送でも可能だが、発送日に注意する

　会社は原則として決算日の翌日から2か月以内に法人税や法人事業税・住民税（都道府県民税および市町村民税）などの申告書を税務署、都道府県税事務所、市町村役場などへ提出し、税金を納めます（申告、納付という）。

　申告書は**提出時点**（決算日時点ではない）の会社の納税地（通常本店）の所轄の税務署、都道府県税事務所などへ提出します。郵送で申告書を提出する場合には**郵便物の通信日付印の日付が提出日**です。したがって、申告期限当日に郵便局で受付を済ませば、到着が申告期限後であっても期限遅れとはなりません。ただし、申告書の提出が申告期限を過ぎることは大きな問題になるため、郵送で提出する場合には特定記録など発送日が証拠として残るようにします。

申告期限に1日でも遅れるとペナルティ

　申告書の提出が申告期限から1日でも遅れると期限後申告となり、ペナルティーが発生します。事前に申告期限の延長の手続き（→P.57）を行い承認されれば、法人税と法人事業税・住民税の申告期限が2か月以内から3か月以内に延長され、消費税も申告期限延長届出をすれば3か月以内に延長されます。

　納付は、現金に納付書を添えて銀行または所轄の税務署などの納税窓口で行います。銀行で預金口座から納付する場合には通帳と銀行印を持っていきます。納付期限は申告期限と同じ日ですが、申告期限の延長をしている場合の延長期間（1か月間）は利子税や延滞金という利息が発生します（→右ページ）。

経理

人事

総務・他

● 申告と納付のスケジュール（取締役会と監査役を置いていない会社の場合）

1 決算書の作成
決算日から1か月以内

残高の確認など決算処理を行い、決算書をまとめる

2 各種申告書を作成
決算日から45日以内

決算書などにもとづき法人税申告書など各種申告書を作成する

3 決算書を株主総会で承認、申告書の提出、税金の納付
決算日から2か月以内

株主総会で決算書の承認を受けてから、各種申告書の提出と税金の納付をする

● 申告書の種類と提出先・納付先

申告書の種類ごとに提出先が異なります。

種類	提出先・納付先
法人税申告書（地方法人税申告書を含む）	所轄の税務署
法人事業税・住民税申告書（地方法人特別税申告書を含む）	所轄の都道府県税事務所、所轄の市町村役場（東京23区は不要）
消費税申告書	所轄の税務署

法人税申告書は、厳密には別表一「各事業年度の所得に係る申告書」を指し、その他の別表は「明細書」、決算書などは「添付書類」と呼ぶ。通常はこれらを総称して法人税申告書と呼ぶんだ。

※e-TaxやeLTAXを利用したダイレクト納付についてはP.294参照

● 申告期限の延長と納付

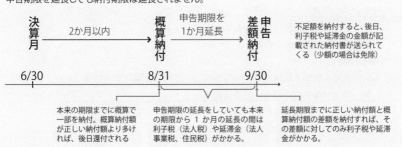

申告期限を延長しても納付期限は延長されません。

決算月 ── 2か月以内 ── 概算納付 ── 申告期限を1か月延長 ── 差額納付 申告

不足額を納付すると、後日、利子税や延滞金の金額が記載された納付書が送られてくる（少額の場合は免除）

6/30　　8/31　　9/30

本来の期限までに概算で一部を納付。概算納付額が正しい納付額より多ければ、後日還付される

申告期限の延長をしていても本来の期限から1か月の延長の間は利子税（法人税）や延滞金（法人事業税、住民税）がかかる。

延長期限までに正しい納付額と概算納付額の差額を納付すれば、その差額に対してのみ利子税や延滞金がかかる。

memo　申告書や申請書などを郵送で提出する場合に、税務署にかわって「業務センター」が設置されているときは、業務センターへ郵送します。

税金関係と登記関係の所轄の調べ方

●法人税と消費税

本店所在地を管轄する税務署になります。

例　本店が東京都北区の場合→王子税務署

キーワード：国税局・税務署を調べる

国税庁 HP> 国税庁等について>組織（国税局・税務署等）>税務署の所在地など
を知りたい方

●法人事業税と法人住民税

本店所在地を管轄する都道府県税事務所と市町村役場になります。しかし、本店所
在地が東京都 23 区にある場合、管轄は都税事務所のみです（区役所へ申告書などは提
出しません）。

例　本店が東京都北区の場合→荒川都税事務所

キーワード（東京都の場合）：東京都主税局　所管区域

東京都主税局 HP ＜ 23 区内の個人事業税、法人事業税・特別法人事業税・地方法
人特別税・法人都民税、事業所税にかかる都税事務所の所管区域について＞

キーワード（東京都立川市の場合）：立川市　法人市民税

立川市 HP> くらし・環境 > 税金 > 市・都民税(個人・法人)> 法人市民税について(申
告のご案内)

●償却資産税

償却資産の所在する市町村役場となります。

例　東京都立川市の場合→立川市役所

キーワード（立川市の場合）：立川市　償却資産税

立川市 HP> くらし・環境 > 税金 > 固定資産税・都市計画税 > 償却資産について

●登記関係

(1) 登記事項証明書・印鑑証明書の取得

日本全国の法務局、地方法務局、支局、出張所のどこでも取得できます。

キーワード：各法務局のホームページ

法務局 HP ＞各法務局のホームページ

(2) 登記申請

本店所在地を管轄する法務局、地方法務局、支局、出張所などになります。

例　本店が中央区の場合→東京法務局

キーワード：各法務局のホームページ

法務局 HP ＞各法務局のホームページ

社会保険関係と労働保険関係の所轄については→ P.299。

2

日常的に行う
経理関連の事務

Keyword

現金の管理／預金の管理／借入金の基礎知識／小切手の管理／売掛金の管理／買掛金の管理／報酬の支払い／固定資産の管理／棚卸資産の管理／繰延資産の管理／商取引の流れと売上の計上基準／見積書／発注書／発注請書／納品書／物品受領書／請求書／領収書／インボイス制度／仕訳のポイント

Section
01 | 現金の管理の 流れをつかもう

現金の管理は経理の基本。しっかり管理しよう。

●現金の管理の流れ

1 現金の払出
仮払申請書などの受領後

仮払申請書や経費精算書の記載にもれやおかしな点が無いか確認

> P.68,70

2 記録（払出し）
現金を払出した日

現金出納帳または会計ソフトへ記録

> P.64

3 現金の受取り
経費精算書などの受領後

経費精算書の記載もれや仮払金の残高が正しく精算されているかを確認

> P.68,70

4 記録（受取り）
現金を受取った日

現金出納帳または会計ソフトへ記録

> P.64

5 手元の現金の確認と照合
終業時刻直前など

金種票を作成し会計ソフトの残高と照合

> P.64

6 上司の確認
抜打（不定期）で

上司が金種票と手元の現金と会計帳簿残高がすべて一致していることを確認

　現金の管理とは、会社にある現金の出入りと残高を正確に記録・把握することです。そのためには、現金の出入りにまつわる必要な処理の理解と残高の正しい確認が重要になります。

　一般的には現金というと、紙幣や硬貨のことです。しかし**経理上は取引先が振出した小切手なども現金として取扱います**。現金の出入りは、こまめに（できればその日のうちに）現金出納帳に記入したり、会計ソフトに仕訳を入力したりするなどして記録しましょう。記録した残高と実際の現金の残高が一致していることを日々の終業時刻直前などに確認します。

| memo | 金種票とは紙幣と硬貨などをその種類ごとに枚数を記録する書類です。現金の残高を数える過程を記録したものとも言えます。 |

現金の管理の概要

- ☑ **対象者** 　上司、現金を数える担当者
- ☑ **作成する書類** 　金種票
- ☑ **確認する書類** 　領収書、レシート、経費精算書、仮払申請書など
- ☑ **作業の時期** 　毎日

● 現金出納帳

令和 5年度　　　　　　　　　　　現金

蔵吹倶株式会社
税抜

日　付 伝票No	相手勘定科目 相手補助科目	摘　　要	税　区　分 収　入　金　額	補　助　科　目 支　出　金　額	相手税区分 残　　高
4/ 1		前期より繰越			100,000
4/ 1 1	普通預金	A信用金庫　引出	500,000		600,000
4/ 4 2	仕入高	商品現金仕入　X商事		500,000	課対仕入10%内税 100,000
4/ 5 3	売掛金	掛代金回収　A社	200,000		300,000
4/ 6 4	旅費交通費	JRR　○○駅～○○駅		380	課対仕入10%内税 299,620
4/ 7 5	旅費交通費	出張費　岡山　ANN空港		20,000	課対仕入10%内税 279,620
4/ 8 6	通信費	切手代　コンビニエンス駅前店		5,000	課対仕入10%内税 274,620
4/ 8 7	交際費	接待　A社　居酒屋たぬき		35,000	課対仕入10%内税 239,620
4/11 8	仮払金	仮払精算　No.8	4,380		244,000
4/11 9	事務用品費	文房具代　加藤商店		1,600	課対仕入10%内税 242,400
4/12 10	新聞図書費	新聞購読料　毎月新聞		5,500	課対仕入10%内税 236,900
4/13 11	普通預金	A信用金庫　引出	58,800		295,700
4/13 12	租税公課	収入印紙　駅前郵便局		4,000	291,700
		4月度　合計	763,180	571,480	
		翌期へ繰越			291,700

　現金を出入れするには、そのつど正確に数える必要があり手間がかかり、ときには数え間違えることもあります。できるだけ立替払い（→P.68）の割合を多くした方が効率的です。

　また、現金を出入れする際は、領収書など証拠を残さなければなりません。証拠が無いと、後で現金出納帳の記入や会計ソフトの入力に困りますし、そもそも記入や入力自体を忘れてしまう可能性が高くなります。

> 現金出納帳といっても、現金の出入りを記録する点では家計簿やおこづかい帳と似ているぞ。

Section
01₋₁

現金の管理①
手元の現金の管理方法

現金の管理は毎日の管理が重要なんだ。

ここだけ
Check!

- ☑ 根拠となる書類と引き替えに現金を受渡す。
- ☑ 現金を数える担当者と会計ソフトに入力する者は別が理想。
- ☑ 金種票と会計ソフトの残高の不一致は当日中に原因を追究する。

手元の現金は金種票を作成して管理する

現金を払出す際は、領収書、レシート、仮払申請書など必ずその根拠となる書類をその場で受取ります。現金を先に払出してしまうと従業員は書類を提出することを忘れてしまい回収に大変手間がかかります。現金を受取る際も、領収書控え、経費精算書などを受取ります。そして、現金の出入りがあったらこまめに（その日のうちに）現金出納帳や会計ソフトに記録します。

現金を実際に数える際には、**金種票**^{DL}を作成します。金種票の作成は、現金の出入りが落ち着いた夕方ごろに行います。毎日作成するのが理想ですが、現金の出入りが少ない場合には2〜3日に1度など頻度を低くしてもいいでしょう。

小売業や飲食業などでレジを利用している場合は、レジに保管する現金の金額をあらかじめ決めておき、閉店後にそれを超える金額（＝その日の売上金額）をATMから預金口座へ預入れる方法もあります。

金種票と残高が合わない場合には当日中に原因を追究する

金種票を作成していて会計ソフトの残高と不一致となる原因として、香典など領収書の無い支払いの仕訳もれや、仕訳の二重計上などがよく見られます。原因は当日中に追究します。どうしても原因不明の場合には、現金過不足という勘定科目を使って**会計ソフトの残高を金種票（実際にある残高）に一致させます**。

> 会計ソフトで作成する現金出納帳は、過去の分も簡単に修正できる。しかし金種票を残しておけば、それはできなくなってしまうぞ。

経理

人事

総務・他

●金種票

お金を数えた結果を記録する書類です。

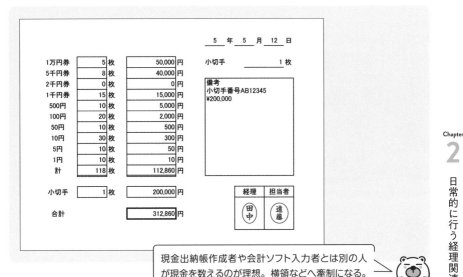

現金出納帳作成者や会計ソフト入力者とは別の人が現金を数えるのが理想。横領などへ牽制になる。

●現金過不足のときの仕訳

●現金過不足の発生時：実際の現金の残高＜会計データの場合

仕訳例 実際の現金の残高が会計データの残高よりも100円少なかったので、実際の現金の残高に調整した。

（借方）現金過不足	100	（貸方）現金	100
（課税区分）**不課税**			
（摘要）**現金過不足調整**			

●現金過不足の発生時：実際の現金の残高＞会計データの場合

仕訳例 実際の現金の残高が会計データの残高よりも100円多かったので、実際の現金の残高に調整した。

（借方）**現金**	100	（貸方）**現金過不足**	100
		（課税区分）**不課税**	
（摘要）**現金過不足調整**			

●現金過不足の解消時の処理

仕訳例 現金過不足として調整した100円は、切手を購入した際の領収書の処理がもれていたことが判明した。

（借方）**通信費**	100	（貸方）**現金過不足**	100
（課税区分）**課税**		（課税区分）**不課税**	
（摘要）**切手の購入代金処理もれ　大黒屋　切手**			

> **memo** 社長の配偶者や子供など信頼できる人が現金を管理している場合には、金種票を作成しないこともあります。

Section 01_-2 現金の管理②
領収書やレシートの処理

領収書やレシートは日常的に取扱うので、基本的な項目を確認しよう。

ここだけ Check!
- ☑ 領収書またはレシートはもらうのが原則。
- ☑ 領収書に記載もれや不自然なところが無いか確認する。

現金を支払ったときは必ず領収書をもらうようにする

現金で何かを購入した場合には、原則として領収書（令和5年10月以降はインボイス発行事業者からはインボイス）をもらいます。その際、会社名と取引内容を記載してもらいます。取引内容は、具体的な商品名ではなく文房具などある程度大まかで構いません。

領収書の但書きの記載の目安としてはその領収書で仕訳をきることができる程度です。たとえば、「品代」では内容がまったくわかりませんが「文房具」とあれば事務用品費と仕訳をすることができます。

領収書をもらい忘れた従業員からインターネットで調べた販売価格を提示されても、原則として受付けられません。領収書では金額を確認するだけでなく、相手が代金を受取った（従業員が確かに支払った）事実も確認しています。

お店によって購入実績に応じてポイントを付与されることがあります。このポイントを充当して購入した場合には、実際の現金支払い額で購入したものとして処理します（ポイント分は値引き）。

領収書やレシートが発行されない支払いは記録を残す

結婚式や葬儀に参列した際の慶弔金、自動販売機や露店で購入する場合など領収書やレシートをもらえない支払いについては、招待状に金額を記載したり、**支払証明書**^{DL}を作成してもらったりして、支払金額、日付、支払先住所などを記録しておくと税務調査でも印象がよくなります。

 経理 人事 総務・他

● 領収書のチェックポイント

記載もれやおかしな点が無いかを確認します。

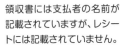

領収書には支払者の名前が記載されていますが、レシートには記載されていません。

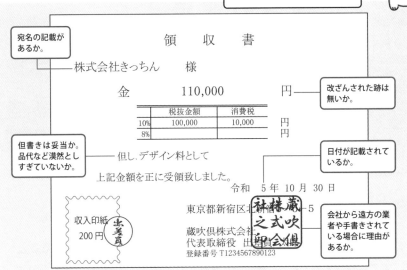

宛名の記載があるか。

領　収　書

株式会社きっちん　　様

金　　　110,000　　　円

	税抜金額	消費税
10%	100,000	10,000
8%		

円
円

改ざんされた跡は無いか。

但書きは妥当か。品代など漠然としすぎていないか。

但し、デザイン料として

上記金額を正に受領致しました。

令和　5 年 10 月 30 日

日付が記載されているか。

東京都新宿区北新宿○-○-5

蔵吹倶株式会社
代表取締役　出
登録番号 T1234567890123

収入印紙
200 円

会社から遠方の業者や手書きされている場合に理由があるか。

● 領収書が発行されない支払い

必ずしも領収書が発行されるとは限らず、発行されない場合に自社で根拠となる書類を作成します。

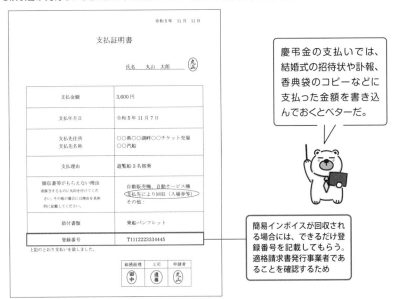

令和 5 年 11 月 11 日

支払証明書

氏名　丸山　太郎

支払金額	3,600 円
支払年月日	令和 5 年 11 月 7 日
支払先住所 支払先名称	○○県○○湖畔○○チケット売場 ○○汽船
支払理由	遊覧船 3 名搭乗
領収書等がもらえない理由 ※該当するものに丸印を付けてください。その他の場合は理由を具体的に記載してください。	自動販売機、自動サービス機 支払先により回収（入場券等） その他：
添付書類	乗船パンフレット
登録番号	T111222334445

上記のとおり支払いを致しました。

総務経理	上司	申請者
田中	遠藤	丸山

慶弔金の支払いでは、結婚式の招待状や訃報、香典袋のコピーなどに支払った金額を書き込んでおくとベターだ。

簡易インボイスが回収される場合には、できるだけ登録番号を記載してもらう。適格請求書発行事業者であることを確認するため

memo ▷ 領収書とレシートの 2 枚を発行してしまうお店もあります。同じ日に同じ金額の支払いがあったら注意します。

Section 01-3 現金の管理③ 立替払いの処理

立替払いの管理は単純なようで細かい点で確認
が必要なことが多いので注意!

ここだけ
Check!

- ☑ 領収書は必ず提出してもらう。紛失等した場合にはその上司に精算の是非を確認する。
- ☑ 諸規程を確認し、立替払いの経費を会社がどこまで負担するか確認する。
- ☑ 締切りを設け、社内に周知する。

従業員が一時的に会社の経費を代わりに払う立替払い

　**立替払いとは会社の業務に必要な支払いを従業員が一時的に負担すること
で、後で精算が必要です。**立替払いを精算する場合には、その従業員の上司に
領収書の内容の確認と承認印の押印をしてもらい、それから提出してもらいま
す。上司の確認がなければ、経理で内容におかしなところが無いか確認しなけ
ればなりません。領収書には但書きで、商品名やサービス内容が記載されてい
ます。この記載が漠然としているときは、担当者に内容を確認して誤りや不正
の防止に努めます。

　従業員の立替払いが多い場合は、月ごとの期日を決めましょう。この場合は、
所定の**経費精算書**^{DL}を従業員に作成してもらい、領収書と一緒にまとめて提出
してもらいます。

立替払いの精算には毎月締切りを設けて守ってもらう

　立替払いの精算に締切りを設けないと精算をためる従業員が出てくるもの。
するとそのために決算が締まらないなどいろいろ弊害が出てしまいます。たと
えば実際に支払いをした日の翌月10日までなど**締切りを設け社内に周知**しま
しょう。

締切りに遅れた立替
払いへの対応も上司
に確認しておこう。

● 立替払いの流れ

❶ 従業員が経費を立替えて支払う

❷ 従業員は領収書または経費精算書の承認を上司に受ける
- 近距離の電車代やバス代は領収書の提出を必要としないことが多い。
- 接待飲食代は部門ごとなどに予算が決められていることがある。

❸ 領収書または経費精算書にもとづき精算する
- 計算間違いが無いか確認する。

❹ 仕訳処理

● 出張旅費特例とインボイス

旅費規程にもとづいた交通費や宿泊費、日当の精算
➡基本的にインボイスは不要
出張旅費の精算が会社と従業員との取引であり、従業員はインボイスを発行する立場に通常は無い

**旅費規程にもとづかない単なる立替金、
実費精算され従業員宛てのインボイスを従業員が取得している費用**
➡立替金精算書を作成し、従業員宛のインボイスを一緒に保存
※立替金精算書は、支払証明書（→ P.67）や経費精算書（→ P.71）に宛先として自社名を追記したものでもよい

法人カードで決済されている出張旅費
➡インボイスが必要
会社と交通機関や宿泊施設との取引と考えられるため

--- **Column** ---

経費として認められる旅費の範囲や日当は旅費規程で決まる

　交通費、宿泊費、日当などは旅費規程にもとづいて精算されます。旅費規程には、実際にかかった金額（実費）で経費を精算するものと、宿泊数、距離、時間などにより計算した金額（定額）で経費を精算するものとあります。

　後者の代表が日当です。出張などに要する諸雑費（出張先での飲食費など）を賄うために支払われるもので、実際に従業員が出張先で使うかどうかは問いません。実際にかかった金額がいくらであっても旅費規程にもとづいて計算した金額の支払いをします。その際、距離や出発時刻などにより何日分が支給されるか細かく規定されていることがあるので注意します。

Section
01-4

現金の管理④
仮払いの処理

仮払いでは、実際に支払った金額の領収書と残金を回収しないといけないんだ。

ここだけ
Check!

- ☑ 従業員などへ仮払いする際は、必ず仮払申請書を提出してもらう。
- ☑ 仮払いであっても、できるだけ具体的に記載してもらう。
- ☑ 通常は精算日で仮払いを振替える。決算時には未精算分の振替えを忘れない。

業務に必要な支払いのお金を先に渡しておく仮払い

　仮払いとは会社の業務に必要な支払いのための**お金を事前に従業員に渡し、後で実際の支払いとの差額を精算**することです。仮払いは、従業員からの申請にもとづき事前にお金を渡しますが、その前に仮払いする金額と支払いの目的などを書いた**仮払申請書**^{DL}を提出してもらいます。実際に従業員が支払った後は、すみやかに経費精算書^{DL}を作成してもらい上司の承認印のある領収書を添付して提出してもらいます。それにもとづいて、仮払いの過不足を精算します。

　仮払時には金額が決まっていない場合でも、わかっている項目はできるだけ具体的に記載してもらいます。ルーズな払出しは禁物です。仮払申請があったら**実際の出金日に仕訳を計上**します。その後経費の精算は通常、**精算日で仮払金を各勘定科目へ振替え**て構いませんが、**決算時には未精算でも期末までに従業員が実際に支払った分は各勘定科目へ振替える**ことを忘れないようにします。

仮払いの支払いは一定額以上の基準を設けて仮払申請書を必ずもらう

　海外や長期間の出張など多額になる場合には仕方ありませんが、あまり少額なものまで仮払申請を受付けると手間がかかります。一定の金額以上のものだけ受付けるように基準を設けましょう。また、**仮払申請書は領収書も兼ねています**（この場合は印紙の貼付は不要）。従業員に急いでいるからと言われても、先にお金を渡さないよう注意してください。

国外で使う日当、旅費、宿泊費は不課税処理になるのだ。

経理

人事

総務・他

仮払いの流れ

❶ 従業員が仮払申請書を作成し、上司の承認を受ける

❷ 仮払申請書にもとづき従業員にお金を渡す

❸ 仕訳処理
・仮払金勘定は従業員ごとに補助科目を設ける

❹ 仮払いの過不足の精算
・計算間違いが無いか確認する

❺ 仕訳処理
・仮払金勘定から旅費交通費や交際費などの勘定科目へ振替える

経費精算書の作成と注意点 （仮払い精算時）

記載もれやおかしな点が無いかを確認します。

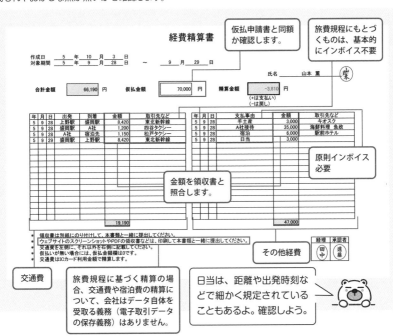

Section 02 | 預金に関する基礎知識

預金の種類と役割をマスターしておこう。

ここだけ **Check!**

- ☑ 預金の種類を理解して目的に応じて使い分ける。
- ☑ インターネットバンキングの利用を検討する。
- ☑ 通帳と銀行印はできれば別々に保管する。

経理

人事

総務・他

会社でよく使われるのが普通預金、当座預金、定期預金、定期積金

　預金とは、銀行にお金を預けること、またはその預けたお金をいいます。ゆうちょ銀行などの場合は「貯金」といいますが同じです。会社で利用する預金としては、**運転資金の出入れに使われる普通預金、小切手の振出しに使われる当座預金、余剰資金の運用に使われる定期預金、毎月定額を積立てていく定期積金**が一般的。また、この他にも税金を払うために貯めておくための預金として納税準備預金があります。**納税準備預金は納税時以外は出金できません**が、預金利息から所得税が控除されずに満額入金される点がメリットです。

　取引先に振込みや振替えをする場合、支店の窓口やATMに行く他に、事前に登録すれば会社のパソコンで手続きできます。これはインターネットバンキングと呼ばれ、利用手数料がかかることがありますが振込手数料が安くなったり移動や待ち時間が短縮され効率的です。

通帳と銀行印はできる限り別管理にする

　通帳はカギのかかるところに保管します。記載がいっぱいになり繰越された通帳も保存期間（→ P.28）は保管しなければなりません。また、通帳と銀行印が同時に盗まれると勝手に引き下ろされる可能性があるため**銀行印は通帳とは別の場所に保管**します。可能であれば、通帳の保管者と銀行印の保管者は別の従業員にします。これは横領等への牽制になります。

> **memo** ＞ネット銀行はダイレクト納付に対応していないことがあるので注意。

●よく使われる預金の比較

項目	普通預金	当座預金
概要	自由に預入れ払戻しができる預金	一般に小切手の支払いを決済するための預金
利息の有無	利息がつく	利息はつかない
よく利用される方法	運転資金の預入れ	小切手の振出し
預金保険制度[1]	一部のみ保護[2]	全額保護

項目	定期預金	定期積金
概要	満期日または据置期間を設定し、その間払戻しをしない条件で預入れる預金	毎月決まった金額を積み立てていく預金で、将来の目的に合わせて資金をためるのに便利
利息の有無	普通預金と比べ高い利息がつく	積立期間に応じた利息がつく
よく利用される方法	余剰資金の運用	納税資金や賞与資金の準備
預金保険制度	一部のみ保護	一部のみ保護

※1 外貨預金は対象外　※2 決済性普通預金は全額保護

●振替えと振込み

似た用語ですがよく出てくるので違いを理解します。

振替え

会社が同一銀行の本支店間（新宿支店と足立支店など）で自社の口座のお金を移動させることをいい、預金残高の管理目的などで行います。

振込み

会社が、ある銀行から別の銀行へ自社の口座のお金を移動させること、または、仕入れ代金の支払いなど取引先の口座へお金を入れることをいいます。

Column

入金の内容がわかりにくいときは

　自社が預金から支払いをする場合には、相手先、支払理由、支払金額、支払期限などを請求書などで確認して支払います。したがって通帳にその記帳がされていればすぐにそれとわかります。しかし、預金へ入金があった場合には、その取引が何なのかすぐにわからないことがあります。振込手数料が引かれて請求金額と違っているだけではなく、取引先名ではなくその社長名で振込みがあったり、そもそも振込金額が間違っていたりすることなどもあるでしょう。これらの入金を正しく処理するには請求書控えなどを手元に置き、突き合わせていくのが基本です。

---

memo ＞ 預金保険制度とは、預金者が銀行へ預けた預金のうち、一定のものを保護する制度です。具体的には、当座預金などの決済用預金は全額が、それ以外の預金は元本1,000万円までとその利息が保護されます。

Section 03 | 預金の残高確認

> 当座勘定照合表が必ずしも正しい残高ではないので注意!

- ✅ 各種預金の残高を正しく把握しないと二重振込みや回収もれなどが起こる。
- ✅ 当座預金について銀行との残高不一致が生じたら銀行勘定調整表を作成する。
- ✅ 小切手を振出したら当座預金の残高に注意する。

常に預金の残高は把握できるようにしておく

普通預金であれば預金通帳、当座預金であれば当座勘定照合表、定期預金であれば利息の計算書などと会計ソフトの残高を確認し、仕訳もれや誤りが無いか確認します。

ネット専用銀行の登場やインターネットバンキングの普及とともに、通帳が発行されない預金が増えています。一般的にそれらの口座では、パソコンの画面などで預金口座の推移のダウンロードが可能です。それを印刷もしくはPDFなどデータで保管します。

通帳が発行されない当座預金は残高の確認に注意する

当座預金は普通預金のような通帳は発行されず、銀行が定期的に作成する**当座勘定照合表**で確認します。したがって、作成されるまで残高の確認は会計ソフトでの確認か、インターネットバンキングでの確認が必要です。

小切手をひんぱんに振出したり通帳が無かったりする当座預金は、銀行側が把握している残高（当座勘定照合表など）と会計ソフトの残高とが不一致となることが起こりがちです。そこで、不一致の場合には両者の残高が一致するようにそれぞれ調整をし、その記録として**銀行勘定調整表**^{DL}を作成しなければなりません。銀行勘定調整表を作成する場合には、まず当座勘定照合表と当座預金勘定の調整前残高を記入し、次に小切手のミミ（→P.80）やATMの取引明細書などを見ながら不一致の原因を追究していきます。

経理

人事

総務・他

当座勘定照合表

銀行が把握している当座預金の残高を証明する書類です。

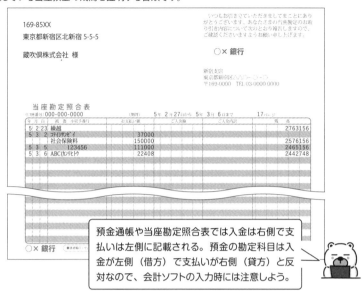

預金通帳や当座勘定照合表では入金は右側で支払いは左側に記載される。預金の勘定科目は入金が左側（借方）で支払いが右側（貸方）と反対なので、会計ソフトの入力時には注意しよう。

銀行勘定調整表の作成

会計データと当座勘定照合表の差を記録する書類です。

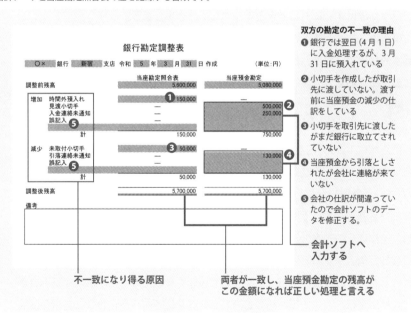

双方の勘定の不一致の理由

❶ 銀行では翌日（4月1日）に入金処理するが、3月31日に預入れている

❷ 小切手を作成したが取引先に渡していない。渡す前に当座預金の減少の仕訳をしている

❸ 小切手を取引先に渡したがまだ銀行に取立てされていない

❹ 当座預金から引落としされたが会社に連絡が来ていない

❺ 会社の仕訳が間違っていたので会計ソフトのデータを修正する。

―― 会計ソフトへ入力する

memo ＞ 小切手の仕訳は、実際の振出日の日付で会計ソフトに入力します。

Section 04 ｜ 借入金の基礎知識

借入金の状況は聞かれたときにすぐに対応できるようにしておこう。

ここだけ Check!

- ☑ 借入金の状況に関しては常に把握が重要。
- ☑ 基本情報の一覧表を作成する。
- ☑ 振込まれた金額が必ずしも借入額ではない。

借入に関する情報は必要な項目を整理しておく

会社の借入を理解するには、借入の目的、借入先、借入の種類、担保などさまざまな項目について契約証書を確認し、整理しておかなければなりません。借入の返済は会社にとって最も重要な問題の1つであり、社長は借入に関することは熟知しています。経理担当者としては、社長に借入に関する指示や確認を受けた際にすぐに対応できるようにしておきましょう。

借入は2つ以上あることも珍しくありません。2つ以上あるときは、**借入の基本的な事項（金額、銀行名、目的、種類、期間、利率、担保など）を一覧表にまとめておく**と、現状の把握や決算処理などに際して役立ちます。

借入の諸費用の多くは振込時に天引きされる

借入時に1000万円を借りたとしても、必ずしも満額が振込まれるわけではありません。第1回の支払利息や金銭消費貸借契約書に貼る印紙代など諸費用（右ページ参照）が差引かれていることがあります。仕訳をする際には、振込まれた金額ではなく契約により借入れた総額を借入金という勘定科目で計上し、差額はその内容に応じた勘定科目で処理します（右ページ参照）。

会社が借入をする際に**信用保証協会**の保証が条件になることがあります。これは、万一会社が銀行へ借入金を返済できなくなった場合に、信用保証協会が代わりに銀行へ返済するためのもので、保証をしてもらう代わりに信用保証協会に保証料を支払います。

経理

人事

総務・他

●知っておきたい借入金に関する基礎用語

借入金を正しく処理するには、基本的な用語の理解が欠かせません。

借入の種類

証書借入

借入金額や利率など借入条件を記載した金銭消費貸借契約証書という書類を交わして行う方法。

手形借入

会社が銀行を受取人とする約束手形を銀行に振出す方法。

借入の目的

運転資金

日常的に会社を運営するために使われる。返済期間は短い。

設備資金

工場や社屋の建築、機械の購入などに使われる。返済期間は長い。

借入の担保

人的担保

（連帯）保証人が典型で、会社が返済できない場合に代わりに返済する義務を負う。社長がなることが多い。

物的担保

抵当権が典型で、会社が返済できない場合に抵当権が設定された不動産などは強制的に売却され返済に充てられる。

借入先

民間金融機関

いわゆるメガバンク、都市銀行、地方銀行、信用金庫、信用組合など。会社の規模が小さく実績もあまりない場合には、信用金庫や信用組合を利用することが多い。

政府系金融機関

日本政策金融公庫、商工組合中央金庫など。会社を設立したばかりや規模が大きくない場合には、日本政策金融公庫を利用することが多い。

銀行以外に社長自身のお金を会社が借りることがある。これを社長借入というんだ。

●借入金関連の諸費用

諸費用の種類	内容	勘定科目
印紙代	金銭消費貸借契約証書に貼った印紙代	租税公課
支払利息	第1回の支払利息が前もって差引かれることがある	支払利息
事務手数料	銀行が融資のためにかかった手数料	支払手数料
抵当権設定費用	担保を提供する際にその登記にかかる費用	支払手数料

信用保証協会の保証がある借入が返済不能になったときには、信用保証協会が返済を肩代わりしてくれるけど、会社は後から信用保証協会にその分を返済しなければならないんだ。

> **memo**　信用保証協会は中小企業が銀行から借入をする際に、保証人となり融資を受けやすくなるようにサポートをする公的機関です。

Section 05 | 小切手の管理の 流れをつかもう

> 小切手は現金と同様に大事に扱おう。

● 小切手の流れ

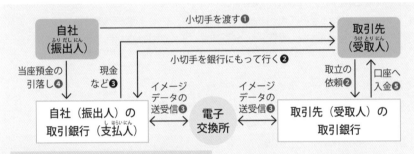

小切手の現金化までの流れ
電子交換所を経由する：❶→❷→❸→❹→❺
受取人が直接銀行へ持込む：❶→❷→❸

❶から❺は小切手を取引先が取引銀行へ取立ての依頼をしたケース、❷と❸は小切手を直接支払地の
　銀行へ持込んだケースです。
❶振出した小切手は直接手渡したり、書留郵便で郵送したりします。
❷受取人は金額の記載や押印などを確認後、取引銀行へ小切手の取立てを依頼します。
❸電子交換所（下のmemo）を通じて、銀行間で小切手のイメージデータの送受信をします。
❹振出人の当座預金口座から小切手の金額が引落されます。
❺取立ての依頼から資金化まで少なくとも3日は見ておきます。
　また、❷❸のように支払地に記載された銀行へ直接持込めば、即日換金することもできます。

　右ページの図の小切手の中ほどには「上記の金額をこの小切手と引換に持参人へ
お支払いください」と記載があります。持参人とは小切手を銀行へ持ってきた人を
指し、**要は銀行は小切手を持ってきた人へ記載された金額をすぐに支払う**というこ
とです。小切手用紙に必要事項を記載し銀行印を押印して相手に渡すことを小切手
の振出しといい、振出した会社を振出人と呼びます。

　小切手を振出すためには、事前に銀行に当座預金口座（→P.72）を開設しなけれ
ばなりません。小切手用紙も、その銀行から購入します。

memo ▷ 電子交換所は一般社団法人全国銀行協会が設置、運営している手形交換所で、手形・小切手のイメー
ジデータを銀行間で送受信し、決済を行っています。

経理

人事

総務・他

小切手の管理の概要

- ☑ **対象者** 取引先、取引銀行
- ☑ **作成する書類** 小切手、領収書
- ☑ **確認する書類** 請求書など
- ☑ **作業の時期** 作成、受取りのつど

● 小切手

小切手の振出しから換金までの流れは上図を参照してください。

小切手の振出し側の負担としては、小切手用紙代（1枚あたり220円程度）なので振込手数料よりも安く代金の支払いができることがあります。ただし、小切手を受取る側になった場合、銀行へ持込んだり基本的に取立手数料を負担しなければなりません。両者の立場を考えて、小切手を支払いに使うかどうか取引先と交渉する必要があります。

取引先が小切手を銀行へ持込んだときに、当座預金の残高が不足していると銀行は支払いをしません。これを**不渡り**といいます。半年間のうちに2回不渡りになると銀行取引停止になり事実上の倒産となるため、残高の管理は非常に重要です。しかしながら、うっかりして残高が不足する事故も無いとは言えません。そのような事態に備えて、**事前に銀行と当座貸越契約（下のmemo）を結んでおく**と当座預金の残高が不足していても一時的に銀行が立替えてくれます。

> memo　当座貸越契約とは、当座預金を持つ会社と銀行との契約で、当座預金の残高を超えても一定の限度内で小切手などを決済してもらえる制度です。

Section 05-1 小切手の管理① 小切手の振出し

小切手の振出しのしかた
とその種類を確認しよう。

ここだけ
Check!

- ☑ 小切手は振出したら領収書をもらう。
- ☑ 資金ショートしないように当座預金残高を管理する。
- ☑ 線引小切手で受取人の銀行口座への入金に限ることができる。

経理

人事

総務・他

小切手を振出したら必ず先方から領収書をもらう

　小切手の振出しとは、小切手用紙に必要事項を記載して銀行印を押印し取引先に渡すことです。必要事項（右ページの図参照）の記入では、振出人の取引銀行と小切手番号は印刷されているのでそれ以外を記入します。小切手を相手に渡したら、**相手から必ず領収書をもらいましょう**。小切手用紙は、銀行印を一緒に盗まれると不正に利用されてしまうため、両者は別々に保管します。

　小切手用紙はミシン目で切放せるようになっており、残る部分を「**ミミ**」と呼びます。小切手を振出した後「ミミ」は捨てたりせず保管しなければなりません。書損じたときは小切手番号のあたりをハサミで切取り、該当する「ミミ」へホッチキスで留めておきます。

一般線引小切手と特定線引小切手と先日付小切手

　小切手に2本の線を引くことで受取りを銀行口座に限ることができます（**一般線引小切手**と**特定線引小切手**）。

　また、振出日欄に実際の振出日よりも将来の日付を記載し、取引先にその日まで銀行へ持込まないように依頼して振出す小切手のことを**先日付小切手**といいます。仮に、取引先がその日よりも前に銀行へ持込むと換金できてしまうため、信頼関係のある取引先にしか使えません。

小切手を書損じたときの処理方法には
会社によりいくつかの種類があるんだ。

● 小切手の書き方

小切手は正しく記載しないと無効となります。

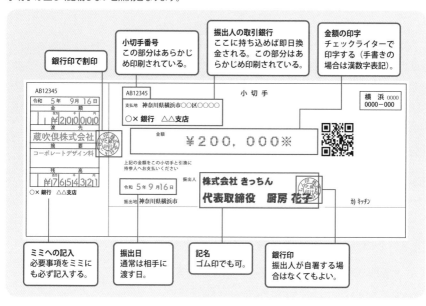

銀行印で割印

小切手番号
この部分はあらかじめ印刷されている。

振出人の取引銀行
ここに持ち込めば即日換金される。この部分はあらかじめ印刷されている。

金額の印字
チェックライターで印字する（手書きの場合は漢数字表記）。

ミミへの記入
必要事項をミミにも必ず記入する。

振出日
通常は相手に渡す日。

記名
ゴム印でも可。

銀行印
振出人が自署する場合はなくてもよい。

● 一般線引小切手と特定線引小切手

単に線を引くだけですが、換金のしかたに大きな差が出ます。

一般線引小切手

2本の平行線を引いた小切手で、平行線の中に「銀行渡り」または「Bank」などと記載します。線引小切手の場合は、受取人の銀行口座に入金されるので、仮に盗難にあった場合でも、だれに支払われたかがわかり、不正を防止する効果があります。一般線引小切手にしてしまっても、小切手の裏面に振出人の銀行印（裏判といいます）を押せば、線引前の小切手と同じ扱いになります。

特定線引小切手

2本の平行線の中に「●●銀行」などと特定の銀行名を記載したもので、その銀行に口座がある者しか換金できません。いったん特定線引小切手にしてしまうと一般線引小切手や普通の小切手に戻すことは不可能です。

> **memo** ▶ 線引きは受取人が書き加えることも可能。これにより紛失、盗難などのリスクを軽減できます。

Section

05₋₂

小切手の管理②
小切手の受取り

受取った小切手はその場で
内容を確認するのが大事。

ここだけ Check!

- ☑ 受取った際は記載内容をその場で確認する。
- ☑ 銀行へ直接持込む方法と取立委任の2つ換金方法がある。
- ☑ 振出日から10日以内に呈示する。

換金は直接銀行に持込むか電子交換所を通して行う

　まず受取った小切手は、必ずその場で記載内容を確認しましょう。小切手を換金する方法としては、次の2種類があります。

　1つは直接銀行に持込む方法です。**小切手を支払地として記載された銀行へ持込みます**（これを「**呈示**」といいます）。呈示には原則として期限があり、振出日の翌日から10日以内です。これを過ぎた場合には最悪換金できないことがあるため注意してください。

　もう1つは**電子交換所を利用する**方法です。小切手に記載されている支払地の銀行が遠方の場合など、そこまで小切手をもっていくのが困難なケースもあります。そうした際に自社の取引銀行へ小切手を持込むと、電子交換所を経由して支払地に記載されている銀行とイメージデータが送受信され、決済されます（これを「**取立委任**」といいます）。取立委任をする際は、小切手の裏に会社名の記載が必要です。また、取立委任をすると、持込んだ銀行から手数料を請求される場合があります。

取立委任の場合の入金までの日数

　資金化の日数は、取立委任をした日を含めて最低3日です。電子交換所がはじまる前は、遠隔地の銀行の小切手などは入金まで時間がかかっていましたが、電子交換所では遠隔地の銀行でも入金までの時間に差が無くなりました。

● 受取った小切手のチェックリスト

小切手の記載内容をその場で確認するのは、現金を受取ったときにその場で数えるのと同じです。

No	チェック項目	確認
1	金額は請求金額どおりか	☐
2	金額はチェックライターで印字されているか。手書きの場合漢数字で記載されているか	☐
3	金額の頭と末尾に¥、※や金、也があるか	☐
4	振出人と振出日の記載は正しいか	☐
5	銀行印は鮮明に押されているか（振出人が自署している場合は銀行印は不要）	☐

支払地として記載された銀行は、小切手の左上に記載されている銀行の支店になるぞ。

● 小切手のメリット・デメリット

メリットとデメリット両者を検討して小切手の利用を決めます。

メリット	デメリット
現金と比べて、持運びが楽かつお互いに紙幣を数える必要が無い	当座預金の残高を管理しないと不渡りになるリスクがある
盗難のリスクが減る（線引小切手の場合）	相手から受取った場合は銀行へ持込む必要がある
用紙代のみの負担ですむ（振込手数料より安い）	小切手の作成が必要になる

Column

先日付小切手にまつわる出来事

　ある会社で実際にあったことです。経理担当者は営業担当者より受取った小切手をよく確認せずにすぐに銀行へ取立委任しました。しかしそれが先日付小切手だったのです。たまたま取引先の当座預金に残高があったので不渡りにはならなかったものの、別の支払いができなくなったので取引先の社長から抗議の電話がきました。

　その取引先からはそれまでもときどき先日付小切手を受取っていたのですが、今回は自社の営業担当者が変わり社長から受取る際に先日付小切手であることに気付かなかったのです。取引先の社長も先日付としていることをばつが悪くはっきりと言わなかったこともトラブルの一因と言えるでしょう。

　小切手を受取る際は経理担当者が記載事項をよく確認することが重要です。

---

memo ＞ 小切手用紙に印紙の貼付は不要ですが、発行する領収書には必要です。

Section 06 | 売掛金の管理の流れをつかもう

売掛金の管理は掛売を行う会社にとって生命線とも言える重要な項目なんだ。

●売掛金の管理のスケジュール

1　売掛帳・売掛管理表の作成
納品書など発行後すみやかに

納品書控えや請求書控えなどをもとに売掛帳と売掛管理表を作成する

> P.86

2　請求書発行
締め日後すみやかに

売掛帳などをもとにして請求書を発行、送付

> P.140

3　入金の確認
入金予定日ごとに

入金予定日に入金が正しい金額で行われたかを確認する

> P.88

4　売掛金の消込み
入金確認後

入金の内容を売掛帳と売掛管理表に反映させる

> P.88

5　未入金に対する対応
未入金確認後

未入金の売掛金があったら上司や営業担当者に報告する

> P.88

経理

人事

総務・他

　掛取引の場合、請求書を送り得意先から代金が入金されるまでにタイムラグがあります。その間は請求した金額を得意先に支払ってもらう権利（売掛金）を会社は持っています。売掛金が期日どおりに間違いなく入金されることを管理するのが売掛金の管理です。

　売掛金を管理すると、将来の入金予定日の入金額が把握できる、入金予定額と実際の入金額を比較して入金もれがすぐわかる、入金が遅れている得意先をピックアップできるなどの多くのメリットがあります。これらは会社を運営していく上で欠かせないものです。

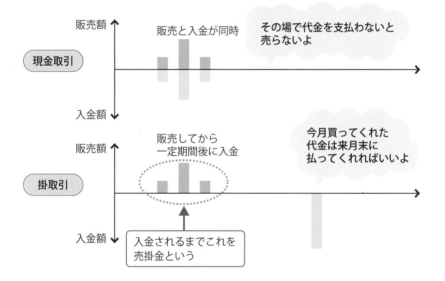

売掛金の管理の概要

- ☑ **対象者** 営業担当者、上司、得意先
- ☑ **作成する書類** 売掛帳、売管理表、領収書
- ☑ **確認する書類** 納品書控え、請求書控え、通帳、当座勘定照合表など

● 売掛金が発生するしくみ

売掛金を管理するには、エクセルを使う方法、販売管理システムを使う方法、会計ソフトの補助簿を使う方法などがあります。

売掛金の回収方法には、銀行口座への振込み、現金よる回収、小切手（→ P.78）による回収があります。銀行口座への振込み以外は領収書の発行（→ P.144）が必要です。

> 売掛金の管理がルーズになると相手の支払いもルーズになりがち。売掛金を回収するまで気を緩めないようにしよう。

| memo | 販売管理システムを使うと請求書発行から売掛帳や売掛管理表までを自動的に作成することができます。 |

Section 06-1 | 売掛金の管理①
売掛帳と売掛管理表の作成

得意先ごとに売掛金の残高をしっかり把握しよう。

ここだけ Check! —
- ☑ 売掛帳を作成すると得意先ごとの売掛金の状況を把握できる。
- ☑ 売掛管理表で得意先ごとの売掛金残高を一覧で把握できる。

売掛帳と売掛管理表の役割と作成

　売掛帳^{DL} とは、得意先ごとに**売掛金の発生と回収の履歴**をまとめたものです。売掛帳を作成することにより、得意先ごとの売掛金の状況を把握することができます。売掛帳は、エクセルや販売管理システムで作成できるほか、会計ソフトの補助簿でも代用することができます。

　売掛管理表^{DL} は、指定した期間（多くは1か月）の売掛金の発生と回収のそれぞれの合計額を得意先ごとにまとめた表で、**どの得意先にいくら売掛金の残高があるかを一目で確認**することができます。売掛管理表は、エクセルや販売管理システムで作成できるほか、会計ソフトの補助科目残高一覧表でも代用することができます。

締め日と支払日の一覧を作っておくとチェック時に役立つ

　取引先数が多い場合、各取引先ごとに締め日と支払日を一覧にまとめた表を作成しておくと、入金予定の把握や決算時の締め後売上（→P.156）の計算に便利です。

総務・他

売掛帳も売掛管理表も作成することが目的ではない。それぞれの役割をしっかり理解して売掛金の管理に活かそう。

●売掛帳

売掛金を正しく管理するには、日々の取引の記録が必要です。

_____ Ａ 　社 　　　　　殿

住所 東京都●●区●●_____　　　　　TEL 03－0000－0000

5年月日	品名/入金	数量	単価	売上金額	受入金額	差引残高
	繰越					1,300,000
4.1	○○商品	300	1,000	300,000		1,600,000
4.15	△△商品	50	3,000	150,000		1,750,000
4.25	普通預金				1,000,000	750,000
4.25	買掛金と相殺				300,000	450,000
4.26	□□商品	200	1,200	240,000		690,000
4.30	○○商品	400	1,000	400,000		1,090,000
4.30	返品○○商品	△ 20	△ 1,000	△ 20,000		1,070,000
4.30	値引○○商品	△ 30	△ 200	△ 6,000		1,064,000
	4月度			1,064,000	1,300,000	
	前月繰越			1,300,000		
	次月繰越				1,064,000	
				2,364,000	2,364,000	
	繰越					1,064,000
						1,064,000
						1,064,000
						1,064,000
						1,064,000
						1,064,000
						1,064,000

＊掛売りしたつど記入します。ただし、納品書控えや請求書控えなどで掛売りごとの商品名、数量、金額の内訳がわかる場合には、その総額で一括して記載して構いません。

●売掛管理表

得意先別に月ごとに集計し、おかしな点が無いか確認します。

> 本来の締め日と支払日では4月度売上高 1,064,000 円が入金されていなければならない。

> 5月末までに入金されるべきものが遅れて6月に入金されたことがわかる。

得意先名	締日	払日	前期末繰越	4月 当月売上高	当月回収高	月末残高	5月 当月売上高	当月回収高	月末残高	6月 当月売上高	当月回収高	月末残高	当月売上
A社	末	翌25	1,300,000	1,064,000	1,300,000	1,064,000	1,100,000	0	2,164,000	2,000,000	2,164,000	2,000,000	1,500,
B社	15	翌15	500,000	400,000	500,000	400,000	600,000	400,000	600,000	300,000	600,000	300,000	400,
C社	15	末	0	100,000	100,000	0	150,000	0	150,000	150,000	300,000	0	180,
D社	25	翌末	200,000	240,000	200,000	240,000	190,000	220,000	210,000	230,000	200,000	240,000	330,
				0			0			0			
合計				2,000,000	1,804,000	2,100,000	1,704,000	2,040,000	620,000	3,124,000	2,680,000	3,264,000	2,540,000	2,410,000

> **memo** 会計ソフトによっては、仕訳を入力すると売掛帳が作成されたり、売掛帳を入力すると仕訳が作成されたりするものもあります。

Section 06-2 売掛金の管理② 売掛金の回収

入金額と請求額を照らし合わせて過不足があれば担当者に対応を確認します。

ここだけ
Check!

- ☑ 請求書控えにデータ印を押す。
- ☑ 請求書控え（入金済み）ファイルへ移動する。
- ☑ 入金額と異なるときは担当者へ確認を取る。

入金確認は請求書控えで金額を確認する

入金予定日になったら、預金の入金額などを請求書控えで確認します。請求額どおりの入金が確認できたものは、**請求書控えに入金した日のデータ印**を押します。小切手や手形を受取った場合には請求書控えに**小切手や手形の番号も記載**します。

請求書どおりに入金が確認できた請求書控え（一緒に保管されている納品書控えなども）を、月別にインデックスを作成した**請求書控え（入金済み）ファイルへ移動**します。

入金の情報は、売掛帳や売掛管理表にも反映させるようにします。

入金額が予定額と異なるときは得意先を担当する者に確認

入金額が予定額と違う場合、請求書発行後に返品、値引き、割戻しなどがされていて、その情報が経理に回ってきていない可能性があります。その得意先を担当する者へ差額の原因を確認します。入金額が振込手数料分だけ少ない場合には、次回の請求に上乗せするなどやはり担当者へ対応を確認します。

支払日の翌日になっても入金が確認できない場合には、その得意先を担当する者へ対応方法を相談します。また、長期間回収できない売掛金がある場合は、そのままにせず定期的に担当者やその上司などへ状況を確認するなど、滞留していることに注意してもらいます。

入金額が予定と違っても、担当者の頭越しに直接得意先に確認の電話はしないこと。

経理

人事

総務・他

● 請求書控えでの入金チェック

入金を確認したことをデータ印で残します。

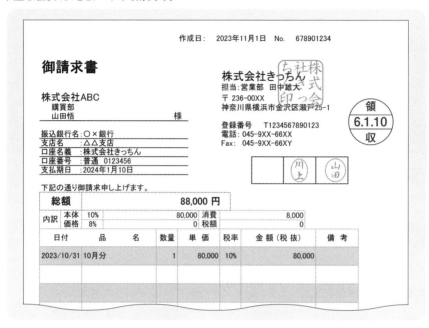

● 回収済み請求書のファイリング

請求書のファイリングのしかたを工夫して、未回収のものをいつでもわかるようにします。

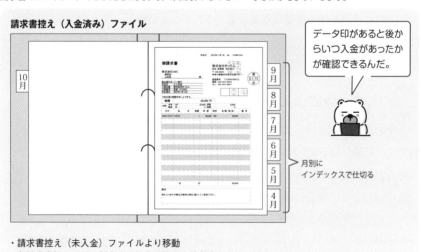

・請求書控え（未入金）ファイルより移動
・各請求書控えの下に対応する納品書控えや検収書などを一緒にファイリングする

頻度： ー ｜ 締切：請求、入金後すみやかに

Section
06₋₃ | 売掛金の管理③ 売掛金の会計処理

> 売掛金に関する仕訳は、発生と入金の2回行うんだ。

ここだけ Check!

- ☑ 売掛金の仕訳は請求書単位で行う。
- ☑ 売上高は自社負担の振込手数料込みの金額。
- ☑ 過大入金はいったん仮受金で処理する。

売掛金発生の仕訳は基本的に請求書単位で入力する

売掛帳（→P.86）で取引ごとに売上げ（売掛金の発生）を記録しているため、**仕訳は請求書単位で入力**します。締め日が月末ではない場合は、たとえば4月26日から5月25日までの取引がまとめて1枚の請求書に記載されていても、4月分と5月分で区別する必要はありません。しかし、決算時には締め後に売上の計上（→P.156）が必要なため、1枚の請求書に記載された取引を厳密に当期と翌期の売上に区分しなければいけません（売上日の考え方はP.132）。

売掛金に**得意先別の補助科目を設定**しておくと、会計データ上も得意先ごとに売掛金の残高を管理できます。なお、振込手数料を自社で負担する場合でも、振込手数料込みの額を売上高として入力します。

入金の仕訳は入金確認ができたものから行う

入金の会計データは、入金が確認できたものから入力します。**仕訳日は入金日**です。摘要には年月（令和〇〇年〇月分など）を記載します。振込手数料が自社負担の場合には、入金額と請求額の差額を支払手数料として処理します。

入金額が少ない場合には、とりあえず実際の入金額で売掛金を回収した入力をしておき、差額が入金されたら残りの売掛金を回収した入力をします。

入金額が多い場合には、まず売掛金を回収した入力をし、**超える金額を仮受金として処理**します。後日、返金や翌月の売掛金に充当するなど対応が決まれば、それに合わせて処理をします。

経理

人事

総務・他

●売掛金関連の仕訳例

請求書単位でまとめて入力します。

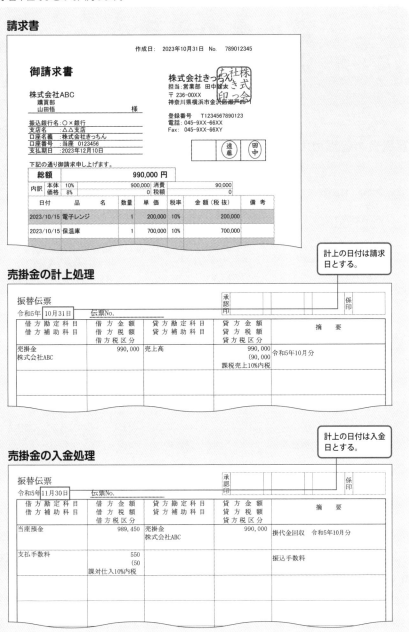

請求書

作成日: 2023年10月31日 No. 789012345

御請求書

株式会社ABC
購買部
山田悟　　　　　　様

振込銀行名：○×銀行
支店名　：△△支店
口座名義：株式会社きっちん
口座番号：当座 0123456
支払期日：2023年12月10日

株式会社きっちん
担当:営業部 田中健太
〒 236-00XX
神奈川県横浜市金沢区瀬戸2-X

登録番号　T1234567890123
電話：045-9XX-66XX
Fax: 045-9XX-66XY

下記の通り御請求申し上げます。

総額			990,000 円		
内訳	本体 10%	900,000	消費		90,000
	価格 8%	0	税額		0

日付	品　名	数量	単価	税率	金額（税抜）	備考
2023/10/15	電子レンジ	1	200,000	10%	200,000	
2023/10/15	保温庫	1	700,000	10%	700,000	

> 計上の日付は請求日とする。

売掛金の計上処理

振替伝票

令和5年 10月31日　伝票No.

承認印　　　　係印

借方勘定科目 借方補助科目	借方金額 借方税額 借方税区分	貸方勘定科目 貸方補助科目	貸方金額 貸方税額 貸方税区分	摘　要
売掛金 株式会社ABC	990,000	売上高	990,000 (90,000) 課税売上10%内税	令和5年10月分

> 計上の日付は入金日とする。

売掛金の入金処理

振替伝票

令和5年11月30日　伝票No.

承認印　　　　係印

借方勘定科目 借方補助科目	借方金額 借方税額 借方税区分	貸方勘定科目 貸方補助科目	貸方金額 貸方税額 貸方税区分	摘　要
当座預金	989,450	売掛金 株式会社ABC	990,000	掛代金回収　令和5年10月分
支払手数料	550 (50 課対仕入10%内税			振込手数料

Section 07 | 買掛金の管理の 流れをつかもう

支払いもれや二重払いは取引先の信頼を失いかねない。

●買掛金の管理のスケジュール

1 買掛帳・買掛管理表の作成
納品書受領後すみやかに

受取った納品書をもとに買掛帳と買掛管理表を作成する

> P.94

2 請求書の確認
請求書の受領ごとに

請求書と買掛帳を照らし合わせて請求額が正しいか確認する

> P.96

3 支払いの準備
支払予定日の前日まで

支払予定日の支払額の確定など、必要な準備を行う

> P.94

4 支払いの手続き
支払予定日

振込、小切手、手形、現金など、条件に応じた支払いを行う

> P.80

5 支払後の処理
支払い後

支払済みの請求書のファイリングや買掛帳や買掛管理表への反映

> P.96

経理

人事

総務・他

　掛取引では仕入先から請求書を受取り、支払サイトにしたがって仕入先に支払うまでにタイムラグがあります。会社はその間の請求された額を仕入先に支払いを行う義務（これを買掛金といいます）を負っています。**買掛金を期日どおりに間違いなく支払うことを管理**するのが買掛金の管理です。

　買掛金を管理すると、将来の支払予定日の支払額が把握できる、実際の仕入額と請求額の差異がすぐにわかるなどの多くのメリットがあります。これらは会社を運営していく上で欠かせないものです。

買掛金の管理の概要

- ☑ **対象者** 購買担当者、上司、仕入先
- ☑ **作成する書類** 買掛帳、買掛管理表、支払予定表など
- ☑ **確認する書類** 納品書、請求書、検収書控えなど

●買掛金が発生するしくみ

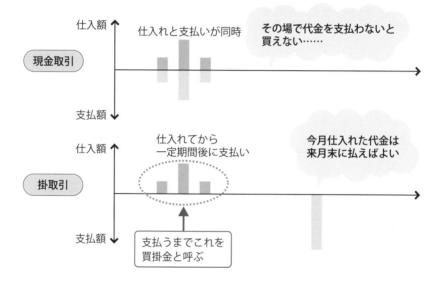

買掛金を管理するには、エクセルを使う方法、仕入管理システムを使う方法、会計ソフトの補助簿を使う方法などがあります。

買掛金の支払方法には、銀行口座への振込み、現金による支払い、小切手（→P.78）による支払いがあります。銀行口座への振込み以外は領収書を受取ります。

> 仕入先の作成した請求書が間違っているかも？ そんな意識も必要なんだ。

memo ▷ 仕入管理システムを使うと買掛表や買掛管理表を自動的に作成することができます。

Section 07-1 買掛金の管理① 買掛帳と買掛管理表の作成

買掛帳と買掛管理表の2つでもれなく管理しよう。

ここだけ Check!

- ✅ 買掛帳を作成すると仕入先ごとの買掛金の状況を把握できる。
- ✅ 買掛管理表で仕入先ごとの買掛金残高を一覧で把握できる。

買掛帳と買掛管理表の役割と作成

買掛帳^{DL} とは、**仕入先ごとに買掛金の発生と支払いの履歴**をまとめたものです。買掛帳を作成することにより、仕入先ごとの買掛金の状況を把握することができます。

買掛管理表^{DL}は、指定した期間（多くは1か月）の買掛金の発生と支払いのそれぞれの合計額を仕入先ごとにまとめた表で、**どの仕入先にいくら買掛金の残高があるかを一目で確認**することができます。

買掛帳と買掛管理表は、エクセルや仕入管理システムで作成できるほか、会計ソフトの補助簿と補助科目残高一覧表でも代用することができます（会計ソフトによっては、仕訳を入力すると買掛帳が作成されたり、買掛帳を入力すると仕訳が作成されたりするものもある）。

締め日と支払日の一覧表を作成する

取引先数が多い場合、取引先ごとに締め日と支払日を一覧にまとめた表を作成しておくと支払予定の把握や決算時の締め後仕入（→P.156）の計算に便利です。

買掛帳と買掛管理表は似ているようで役割は違う。それぞれをうまく使いこなすようにするんだ。

経理

人事

総務・他

●買掛帳

買掛金を正しく管理するには、日々の取引の記録が必要です。

	A 社 殿					
住所 東京都●●区●●				TEL 03－0000－0000		

5年 月日	品名/入金	数量	単価	仕入金額	支払金額	差引残高
	繰越					1,300,000
4.1	○○商品	300	1,000	300,000		1,600,000
4.15	△△商品	50	3,000	150,000		1,750,000
4.25	普通預金				1,000,000	750,000
4.25	売掛金と相殺				300,000	450,000
4.26	□□商品	200	1,200	240,000		690,000
4.30	○○商品	400	1,000	400,000		1,090,000
4.30	返品○○商品	△ 20	△ 1,000	△ 20,000		1,070,000
4.30	値引○○商品	△ 30	△ 200	△ 6,000		1,064,000
	4月度			1,064,000	1,300,000	
	前月繰越			1,300,000		
	次月繰越				1,064,000	
				2,364,000	2,364,000	
	繰越					1,064,000
						1,064,000
						1,064,000
						1,064,000
						1,064,000
						1,064,000

*掛仕入れしたつど記入します。ただし、納品書や請求書などで掛仕入れごとの商品名、数量、金額の内訳がわかる場合には、その総額で一括して記載して構いません。

●買掛管理表

取引先別に月ごとに集計し、おかしな点が無いか確認します。

> 本来の締め日と支払日では4月度仕入高 1,064,000 円が支払われていなければならない。

> 5月末までに支払うべきものを遅れて6月に支払ったことがわかる。

得意先名	締日	払日	前期末繰越	4月			5月			6月			当月仕入
				当月仕入高	当月支払高	月末残高	当月仕入高	当月支払高	月末残高	当月仕入高	当月支払高	月末残高	
A社	末	翌25	1,300,000	1,064,000	1,300,000	1,064,000	1,100,000	0	2,164,000	2,000,000	2,164,000	2,000,000	1,500,
B社	15	翌15	500,000	400,000	500,000	400,000	600,000	400,000	800,000	300,000	600,000	300,000	400,
C社	15	末	0	100,000	100,000	100,000	150,000	0	150,000	150,000	300,000	0	180,
D社	25	翌末	200,000	240,000	200,000	240,000	190,000	220,000	210,000	230,000	200,000	240,000	330,
						0			0			0	
						0			0			0	
						0			0			0	
						0			0			0	
						0			0			0	
						0			0			0	
						0			0			0	
						0			0			0	
						0			0			0	
						0			0			0	
						0			0			0	
						0			0			0	
						0			0			0	
						0			0			0	
						0			0			0	
						0			0			0	
合計			2,000,000	1,804,000	2,100,000	1,704,000	2,040,000	620,000	3,124,000	2,680,000	3,264,000	2,540,000	2,410,000

memo > 買掛帳と買掛管理表はいずれも消費税込みの金額で記載します。

Section 07-2 買掛金の管理② 買掛金の支払準備

支払期限ごとに仕入先一覧表を作ると便利。

ここだけCheck!

☑ 確認したら請求書にデータ印を押す。

☑ 請求額が契約書などと異なるときは担当者へ確認をとる。

☑ 未払請求書ファイルへ綴じる。

請求額を確認したら請求書は支払予定日ごとにファイルする

請求書を受取ったら請求書を買掛帳と確認します。請求書をチェックして問題があればすぐに担当者に確認し、場合によっては仕入先に請求書を再発行してもらいます。**問題がなければ、各請求書の余白にデータ印を押印**（→P.89）します。これにより、請求書のチェックもれをふせぐことができます。

データ印を押したら、請求書をその支払いが済むまで専用のファイル（「**未払請求書ファイル**」）に納品書などと一緒に綴じます。未払請求書ファイルは15日払い、月末払いなど**支払期日ごとにインデックスで区分**します（→右ページ）。

受取る請求書が多くなってくると、どの仕入先から届いていないか、すぐにはわからなくなります。その場合は、事前に支払期限ごとに仕入先一覧表を作成し、請求書を受取ったらチェックするようにします。

請求額が予定額と異なるときは納品書や請求書を確認する

請求額が違う場合、返品、値引き、割戻しなどをしてその情報が経理に回ってきていないことが往々にしてあります。担当者へ差額の原因を確認します。また、同じ締め日で集計していても、取引先は発送日で売上とし自社は納品日で仕入としている場合、輸送中の商品分だけ差が生じます。納品書や請求明細書などを確認し、原因を追究します。

経理

人事

総務・他

●請求書のチェック

取引先の作成した請求書が間違っていないか、両社の認識にずれが無いか確認します。

支払期限

契約どおりの支払期限で発行されているか、支払期限が銀行休業日でないか、休業日であればその前日までに着金が必要かその翌日でもよいかを契約書などで確認します。

商品やサービスの内容

実際に受取った商品やサービスか、数量は正しいか、納品書や検収書控えなどと突き合わせます。

請求金額

契約書や納品書の金額と一致しているか、消費税の計算は正しいか、先月支払った金額が二重に請求されていないかなどを確認します。

インボイス

取引先がインボイス発行事業者であれば、登録番号の記載を確認します。特に、取引開始直後に受取るインボイスや、金額が大きく、かつ単発での取引先については、適格請求書発行事業者公表サイトで登録番号が正しいかも確認します。

●未払請求書のファイリング

請求書のファイリングのしかたを工夫して、未払いのものをいつでもわかるようにします。
請求書をPDFなどの電子データで取得した場合は、印刷したものをファイリングしてもれの無いようにします。電子データの方が多い場合は、電子データの分を別途、エクセルで一覧表を作成し未払いのものを管理する方法があります。

未払請求書ファイル

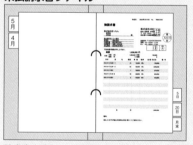

支払期日ごとにインデックスで仕切るのだ。

請求書を確認し、問題がなければデータ印を押す。

未払請求書一覧（電子データ分）

未払請求書一覧

取引先名	締め日	支払日	支払期日	金額		支払い済み
A社	末	翌15日	6月15日	1,000,000		済み
B社	25日	翌15日	6月15日	300,000		済み
C社	20日	翌25日	6月25日	800,000		
D社	15日	翌末	6月30日	2,000,000		

| 頻度： | － | 締切：請求書受領後すみやかに |

Section 07-3

買掛金の管理③ 計上基準と付随費用の処理

仕入れの計上基準には「入荷基準」と「検収基準」がある。

ここだけ Check!

- ☑ 仕入れは請求書単位でまとめて入力する。
- ☑ 仕入れを計上する基準を確認し、その日付を知るためにどの書類を見るべきか確認する。
- ☑ 購入代金と付随費用は補助科目を設けて分けて入力する。

買掛金発生の仕訳は請求書単位で入力する

買掛帳（→P.94）で取引ごとに仕入れ（買掛金の発生）を記録しているため、**仕訳は請求書単位でまとめて計上**します。たとえば、2月11日から3月10日までの取引が記載された請求書でも2月分と3月分の区分は不要です。なお、決算時には締め後仕入れの計上（→P.156）が必要なことから、1枚の請求書に記載された取引を厳密に当期と翌期の仕入れで区分します。

当期の分と翌期の分に区分する際の仕入日は、次の2つの基準から選択します。ただし、正当な理由なしに当期は入荷基準、翌期は検収基準のように変更できません。仕入れを計上する基準を決めたら、仕入日をどの書類で確認すべきか検討します（仕入れの取引で使用される書類は→P.138）。

仕入れを計上する基準	仕入日	確認する書類	説明
入荷基準	入荷した日	納品書	一般的に採用されている
検収基準	検収をした日	検収書控え	高額なものなどで採用される

仕入れにかかった費用の処理

商品の仕入れには購入代金以外にも引取運賃、運送料、保険料などが必要です。これらは購入に付随してかかるので**付随費用**と呼ばれます。付随費用も仕入れとして会計データへ入力します（販売費および一般管理費ではありません）。また、社内資料作成のために、ある月の購入代金のみを集計する必要がある場合などは、仕入高勘定に購入代金と付随費用それぞれに補助科目を設けて分けると便利です。

経理

人事

総務・他

会計データの入力

請求書単位でまとめて入力します。

10日締め翌月末払いの例

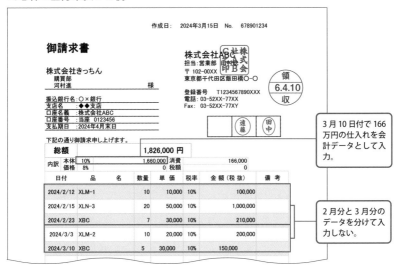

仕入勘定への補助科目の設定

必要に応じて仕入勘定に補助科目を設定します。

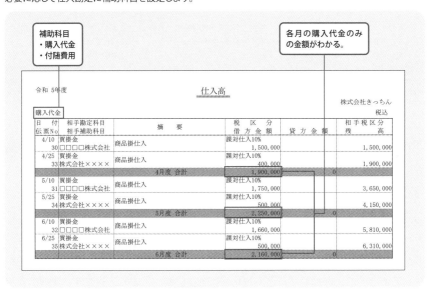

> **memo**　販売する際に運送料や保険料がかかることがありますが、それらは販売費および一般管理費で処理します。

Section

08 | 報酬の支払いの 流れをつかもう

個人の外注先に支払う報酬は、あらかじめ所得税を差引いてから支払うんだ。

● 報酬の支払いのスケジュール

1	**請求書の確認** 支払期限の3日前まで	2	**検算または計算** 支払期限の3日前まで	3	**報酬の支払い** 支払期限まで
	請求額や支払期限などに誤りが無いか、見積書などで確認		請求書に記載の所得税を確認し、誤っていた場合には計算し直して、先方に確認 **> P.102**		請求書の支払期限までに所得税を差引いた差額を支払い

4	**報酬・料金等の所得税徴収高計算書（納付書）の作成** 支払月の翌月8日まで	5	**所得税の納付** 支払月の翌月10日まで	6	**支払調書の作成、提出** 支払った翌年1月末まで
	前月に支払った報酬につき、支払額、人数などを集計し作成 **> P.104**		報酬・料金等の所得税徴収高計算書（納付書）を使って納付 **> P.104**		支払額、所得税額などを記載した支払調書を作成し、税務署へ提出 **> P.236**

経理

人事

総務・他

　会社が業務を外注し報酬を支払う場合、会社は請求額に応じた所得税を差引き業者には差額を支払います。会社は徴収した所得税を所定の日までに税務署へ納付しなくてはなりません。徴収された所得税の実際の負担者は業者ですが、それを支払う時に会社が差引いて税務署へ納付することで税金の徴収もれを防ぐ効果があります。ここで注意しなければならないのは、所得税を差引いて税務署へ納付するのはあくまでも**支払い側の義務**ということです。税務調査などで差引くことを忘れて納付していないことが判明すると、税務署は支払い側へ請求してきます。実際の負担

報酬の支払いの概要

☐ 対象者	業務を依頼した個人事業者（税理士、社会保険労務士、弁護士、デザイナー、写真家、翻訳者、通訳など）
☐ 作成する書類	報酬・料金等の所得税徴収高計算書（納付書）
☐ 確認する書類	該当する個人との契約書、請求書、領収書など
☐ 作業の時期	支払いの締め日から翌月10日の所得税の納付日まで

● 報酬・料金等の所得税徴収高計算書

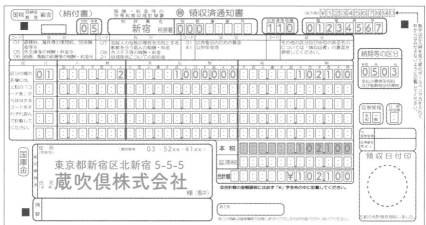

e-Taxソフトで作成した所得税徴収高計算書は、電子証明書が無くても送信できるのだ。

者である業者へではありません。支払い側は税務署へ納付した後で、業者へ所得税分を返してもらうようにお願いしなければなりません。

　また、これらの業者へ支払いをする会社は、翌年1月末までに支払調書（→P.238）を税務署へ提出して報酬の支払額などを報告するしくみとなっています。

　報酬から所得税を差引く必要がある個人事業者と報酬の主な例は103ページの表のとおりです。会社などへの支払いで所得税を差引くのは法人が馬主で競馬の賞金を獲得したケースに限られています。また、海外居住者や外国法人への支払いがある場合は複雑になるため、顧問税理士や税務署へ確認しましょう。

Section

08-1 報酬の支払い① 差引く所得税の計算

所得税を差引く報酬には多くの種類があるので、よく使われる基本的な報酬を押さえよう。

ここだけ Check!

- ☑ 個人事業者への報酬の支払いでは、所得税を差引く必要が無いか確認する。
- ☑ 請求書に差引く所得税の記載がなくても支払い側である自社には差引く義務がある。
- ☑ 請求書などに消費税の記載があれば税抜き金額で差引く所得税を計算できる。

差引く所得税の計算

個人事業者へ報酬を支払うときは所得税を差引く必要があるかどうか確認します。受取った請求書に差引く所得税（復興特別所得税を含む。以下同じ）が記載されている場合でも、その額が正しいかどうかを確認します。差引く所得税の額は多くの場合、報酬が**100万円以下の場合には報酬額×10.21%**、100万円を超えた場合には100万円×10.21％＋（報酬額-100万円）×20.42％という計算式が用いられます（次ページの「報酬が100万円を超える場合」を参照）。なお、100万円を超えるかどうかは1回に支払う報酬で判断するため、着手金と業務完了後と2回に分けて払うときに、合計が100万円を超えていて**もそれぞれが100万円以下であればいずれも10.21%**です。司法書士や土地家屋調査士、海事代理士への支払いに限っては、（報酬額－1回の支払いにつき1万円）×10.21％を所得税として差引きます（1万円を差引いた金額が100万円を超えてもこちらは10.21％で変わらない）。

消費税との関係と手取額からの割戻し

原則的には、**税込みの報酬額に対して所得税を計算**します。ただし、契約書、請求書、領収書などに本体価額と消費税とが明確に区分されている場合（インボイスかどうか問わない）には、税抜きの報酬額で所得税を計算して構いません。

手取りの支払額で契約した場合の、所得税を差引く前の報酬額の計算式は**手取額÷89.79%（＝1－10.21%）**となります（報酬額100万円以下で単純に10.21％で所得税を計算する場合に限る）。

● 所得税を差引く対象となる個人事業者と報酬の主な例

対象となる個人事業者	対象となる業務の例	所得税徴収高計算書(納付書)の種類
①写真家	パンフレットに掲載する社屋の撮影料	報酬・料金等 (納期の特例の適用なし)
②デザイナー	自社製品、チラシ・ポスター、パッケージのデザイン料	
③翻訳者、通訳	パンフレットの翻訳料、海外視察時の通訳料	
④弁護士、公認会計士、 税理士、社会保険労務士、 中小企業診断士	弁護料、監査料、顧問料、決算料、 申告料、申請料、コンサルティング料	給与所得・ 退職所得等 (納期の特例の適用あり)
⑤司法書士、土地家屋調査士	書類作成料、測量費	

● 基本の計算

(例) 司法書士へ報酬として40万円支払った場合

$\cdots$ (400,000円 − 10,000円) × 10.21% = 39,819円

※計算した金額に円未満の端数が出るときは切捨て

● 報酬が100万円を超える場合

(例) 弁護士へ報酬として150万円支払った場合

$\cdots$1,000,000円× 10.21%

+ (1,500,000円 − 1,000,000円) × 20.42% = 204,200円

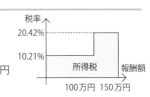

● 消費税が明確に区分されている場合

(例) 請求書の記載が「税理士報酬660,000円」のとき

$\cdots$660,000円× 10.21% = 67,386円 (円未満切捨て)

(例) 請求書の記載が「税理士報酬600,000円／消費税60,000円／合計660,000円」のとき

$\cdots$600,000円× 10.21% = 61,260円

(例) 請求書の記載が「税理士報酬660,000円 (うち消費税60,000円)」のとき

$\cdots$ (660,000円 − 60,000円) × 10.21% = 61,260円

● 手取額からの割戻し計算

(例) 税理士報酬の手取額を100,000円にする (消費税込み)

$\cdots$100,000円÷ 89.79% = 111,370円

(例) 税理士報酬の手取額を100,000円 (消費税抜き) にする

$\cdots$100,000円÷ 89.79% = 111,370円

111,370円× 10% = 11,137円 (消費税の金額)

111,370円 + 11,137円 = 122,507円

(例) 司法書士報酬の手取額を200,000円にする

$\cdots$200,000円÷ 89.79% + 10,000円 = 232,741円

> 復興特別所得税では、平成25年から令和19年までの間、所得税の2.1%が上乗せされています。

---

memo — 取引先に立替えてもらった実費(交通費や宿泊費など)を報酬と一緒に支払うときは、実費部分も所得税を差引く必要があります。自社で交通機関や宿泊施設へ直接支払うときは、その必要はありません。

業務をくわしく知ろう　　頻度：月1回　　締切：毎月10日

Section
08₋₂
報酬の支払い②
所得税の納付

給与の所得税と違って、一部の例外以外は納期の特例が認められないのだ。

ここだけ
Check!

☑ 報酬の支払いで納期の特例が使えるのは、士業への支払いなど一定のものに限ります。

☑ 士業に対する報酬とその他に対する報酬で用紙が違う。

☑ 納付期限に1日でも遅れるとペナルティーがかかる。

所得税の納付のしかたは基本的に給与に関するものと同じ

　原則として支払いの翌月10日までに納付します。納期の特例（→P.182）の適用を受けている場合は、税理士、社会保険労務士、弁護士、司法書士などの士業（→P.103の表の④と⑤）の報酬の所得税は給与に対する所得税と同様に7月10日と翌年1月20日までに半年分をまとめて納付できます（それ以外の所得税は、納期の特例の適用はなく必ず翌月10日までに納付します）。

　税理士、社会保険労務士、弁護士、司法書士などの士業に対する報酬の所得税は、給与所得・退職所得等の所得税徴収高計算書（納付書）を使って納付します。それ以外の報酬は、報酬・料金等の所得税徴収高計算書（納付書）を使って納付します。

所得税の納付が遅れるとペナルティーが発生するので注意

　基本的に所得税の納付が期限に遅れた場合、本来納付すべき金額に次のペナルティーがかかります。

・税務署からの連絡前に自主的に納付：納税額の5%

・税務署からの連絡後に納付：納税額の10%

　ただし、ペナルティーが5,000円未満であれば切捨てられます。また、延滞税という利息に相当するものもかかることがあります。

（例）所得税50,000円を税務署からの連絡前に自主的に納付した

50,000円×5％＝2,500円＜5,000円　∴5,000円未満なのでペナルティーなし

経理

人事

総務・他

104

●報酬・料金等の所得税徴収高計算書

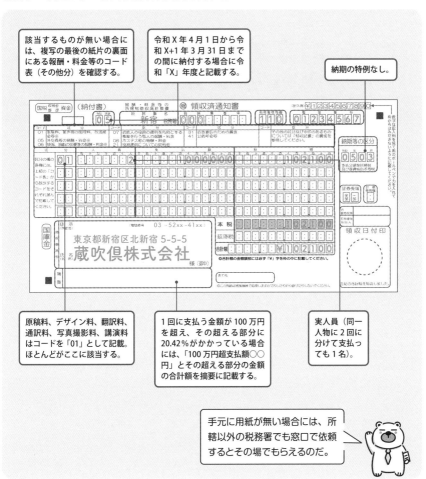

該当するものが無い場合には、複写の最後の紙片の裏面にある報酬・料金等のコード表（その他分）を確認する。

令和X年4月1日から令和X+1年3月31日までの間に納付する場合に令和「X」年度と記載する。

納期の特例なし。

原稿料、デザイン料、翻訳料、通訳料、写真撮影料、講演料はコードを「01」として記載。ほとんどがここに該当する。

1回に支払う金額が100万円を超え、その超える部分に20.42％がかかっている場合には、「100万円超支払額○○円」とその超える部分の金額の合計額を摘要に記載する。

実人員（同一人物に2回に分けて支払っても1名）。

手元に用紙が無い場合には、所轄以外の税務署でも窓口で依頼するとその場でもらえるのだ。

Column

所得税を差引くのを忘れたら……

　うっかり所得税を差引かずに報酬額を全額支払ってしまった場合には、いったん税務署へ所得税を納付しておき、後から取引先に事情を説明して所得税分を戻してもらうか、次回の報酬の支払いで精算します。

Section 09 | 固定資産の管理の流れをつかもう

減価償却は、数年にわたって使用する設備の代金を、決められた年数で按分して経費にするしくみなんだ。

●固定資産の管理のスケジュール

1 取得、売却した資産を固定資産台帳に登録
資産の取得、除売却時

資産を取得、売却などをするつど日付、金額、資産名などを固定資産台帳に登録

> P.108

2 修繕で一定のものを固定資産台帳に登録
資産の修繕時

修繕した資産と同じ種類の資産を取得したものとして固定資産台帳に登録

> P.120

3 償却資産の申告
毎年1月

対象となる償却資産を申告

> P.252

4 固定資産台帳の確認
決算時

決算日に所有する資産に登録もれや売却などの処理もれがないか確認

> P.268

5 減価償却費の計算
決算時

決算仕訳として減価償却費を計上する

> P.268

6 長期前払費用の償却
決算時

決算仕訳として償却費を計上する

> P.122

経理

人事

総務・他

　車両や器具備品など取得してから数年にわたり使用・保有するものを固定資産といい、**有形固定資産、無形固定資産、投資その他の資産**の3つに分かれます。

　有形固定資産と無形固定資産は、取得した日にその全額を経費とすることは原則としてできません。これらは通常、長期間にわたって使用されるものであり、その利用に応じて徐々にすり減ったり利用価値が減る（物理的、機能的に価値が下がる）ため、種類ごとに決められた期間（「耐用年数」という）にわたって経費にしていきます。この**経費にする手続きを減価償却、対象となる固定資産を減価償却資産**といいます。

memo ▷ 当期の経費を増やそうと期末に駆込んで設備を購入することがありますが、期末までに使用を開始しなければ減価償却はできません。

固定資産の管理の概要

☑ **対象** 建物、機械装置、車両、器具備品、ソフトウェア、長期前払費用など

☑ **作成する書類** 固定資産台帳

☑ **確認する書類** 耐用年数表、見積書、請求書、領収書、納品書、契約書など

☑ **作業の時期** 資産の取得・売却時、決算時、償却資産申告書作成時など

●固定資産台帳

●固定資産の区分

区分	説明	代表例
有形固定資産	具体的な形のあるもの	減価償却資産：建物、構築物、機械装置、車両運搬具、工具器具備品など 減価償却資産以外：土地など
無形固定資産	具体的な形の無いもの	減価償却資産：ソフトウェア、商標権、特許権など 減価償却資産以外：電話加入権など
投資その他の資産	他社への出資や貸付、長期の前払いなど。有形固定資産と無形固定資産以外のもの	投資有価証券、出資金、長期貸付金、長期前払費用、保険積立金、敷金保証金など

　投資のその他の資産には多くの種類がありますが、そのうち建物を借りる際に支払う礼金などは支払日にその全額を経費にできません。**長期前払費用**という勘定科目に計上し賃借期間などにわたって経費にします。

　減価償却費の計算をはじめ固定資産を管理するために作成するのが、固定資産台帳です。固定資産台帳は、一般的に専用のソフトウェアで作成しますが、資産の数が少ない場合にはエクセルなどで作成することもあります。

> **memo** 物理的減価とは、使用や時間の経過による資産のすり減りや劣化による減価です。機能的減価とは、技術進歩などにより同じ資産がより安く買えることにより価値が下落する減価です。

頻度：そのつど

Section 09-1 固定資産の管理① 資産を取得したときの処理

減価償却資産は購入してすぐに全額を経費にできないので、決められた期間で分割して経費とするんだ。

ここだけ
Check!

☑ 固定資産の取得価額は購入代金のほかに諸費用も含む。

☑ 事業供用日とは資産が届いた日ではなく、実際に使える状態にした日となる。

☑ 自動車取得税や登録免許税など、取得価額に含めなくてよいものがある。

取得した資産を固定資産台帳に登録する

固定資産を取得したときは、**固定資産台帳**に登録します。固定資産台帳に登録するのは、資産名、取得価額、事業供用日、耐用年数、償却方法などです。

取得価額とは固定資産を使うためにかかった支払額のことで、固定資産の購入代金のほかに、運送費や据付費などを含めます。

事業供用日とは、固定資産を実際に使い始めた日のこと。この日から償却の開始となります。単に会社に届いた日ではなく、たとえばパソコンであれば箱から出して机の上に置き、配線等をつなげて使える状態にした日です。

耐用年数とは、固定資産の平均的な使用可能期間のことで、種類ごとに細かく耐用年数表（→P.114）に記載されています。必ずしも自社で使用する期間とは一致しませんが、減価償却を行うのはこの期間です。

償却方法とは、取得価額を耐用年数にわたって償却する際の計算方法のこと。定額法や定率法などの種類があり、固定資産の種類や取得日により選択できる償却方法が違います。

取得価額に含めなくてよい支払い

自動車取得税、登録免許税、車庫証明費用、落成式の費用は、取得価額に含めても含めなくてもどちらでも構いません。含めないときは、租税公課や交際費など当期の経費で処理できます。また、代金決済時の振込手数料は通常は少額であり取得価額に含める必要はありません。

経理

人事

総務・他

● 資産取得時の固定資産台帳への登録項目

項目	説明
取得価額	固定資産を取得するために支払った金額で、固定資産の購入代金のほかに運送料など取得するための諸費用（設備の据付料、初期設定料、運送保険料、購入手数料、関税など）も含む
事業供用日	実際に固定資産を使い始めた日のこと（購入した日ではない）で、使い始めていれば代金を支払っていなくても構わない
耐用年数	資産ごとに決められた減価償却を行う年数。耐用年数表で調べる（→ P.114）
償却方法	減価償却費の計算方法で、資産の種類と取得時期によって決まる（→ P.113）。主に①定額法②定率法③旧定額法④旧定率法の4つ

● 取得価額の考え方

取得価額には購入代金以外にも含まれるものがあります。

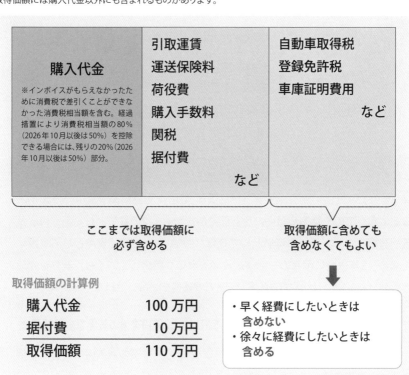

購入代金

※インボイスがもらえなかったために消費税で差引くことができなかった消費税相当額を含む。経過措置により消費税相当額の80％（2026年10月以後は50％）を控除できる場合には、残りの20％（2026年10月以後は50％）部分。

引取運賃
運送保険料
荷役費
購入手数料
関税
据付費

など

自動車取得税
登録免許税
車庫証明費用

など

ここまでは取得価額に
必ず含める

取得価額に含めても
含めなくてもよい

取得価額の計算例

購入代金	100万円
据付費	10万円
取得価額	110万円

・早く経費にしたいときは
含めない
・徐々に経費にしたいときは
含める

Section 09-2 固定資産の管理② 減価償却の特例

少額な取得価額の資産には特例があるんだ。

ここだけ Check!
- ☑ 中小少額減価償却資産も固定資産台帳へ登録する。
- ☑ 一括償却資産はその期の合計額で固定資産台帳へ登録する。
- ☑ 一括償却資産は償却資産税がかからない。

10万円未満の資産は全額経費、20万円未満のものは3年間で償却できる

取得価額が少額な減価償却資産については、取得した日に全額を経費としたり、耐用年数より短い期間で経費にできる特例があります。

取得価額が10万円未満の減価償却資産（**少額減価償却資産**）は、耐用年数によらず事業供用日に全額経費化が可能です。少額減価償却資産は減価償却をしないため、固定資産台帳へ登録しなくてかまいません。

取得価額が20万円未満の減価償却資産は事業供用後、耐用年数によらず一律3年間で減価償却が可能です（**一括償却資産**）。一括償却資産は、事業年度ごとにすべての一括償却資産の合計額であたかも1つの資産として固定資産台帳へ登録します（個々の資産として登録しない）。一括償却資産として登録した場合、3年以内に個々の一括償却資産を廃棄や売却していても、廃棄や売却の処理（→P.120）はせずに必ず3年間で減価償却しなければなりません。

中小企業は300万円までなら10万円以上30万円未満の資産を全額経費に

中小企業の場合、取得価額が10万円以上30万円未満の減価償却資産（**中小少額減価償却資産**）であれば事業供用日に全額を経費にできます。ただし、事業年度ごとの中小少額減価償却資産の取得価額の合計額が300万円以下でなければなりません。300万円を超える場合には、合計額が300万円を超えないように特例の適用を受ける資産を選ぶことが可能です。中小少額減価償却資産は、個々に固定資産台帳へ登録します（→P.108）。

経理

人事

総務・他

●取得価額による適用の有無

取得金額に応じて特例の適用を検討します。

取得価額	通常の 減価償却※1	中小少額 減価償却資産	一括償却 資産	少額減価 償却資産
10 万円未満	○		○	○
10 万円以上 20 万円未満	○	○	○	
20 万円以上 30 万円未満	○	○		
固定資産台帳への登録	1 個ずつ	1 個ずつ	事業年度ごとの 合計額	不要
償却資産税	かかる	かかる	かからない	かからない
用途が貸付用	可	不可注2	不可注2	不可注2

※ 1　減価償却資産の種類に応じた耐用年数で減価償却をする方法
※ 2　貸付け用の設備は対象外。ただし、物品賃貸業など本業としての貸付け、本業に付随しての貸付けなどはOK。

取得価額が 10 万円以上 20 万円未満であれば一括償却資産また
は中小少額減価償却資産のいずれかを、10 万円未満であれば少
額減価償却資産と一括償却資産のいずれかを選ぶことができます。

●一括償却資産の廃棄・売却

一括償却資産は現物を除却や売却しても、減価償却には影響しません。

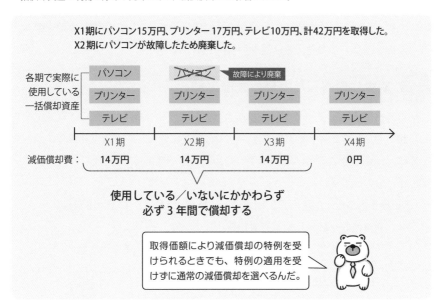

X1期にパソコン15万円、プリンター 17万円、テレビ10万円、計42万円を取得した。
X2期にパソコンが故障したため廃棄した。

各期で実際に
使用している
一括償却資産

	パソコン	~~パソコン~~ 故障により廃棄		
	プリンター	プリンター	プリンター	プリンター
	テレビ	テレビ	テレビ	テレビ

X1期　　　X2期　　　X3期　　　X4期

減価償却費：　14万円　　14万円　　14万円　　0円

使用している／いないにかかわらず
必ず 3 年間で償却する

取得価額により減価償却の特例を受
けられるときでも、特例の適用を受
けずに通常の減価償却を選べるんだ。

memo ▷ 利益があまり出ていないため経費を多くする必要がなければ、中小少額減価償却資産よりも一括償却
資産の方が、償却資産税がかからず有利です。

Section 09-3 | 固定資産の管理③ 減価償却費の計算

減価償却費の計算は資産の種類によって大きく違うんだ。

ここだけCheck!
- ☑ 償却方法は減価償却資産の種類や取得日ごとに異なる。
- ☑ 取得価額から過去の減価償却費を差引いたものを帳簿価額という。
- ☑ 期中に取得した場合には月数按分する。

経理｜人事｜総務・他

償却方法と帳簿価額

　減価償却により各事業年度に計上される経費が**減価償却費**です。減価償却費の計算方法（償却方法）には主に①定額法、②定率法（250%と200%）、③旧定額法、④旧定率法があり、減価償却資産の種類と取得した日で決まります。

　減価償却資産ごとに計算した減価償却費をその期の経費とし、減価償却資産の取得価額からその減価償却費を差引いた金額を**帳簿価額（簿価ともいう）**といいます。当期末の帳簿価額から翌期の減価償却費を差引いた金額が翌期末の帳簿価額となり、この考え方は翌々期以降も同じです。

期中に取得した場合の減価償却

　期首から期末まで使用した減価償却資産については、P.115以降の計算式にしたがって減価償却費を計算します。期中に新たに取得した減価償却資産については、減価償却するのは事業に使い始めた日から期末までの月数（1月未満切上げ）分のみです。

（例）事業供与日：8月15日、期末日3月31日…7か月と17日⇒8か月

　　　通常どおり計算した減価償却費　100万円

　　　　⇒ 100万円×8か月÷12か月＝66万6,666円（円未満切捨て）

> 250%定率法は、（1÷耐用年数×250%）という計算式で、
> 200%定率法は、（1÷耐用年数×200%）という計算式で、
> 計算される償却率を使って減価償却を計算する方法なのだ。

● 償却方法の決定 （税務署へ「減価償却資産の償却方法の届出書」を提出していない場合）

減価償却の種類と取得した日に応じて償却方法が変わります。

減価償却資産の種類	取得した日	償却方法
建物	平成 10 年 3 月 31 日以前	旧定率法
	平成 10 年 4 月 1 日以後 平成 19 年 3 月 31 日以前	旧定額法
	平成 19 年 4 月 1 日以後	定額法
建物以外の有形固定資産	平成 19 年 3 月 31 日以前	旧定率法
	平成 19 年 4 月 1 日以後 平成 24 年 3 月 31 日以前	250％定率法
	平成 24 年 4 月 1 日以後 平成 28 年 3 月 31 日以前	200％定率法
	平成 28 年 4 月 1 日以後	建物付属設備、構築物は定額法
		上記以外は 200％定率法
無形固定資産	―	定額法

耐用年数に応じた償却率は固定資産の取得日により異なることがあります。取得日（事業供用日ではない）に応
じた償却率表（償却方法と耐用年数が異なるごとに償却率を定めている表）を確認します。

> 平成 19 年 3 月 31 日以前に取得をしていても、同年 4 月 1 日
> 以後に事業の用に供した減価償却資産は定額法（建物）また
> は 250％定率法（建物以外）で減価償却するとされています。

● 減価償却費と帳簿価額のイメージ

減価償却した分だけ帳簿価額は下がっていきます。

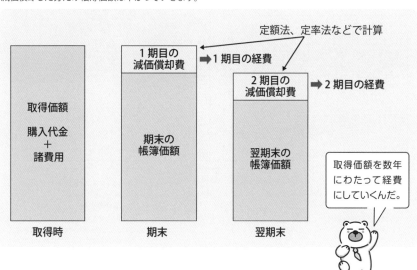

memo > 減価償却資産ごとに計算する減価償却費の金額は税金の計算上経費にできる限度額であり、その金額
以下であれば経費となります。

耐用年数表
https://www.nta.go.jp/taxes/shiraberu/taxanswer/shotoku/pdf/2100_01.pdf

主な減価償却資産の耐用年数表

＜建　　物＞

構造・用途	細　　目	耐用年数
木造・合成樹脂造のもの	事務所用のもの 店舗用・住宅用のもの 飲食店用のもの 旅館用・ホテル用・病院用・車庫用のもの 公衆浴場用のもの 工場用・倉庫用のもの（一般用）	年 24 22 20 17 12 15
木骨モルタル造のもの	事務所用のもの 店舗用・住宅用のもの 飲食店用のもの 旅館用・ホテル用・病院用・車庫用のもの 公衆浴場用のもの 工場用・倉庫用のもの（一般用）	22 20 19 15 11 14
鉄骨鉄筋コンクリート造・鉄筋コンクリート造のもの	事務所用のもの 住宅用のもの 飲食店用のもの 　延べ面積のうちに占める木造内装部分の面積が30％を超えるもの 　その他のもの 旅館用・ホテル用のもの 　延べ面積のうちに占める木造内装部分の面積が30％を超えるもの 　その他のもの 店舗用・病院用のもの 車庫用のもの 公衆浴場用のもの 工場用・倉庫用のもの（一般用）	50 47 34 41 31 39 39 38 31 38
れんが造・石造・ブロック造のもの	事務所用のもの 店舗用・住宅用・飲食店用のもの 旅館用・ホテル用・病院用のもの 車庫用のもの 公衆浴場用のもの	41 38 36 34 30

	4ｍ以下のもの 工場用・倉庫用のもの（一般用） 　4ｍを超えるもの 　3ｍを超え、4ｍ以下のもの 　3ｍ以下のもの	 31 24 17

＜建物附属設備＞

構造・用途	細　　目	耐用年数
アーケード・日よけ設備	主として金属製のもの その他のもの	年 15 8
店用簡易装備		3
電気設備（照明設備を含む。）	蓄電池電源設備 その他のもの	6 15
給排水・衛生設備、ガス設備		15

＜車両・運搬具＞

構造・用途	細　　目	耐用年数
一般用のもの（特殊自動車・次の運送事業用等以外のもの）	自動車（2輪・3輪自動車を除く。） 　小型車（総排気量が0.66リットル以下のもの） 　貨物自動車 　　ダンプ式のもの 　　その他のもの 　報道通信用のもの 　その他のもの 2輪・3輪自動車 自転車 リヤカー	年 4 4 5 5 6 3 2 4
運送事業用・貸自動車業用・自動車教習所用のもの	自動車（2輪・3輪自動車を含み、乗合自動車を除く。） 　小型車（貨物自動車にあっては積載量が2トン以下、その他のものにあっては総排気量が2リットル以下のもの） 　大型乗用車（総排気量が3リットル以上のもの） 　その他のもの 乗合自動車 自転車、リヤカー 被けん引車その他のもの	 3 5 4 5 2 4

＜工　　具＞

構造・用途	細　　目	耐用年数
測定工具、検査工具（電気・電子を利用するものを含む。）		年 5
治具、取付工具		3
切削工具		2
型（型枠を含む。）、鍛圧工具、打抜工具	プレスその他の金属加工用金型、合成樹脂、ゴム・ガラス成型用金型、鋳造用金型 その他のもの	2 3
活字、活字に常用される金属	購入活字（活字の形状のまま反復使用するものに限る。） 自製活字、活字に常用される金属	2 8

＜器　具・備　品＞

構造・用途	細　　目	耐用年数
家具、電気機器、ガス機器、家庭用品（他に掲げてあるものを除く。）	事務机、事務いす、キャビネット 　主として金属製のもの 　その他のもの 応接セット 　接客業用のもの 　その他のもの ベッド 児童用机、いす 陳列だな、陳列ケース 　冷凍機付・冷蔵機付のもの	年 15 8 5 8 8 5 6
	その他のもの 　主として金属製のもの 　その他のもの	 15 8
事務機器、通信機器	謄写機器、タイプライター 　孔版印刷・謄写印刷用のもの 　その他のもの 電子計算機 　パーソナルコンピュータ（サーバー用のものを除く。） 　その他のもの 複写機器、計算機（電子計算機を除く。）、金銭登録機、タイムレコーダーその他これらに類するもの その他の事務機器 テレタイプライター、ファクシミリ インターホーン、放送用設備 電話設備その他の通信機器 　デジタル構内交換設備、デジタルボタン電話設備 　その他のもの	 3 5 4 5 5 5 5 6 6 10
時計、試験機器、測定機器	時計 度量衡器 試験・測定機器	10 5 5
光学機器、写真製作機器	カメラ、映画撮影機、映写機、望遠鏡 引伸機、焼付機、乾燥機、顕微鏡	5 8
看板、広告器具	看板、ネオンサイン、気球 マネキン人形、模型 その他のもの 　主として金属製のもの 　その他のもの	3 2 10 5
容器、金庫	ボンベ 　溶接製のもの 　鍛造製のもの 　　塩素用のもの 　　その他のもの ドラムかん、コンテナーその他の容器 　大型コンテナー（長さが6ｍ以上のものに限る。） 　その他のもの 　　金属製のもの 　　その他のもの 金庫 　手さげ金庫 　その他のもの	 6 8 10 7 3 2 5 20
理容・美容機器		5

たとえば、パソコン（サーバー用以外）の耐用年数は4年とわかる

減価償却資産がどこに該当するかわかりにくいことがあります。そのときは、設備名などから耐用年数を調べられる書籍なども参考になります。

memo 耐用年数表に当てはめる際、実際に現物を見ないとイメージしにくいことがあります。できるだけ現物を確認し、それが難しければ写真などで確認しましょう。

経理

人事

総務・他

● 定額法の計算

◎計算式
取得価額×償却率

◎ポイント
・毎期の減価償却費は定額となります。
・有形固定資産は最後に1円を帳簿価額として残します。
・無形固定資産の場合は取得価額全額を減価償却します。

◎減価償却費のイメージ

毎年の減価償却費は同額になる。

● 250％定率法と200％定率法

◎計算式
《当初》
（取得価額−前期までの償却済額*）×償却率
 ＊償却初年度は0円
《上記で計算した金額が償却保証額（A）の金額未満となった期以後》
（取得価額−前期までの償却済額）×改定償却率
償却保証額（A）＝取得価額×保証率

◎ポイント
・減価償却費はだんだん減少していきます。
・改定償却率を使用する期間は、毎期の減価償却費は同額となります。
・250％定率法と200％定率法はいずれも計算式は同じで、計算に使う償却率、改定償却率、保証率だけが異なります。
・改定償却率や保証率は耐用年数に応じて決められています。
・最後に1円を帳簿価額として残します。

◎減価償却費のイメージ

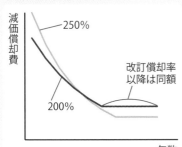

当初の減価償却費は大きいが徐々に減る。改訂償却率で計算するようになると同額になる。

---

memo 土地や、加入している限りサービスを受けられる権利である電話加入権は半永久的に使用できるため減価償却はしません。

●旧定額法の計算

◎計算式
取得価額×90%×償却率

◎ポイント
・毎期の減価償却費は定額となります。
・取得価額の95%まで減価償却したら、残りの5%をその翌期から5年間で均等に減価償却します。
・最後に1円を帳簿価額として残します。

◎減価償却費のイメージ

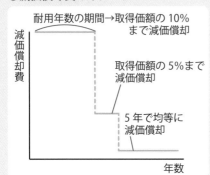

基本的に減価償却費は同額になる。
帳簿価額が取得価額の
5%になるまで減価償却したときと、
それ以降で階段状に減る。

●旧定率法の計算

◎計算式
（取得価額－前期までの償却済額）×償却率

◎ポイント
・減価償却費は逓減していきます。
・取得価額の95%まで減価償却したら、残りの5%をその翌期から5年間で均等に減価償却します。
・最後に1円を帳簿価額として残します。

◎減価償却費のイメージ

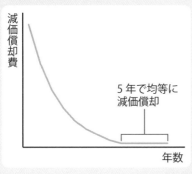

当初の減価償却費は
大きいが徐々に減る。
帳簿価額が取得価額の
5%になった後は同額になる。

経理

人事

総務・他

◎定額法（有形固定資産）の計算例

取得価額	1,000,000
耐用年数	6年
償却率	0.167

償却年	減価償却費	帳簿価額	
1年目	167,000	833,000	1,000,000 × 0.167 = 167,000
2年目	167,000	666,000	1,000,000 × 0.167 = 167,000
3年目	167,000	499,000	1,000,000 × 0.167 = 167,000
4年目	167,000	332,000	1,000,000 × 0.167 = 167,000
5年目	167,000	165,000	1,000,000 × 0.167 = 167,000
6年目	164,999	1	165,000 − 1 = 164,999

最終的な帳簿価額は
1円になる

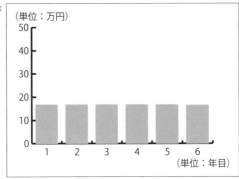

◎定額法（無形固定資産）の計算例

取得価額	1,000,000
耐用年数	5年
償却率	0.200

償却年	減価償却費	帳簿価額	
1年目	200,000	800,000	1,000,000 × 0.200 = 200,000
2年目	200,000	600,000	1,000,000 × 0.200 = 200,000
3年目	200,000	400,000	1,000,000 × 0.200 = 200,000
4年目	200,000	200,000	1,000,000 × 0.200 = 200,000
5年目	200,000	0	1,000,000 × 0.200 = 200,000

ソフトウェアなどの
無形固定資産は最終
的には帳簿価額が0
円になる

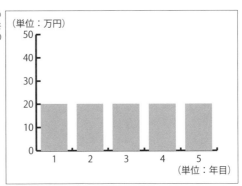

◎平成19年4月1日から平成24年3月31日までに取得したもの（250%定率法）の計算例

取得価額	1,000,000
耐用年数	6年
償却率	0.417
改定償却率	0.500
保証率	0.05776
償却保証額	57,760

償却年	減価償却費	帳簿価額	
1年目	417,000	583,000	1,000,000 × 0.417 = 417,000
2年目	243,111	339,889	583,000 × 0.417 = 243,111
3年目	141,733	198,156	339,889 × 0.417 = 141,733
4年目	82,631	115,525	198,156 × 0.417 = 82,631
5年目	57,762	57,763	115,525 × 0.417 = 48,173 < 57,760 115,525 × 0.500 = 57,762
6年目	57,762	1	115,525 × 0.500 = 57,762

5年目で償却保証額を下回るため、改定償却率を使う

◎平成24年4月1日以後に取得したもの（200%定率法）の計算例

取得価額	1,000,000
耐用年数	6年
償却率	0.333
改定償却率	0.334
保証率	0.09911
償却保証額	99,110

償却年	減価償却費	帳簿価額	
1年目	333,000	667,000	1,000,000 × 0.333 = 333,000
2年目	222,111	444,889	667,000 × 0.333 = 222,111
3年目	148,148	296,741	444,889 × 0.333 = 148,148
4年目	99,111	197,630	296,741 × 0.333 = 98,814 < 99,110 296,741 × 0.334 = 99,111
5年目	99,111	98,519	296,741 × 0.334 = 99,111
6年目	98,518	1	98,519 − 1 = 98,518

4年目で償却保証額を下回るため、改定償却率を使う

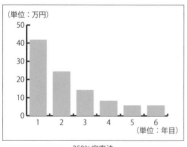

250%定率法

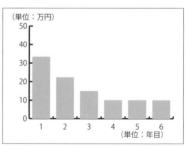

200%定率法

memo ＞牛や馬などの生物の場合、旧定額法での計算式は異なります。

◎旧定額法の計算例

取得価額	1,000,000
耐用年数	6年
償却率	0.166
残存価額	100,000
償却可能限度額	950,000

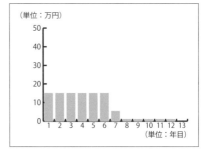

償却年	減価償却費	帳簿価額	
1年目	149,400	850,600	(1,000,000 − 100,000) × 0.166 = 149,400
2年目	149,400	701,200	(1,000,000 − 100,000) × 0.166 = 149,400
3年目	149,400	551,800	(1,000,000 − 100,000) × 0.166 = 149,400
4年目	149,400	402,400	(1,000,000 − 100,000) × 0.166 = 149,400
5年目	149,400	253,000	(1,000,000 − 100,000) × 0.166 = 149,400
6年目	149,400	103,600	(1,000,000 − 100,000) × 0.166 = 149,400
7年目	53,600	50,000	103,600 − 50,000 = 53,600
8年目	9,999	40,001	(50,000 − 1) ÷ 5 = 9,999
9年目	9,999	30,002	(50,000 − 1) ÷ 5 = 9,999
10年目	9,999	20,003	(50,000 − 1) ÷ 5 = 9,999
11年目	9,999	10,004	(50,000 − 1) ÷ 5 = 9,999
12年目	9,999	5	(50,000 − 1) ÷ 5 = 9,999
13年目	4	1	5 − 1 = 4

7年目で償却可能限度額に達したため、8年目以降の5年間は均等償却

◎旧定率法の計算例

取得価額	1,000,000
耐用年数	6年
償却率	0.319
償却可能限度額	950,000

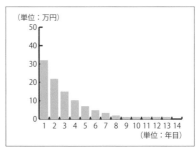

償却年	減価償却費	帳簿価額	
1年目	319,000	681,000	1,000,000 × 0.319 = 319,000
2年目	217,239	463,761	681,000 × 0.319 = 217,239
3年目	147,939	315,822	463,761 × 0.319 = 147,939
4年目	100,747	215,075	315,822 × 0.319 = 100,747
5年目	68,608	146,467	215,075 × 0.319 = 68,608
6年目	46,722	99,745	146,467 × 0.319 = 46,722
7年目	31,818	67,927	99,745 × 0.319 = 31,818
8年目	17,927	50,000	67,927 − 50,000 = 17,927
9年目	9,999	40,001	(50,000 − 1) ÷ 5 = 9,999
10年目	9,999	30,002	(50,000 − 1) ÷ 5 = 9,999
11年目	9,999	20,003	(50,000 − 1) ÷ 5 = 9,999
12年目	9,999	10,004	(50,000 − 1) ÷ 5 = 9,999
13年目	9,999	5	(50,000 − 1) ÷ 5 = 9,999
14年目	4	1	5 − 1 = 4

8年目で償却可能限度額に達したため、9年目以降の5年間は均等償却

> **memo** 残存簿価（ざんぞんぼか）とは、減価償却を耐用年数にわたり実施したものについて備忘として残す金額です。有形固定資産については1円とされ、無形固定資産にはありません。

Section 09-4 固定資産の管理④ 資産の廃棄・売却・修繕

減価償却資産は、修繕をしたり途中で売却したと きには、それに合わせて処理が必要になるんだ。

ここだけ Check!

☑ 基本的に期末まで使用しているものを減価償却する。

☑ 資本的支出は固定資産台帳へ登録し減価償却をする。

☑ 原則として資本的支出は対象となる減価償却資産と種類および耐用年数が同じとして処理する。

資産を廃棄・売却したときの処理

　減価償却の計算は、基本的に期末に使用している減価償却資産のみが対象です。したがって、期中に廃棄や売却をした減価償却資産は減価償却をせずに、期首の帳簿価額が固定資産除却損もしくは、期首の帳簿価額と売却額との差額を固定資産売却損益として仕訳します（仕訳例1と2を参照）。同時に固定資産台帳へ廃棄や売却の登録をします。なお、月次決算を行うなど、会社によっては期中に減価償却費の計上をすることがあります（仕訳例3を参照）。

資産を修繕したときの処理

　固定資産は使用するうちにすり減ったり、また新たな規制などに対応するため修繕が必要になったりします。基本的に修繕のための支払いは一度に経費にします。ただし、修繕の範囲を超え減価償却資産の価値を高めたり耐久性を増したりするもの（**資本的支出**といいます）は、修繕をした減価償却資産と**種類および耐用年数が同じ**減価償却資産を新たに取得したものとして固定資産台帳へ登録します。ただし、**取得日**までは同じではないため償却方法に注意が必要です。たとえば、平成20年に取得した建物附属設備は250％定率法で償却しますが、平成28年4月1日に行った修繕部分は定額法で償却します。

　原則として資本的支出は修繕をした減価償却資産とは別に登録しますが、修繕した減価償却資産の取得価額に加える方法のほか、多くの特例が存在します。ここでは特例については解説を割愛します。

●廃棄や売却の処理

- 仕訳例1：期中にパソコン（期首の帳簿価額2万円）を廃棄した。
  （借方）固定資産除却損 20,000　　　　　　（貸方）器具備品 20,000

- 仕訳例2：期中に営業用車両（期首の帳簿価額130万円）を
  100万円で売却した。
  （借方）現金預金　　　　　　　1,000,000　（貸方）車両運搬具 1,300,000
  （借方）固定資産売却損 300,000

- 仕訳例3：仕訳例2のケースで期中に期首から売却時までの
  減価償却費35万円を計上している場合。
  ①減価償却の仕訳
  （借方）減価償却費　　　　　　350,000　（貸方）車両運搬具　　　　　350,000
  ②売却時の仕訳
  （借方）現金預金　　　　　　　1,000,000　（貸方）車両運搬具　　　　　950,000 ※
  　　　　　　　　　　　　　　　　　　　　（貸方）固定資産売却益 50,000
  　　　　　　　　　　　　　　　　　　　　　※ 1,300,000 − 350,000 ＝ 950,000

●修繕費と資本的支出の例

修繕費は一度に経費となり資本的支出は減価償却するため、両者を区別する必要があります。

	例
修繕費	アパートの壁紙の張替え費用、蛍光灯からLEDへ付替える費用（照明設備自体の工事は無い）、車両の定期的な塗装費用、台風で破損した屋根の修理費、スピードリミッタの取付け費用、ポータブル型カーナビの費用（実際に取り外して複数の用途に使う場合）、POSレジの改修（新消費税対応）
資本的支出	固定型のカーナビ（車両運搬具として計上する）、建物の増築、ソフトウェアへの新機能の追加

●資本的支出と修繕費の判定

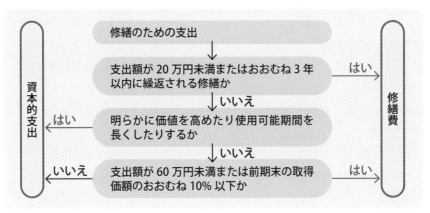

memo	除却とは不要になった資産を取壊したり廃棄したりすること。売却は不要になった資産をお金を受取って相手に渡します。除却はお金を受取らずに多くの場合は処理代を業者に払って行う点が売却と異なります。

Section 09-5 固定資産の管理⑤ 長期前払費用

1年以上先の前払いはちょっと特別な処理が必要なんだ。

ここだけ Check!

☑ 翌々期以降のサービスに対応する部分は長期前払費用とする。

☑ 礼金などは権利のようなものであり、支払いをした日に全額を経費とできない。

☑ 期の途中で支払いをした場合には、支払日から期末日までで月数按分する。

2期以上の長期間にわたる経費の前払いに関する処理

半年や1年など、ある期間にわたってサービスを受ける経費の支払いをした場合、原則はその支払いをした期に対応する部分の金額を経費とし、残りは前払費用（→P.270）とします。ただし、前払費用として処理できるのは支払いをした期の翌期に対応する金額までとなります。1年以上の期間にわたってサービスを受ける経費の支払いで**翌々期以降**に対応する金額は、長期前払費用として投資その他の資産の部に記載します。

実務でよく出る礼金、権利金、更新料

事務所を借りると毎月の家賃とは別に契約時に礼金を支払うことがあります。毎月支払う家賃は月ごとの経費ですが、礼金は言わば事務所を借りるための権利を得るためにかかるお金です。このように直接的にサービスを受けるわけではないものの、その支払いにより権利を取得したりするものも長期前払費用として処理し、**一定の期間に按分**して経費とします。実務でよく出てくるのは礼金、権利金、更新料ですが、ほかにノウハウの頭金やレンタル設備の設置費用などもあります。

礼金、権利金、更新料などのうち将来返金されない分は**原則5年で按分**しますが、賃借期間が5年未満で、かつ、契約更新時に更新料の支払いが決まっている場合には、その**賃借期間**で按分します。支払った期は、按分した金額のうち支払日から期末日までの月数（1か月未満切上げ）分を経費にします。

経理

人事

総務・他

● 長期間に渡るサービス提供の支払い

来期以降の支払いを先にする場合の処理です。

借入にあたり信用保証料30万円を支払った。保証期間5年。
中途で保証契約を解約した場合、残期間分の保証料が返金される。

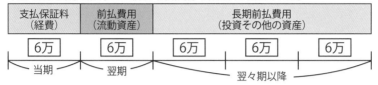

支払保証料 （経費）	前払費用 （流動資産）	長期前払費用 （投資その他の資産）		
6万	6万	6万	6万	6万
当期	翌期	翌々期以降		

● 礼金、権利金、更新料

支払いをしたことにより権利を取得した場合の処理です。

事務所の賃貸借契約（契約期間3年、家賃30万円、礼金30万円、要更新料の支払い）
をした。

長期前払費用償却 10万円	長期前払費用 20万円	
地代家賃 年間360万円	地代家賃 年間360万円	地代家賃 年間360万円
当期	翌期	翌々期

● 期の途中で支払いをした場合

建物賃貸借契約の礼金100万円、支払日8月15日、期末日3月31日

$$100万円 × 8か月^{※1} ÷ 60か月 = 13万3333円^{※2}$$

※1　1か月未満切上げ
※2　1円未満切捨て

> 建物の賃貸借契約を解約した場合など支払いの効果
> がなくなったときは、その効果がなくなった（解約な
> どがあった）期に長期前払費用の残額を経費にしよう。

● 建物を賃借する際の礼金

更新料の支払いの有無で償却期間が変わります。

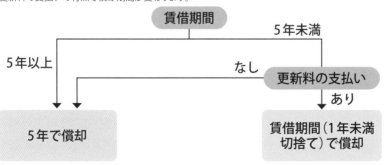

賃借期間

5年以上 → 5年で償却

5年未満 → 更新料の支払い
　なし → 5年で償却
　あり → 賃借期間（1年未満切捨て）で償却

---

memo ▷ 支払い時に全額を経費とできない礼金などのうち支払金額が20万円未満のものは、重要性が低いので
支払った期に全額を経費にできます。

Section 10 | 棚卸資産の管理の流れをつかもう

棚卸資産の管理のスケジュール

1 商品有高帳への記入
仕入れや販売のつど

棚卸資産を商品有高帳（会社によってはないこともある）へ記入

2 商品リストや棚札などの作成
棚卸を実施する前まで

棚卸をする際に使用するため事前に作成

> P.126

3 期末在庫数の計算
決算時

棚卸を行い種類ごとに数を数える

> P.126

4 単価の計算
決算時

期末在庫がある棚卸資産についてそれぞれの単価を計算

> P.126

5 棚卸表の作成
決算時

棚卸表を作成し、期末在庫数と単価より期末在庫の金額を決定

> P.126

経理

人事

総務・他

　棚卸資産（たなおろししさん）とは、**商品、製品など会社が販売する資産、製造途中の仕掛品（しかかりひん）、その製造で使われる原材料**などのことです。棚卸資産は当期に仕入れた分が経費になるのではなく、当期に売上げた分（これを売上原価といいます）のみが経費になります。当期に売上げた分を計算するには、前期余って繰越された分と当期仕入れた分の合計から当期余って繰越される分を差引きます。この当期余って繰越されるもの（期末在庫）を計算することを棚卸（たなおろし）といいます。棚卸を間違うと期末在庫が正しく計算されずに、売上原価も間違ってしまいます。また、ときにはその誤差が多額になることもあるため、棚卸は決算作業における重要な手続きのひとつです。

棚卸資産の管理の概要

- ☑ **対象**　　　　商品、製品、貯蔵品、仕掛品、原材料など
- ☑ **作成する書類**　商品有高帳、在庫一覧表、棚卸表
- ☑ **確認する書類**　納品書、検収書など
- ☑ **作業の時期**　　仕入や販売のつど、期末

● 棚卸資産と利益の関係

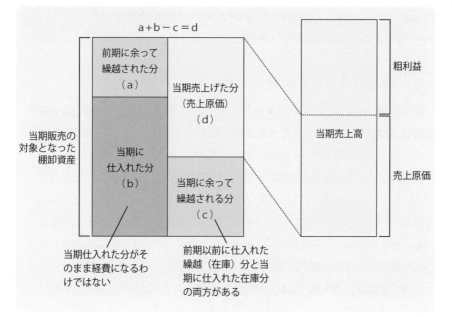

$$a+b-c=d$$

- 当期販売の対象となった棚卸資産
  - 前期に余って繰越された分（a）
  - 当期に仕入れた分（b）
- 当期売上げた分（売上原価）（d）
- 当期に余って繰越される分（c）
- 当期売上高
- 粗利益
- 売上原価

当期仕入れた分がそのまま経費になるわけではない

前期以前に仕入れた繰越（在庫）分と当期に仕入れた在庫分の両方がある

● 商品有高帳

　棚卸資産を仕入れたり販売したりするつど、商品の増減を帳簿に記載することがあります。この帳簿を商品有高帳といいます。これを見ると期中いつでも在庫の数が把握できるため、欠品など販売機会を逃すことを避けられます。

　商品有高帳を作成していても、盗難、紛失、商品有高帳の記載ミスなどがあると実際の残高とズレが生じるため期末には**実地棚卸**（→P.126）をします。

125

棚卸資産の管理①
棚卸資産の在庫計算

期末在庫の金額は、単純に言うと在庫の数に単価をかけたものなんだ。

ここだけ
Check!

✓ 在庫は数と単価で決まる。数は実地棚卸をする。

✓ 特に届出書を提出していなければ単価は最終仕入原価法による。

✓ 単価には付随費用を含める。

期末在庫の金額の算出方法

期末在庫の金額は在庫の数に単価をかけて計算します（**期末在庫の金額＝在庫の数×単価**）。実際に売れ残った在庫1個1個の仕入金額はバラバラであっても決められた方法で計算した単価を使います。

在庫の数は、期末時点で実際に倉庫などで種類別に数えます。 これを実地棚卸（じっちたなおろし）といいます。種類が少なく比較的簡単に数えられるときはいいですが、種類や数が多いときは数えやすいように事前に倉庫を整理したり棚札などを利用して数えます。当期の期末在庫には、前期までに仕入れた分と当期に仕入れた分がありますが、在庫の数を計算する上はそれらを区別する必要はありません。

在庫の**単価は、期末日「以前」に仕入れた単価のうち期末日にもっとも近い日のもの**を使います。これを**最終仕入原価法**（さいしゅうしいれげんかほう）といいます。税務署へ棚卸資産の評価方法の届出書を提出している場合には、その届出た方法で単価を決めます。

実際に仕入れた単価には、商品などの本体代金の他に運送料や保険料などの付随費用も含めます。

実地棚卸の方法にはリスト方式とタグ方式がある

実地棚卸にはリスト方式とタグ方式の2種類の方法があります。リスト方式では、実地で確認した棚卸資産の品名や数量などを一覧表にまとめます。タグ方式では、棚札（たなふだ）（棚卸表（票）、現品表などともいう）を棚卸資産に貼り付けていきます。多品種で数量が多い場合などにはタグ方式の方が優れています。

経理

人事

総務・他

● 最終仕入原価法のイメージ

必ず期末日以前の単価を使います。

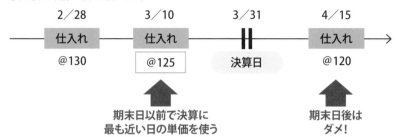

● 損益計算書における売上原価の表示

棚卸資産の金額は来期以降の経費に回します。

> 前期売れ残った分は当期にすべて販売されたとは限らず、当期も売れ残っている可能性がある。しかし、当期仕入れた分と前期以前に仕入れた分は棚卸の計算をする上で区別せずに同じ単価を使う。

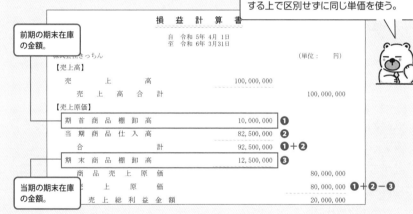

● 実地棚卸の種類

リスト方式とタグ方式があります。

リスト方式

品名・品番	数量
ABC	10
XYZ	5

タグ方式

品名・品番	ABC
数量	10
棚番	a-5

> **memo** 棚札は連番がふられた複写式の用紙で、実際に数えた商品と数などを記入してすべての在庫に貼り付けます。あとから複写式の用紙の1枚をすべて回収して合計すると期末在庫の数を正確に数えられます。

Section
11 | # 繰延資産の管理の流れを つかもう

繰延資産のうち基本的なものを押さえておこう。

● 繰延資産の管理のスケジュール

1 固定資産台帳への登録
支払い後すみやかに

繰延資産と判明したら固定資産台帳へ登録する

> P.108

2 償却期間などの決定
決算直前まで

会計上の制約の有無、利益の発生状況などを踏まえて決定

> P.130

3 償却額の計算と反映
決算時

期末に償却額を算出し、固定資産台帳へ反映

> P.130

　会社を設立する際、定款作成のための司法書士報酬や登録免許税などの支払いをします。これらの支払いは基本的に支払いをした日に全額を経費とします。しかし、会社が成立するための基盤とも言える支払いのため、将来の期間にわたって按分して経費とすることも認められます。ほかにも、開業準備のための費用や株式を発行するための費用なども支払いの日に全額を経費にするほかに、将来の期間に渡って按分して経費にすることが可能です。

　以上は会社が中小企業の会計に関する指針の適用を受けている場合です。会計上、そのような制約が無い場合には、任意のタイミングで経費にすることができます。

　このような支払いの効果が将来にわたって及ぶものを**繰延資産**といい、経費として処理することを将来に繰延べることになります。

繰延資産の管理の概要

- ☑ **対象**　　　　創立費用、開業費用、株式交付費用など
- ☑ **作成する書類**　固定資産台帳
- ☑ **確認する書類**　請求書、領収書、契約書など
- ☑ **作業の時期**　　繰延資産に関する支払い時や決算時など

繰延資産

| 創立費 | 開業費 | 株式交付費 |

「～費」というけれど、資産の
勘定科目としても使われるんだ。

●実務上よく出てくる繰延資産の例

　繰延資産は具体的な形のあるものではないため、どのような支払いが対象となるのかわかりにくいところがあります。実務でよく出てくるのは次のようなものです。

対象となる 支払い	具体的な例	償却する 期間	繰延資産の 名称[1]	償却する際の科目／ 支払った日に全額を 経費にする際の科目[2]
会社を設立する ための支払い	会社の設立登記のための司法 書士報酬、登録免許税	5 年以内	創立費	創立費償却／創立費
開業準備のため の支払い	開店案内チラシ、会社案内作成 費、許認可取得費用	5 年以内	開業費	開業費償却／開業費
株式を発行する ための支払い	増資登記のための司法書士報 酬、登録免許税	3 年以内	株式交付費	株式交付費償却／ 株式交付費

※1　貸借対照表の繰延資産の部に記載する。
※2　基本的に損益計算書の営業外損益の部に記載する。

頻度：年1回 締切：決算申告

Section

11 -1 繰延資産の管理① 繰延資産の償却

例外はあるけど、繰延資産は基本的に毎期自分で決めた額で償却できるんだ。

ここだけ Check!

- ☑ 繰延資産の支払いをしたら必ず固定資産台帳へ登録する。
- ☑ 支払日と償却期間を確認する。
- ☑ 期中に支払った繰延資産は当期に所有していた月数分だけ償却を行う。

創立費、開業費、株式交付費などは経費とする額が自由に決められる

創立費、開業費、株式交付費などの繰延資産は、支払日に全額を経費として処理するほか、毎期経費にする金額を会社で任意に決めて複数期にわたって経費にすることも可能です。たとえば創立費を会社設立初年度に全額を経費にする、5年間にわたって5分の1ずつ経費にする、利益が出るまでは経費にしない、などの処理が選択できます。

繰延資産の支払日に全額を経費とする場合には、基本的には損益計算書の営業外損益の部に「創立費」「開業費」などと記載します。一方で、何年かにわたり経費とする場合には「創立費償却」「開業費償却」などと記載します。繰延資産を貸借対照表に記載する場合には繰延資産の部に「創立費」「開業費」とし、支払いをした日に全額を経費とする場合の損益計算書の記載と同じ勘定科目名になります。

会社によっては繰延資産を毎期自由に経費にできない場合も

ただし、上記の処理のうち、毎期経費にする金額を会社で任意に決めて複数期にわたって経費にする方法は、会社が中小企業の会計に関する指針（右ページ参照）を適用している場合はできません。この場合には、支払日に全額を経費として処理するか、5年（株式交付費は3年）以内の期間で経費として処理する必要があります。自社に何らかの会計上の制約（中小企業の会計に関する指針の適用など）が無いかは顧問税理士などに確認します。

●固定資産台帳と貸借対照表／損益計算書との関係

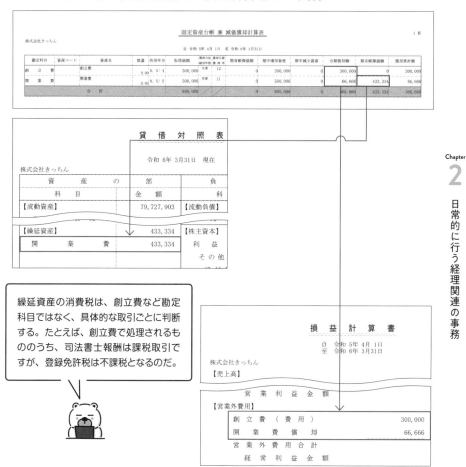

繰延資産の消費税は、創立費など勘定科目ではなく、具体的な取引ごとに判断する。たとえば、創立費で処理されるもののうち、司法書士報酬は課税取引ですが、登録免許税は不課税となるのだ。

Column

中小企業の会計に関する指針

「中小企業の会計に関する指針」は、日本税理士会連合会、日本公認会計士協会、日本商工会議所および企業会計基準委員会の４団体が、法務省、金融庁および中小企業庁の協力のもと、中小企業が計算書類などを作成するに当たって拠るべき指針をまとめたものです。公認会計士の監査を受けるような大企業は対象とせずに、中小企業に特化した会計処理などが記載されています。

---

memo ▷ 期中に支払った繰延資産を月割で償却する場合、厳密には創立費は会社成立日、開業費は開業日、株式交付費は発行日から期末までの月数となります。

Section

12 | 商取引の流れと 売上の計上基準

取引を行う際にやり取りされる書類には、それ
ぞれ役割があるんだ。

ここだけ
Check!

- ☑ 売上に関連する各書類の概要をつかむ。
- ☑ 売上を計上する基準を確認し、その日付を知るためにどの書類を見るべきか確認する。
- ☑ 売上を計上する基準を変更するには理由が必要。

 ## 商取引ではさまざまな書類が使用される

　取引先から注文を受け納品するまでには見積書、発注書、発注請書、納品書、
請求書など、さまざまな書類が交わされます。各書類には個々に作成する意味
があり、取引のどの段階で作成する書類か理解することが大切です。これらの
書類のうちお互いの**信頼関係などにより作成が省略されるものも**あります。

 ## 売上の計上時期と計上基準

　売上の会計データは通常、請求書を発行するつど、請求書の金額を請求月で
まとめて計上します。しかし、決算時には締め後売上げの計上（→P.156）を
する必要があり、厳密に当期の売上げと翌期の売上げを区分しなければいけま
せん。

　売上日には主に3つの基準があり、会社ごとに自社に合ったものを選択でき
ます。ただし、当期は出荷基準、翌期は検収基準のように正当な理由も無く基
準を変更してはいけません。売上を計上する基準を決めたら、その売上日をど
の書類で確認するか検討します。

売上を計上する基準	売上日	説明
出荷基準	自社から出荷した日	具体的には出荷した日にも、梱包日、積込日、搬出日などがある。
引渡基準	取引先に引渡した日	検収までは受けていないが、取引先へ持ち込んだ日。
検収基準	取引先で検収をした日	検収書に記載された検収日で確認する。

●商取引で使われる書類

名称	概要
見積書	商品やサービスの数量や金額など受注条件を記載した書類。受取った側ではこれをもとに購入するか否か検討する。
発注書	注文する商品やサービスの数量や金額などを記載した書類。購入の申込み。注文書、申込書、依頼書とも呼ばれる。
発注請書	発注書を受取った側で、確かに注文を受けた旨を記載した書類。発注側と受注側両者に、注文どおりに納品する責任と購入する責任が生じる。注文請書とも呼ばれる。
納品書	納品した商品やサービス内容を記載した書類。受取った側では納品書どおりの商品・サービスを受取っていることを確認する。
物品受領書	商品・サービスを検収し、合格品の数量もしくは合格した旨を記載した書類。納品書と複写式になっており、自社の印を押して返送する場合もある。納品請書、検収書とも呼ばれる。
請求書	販売代金を請求するために作成する書類。通常、締め日が決められ一定期間分をまとめて請求する。請求書を出し忘れると支払われなくても文句は言えない。

●商取引の流れ

取引先と交わす書類にはそれぞれ意味があります。

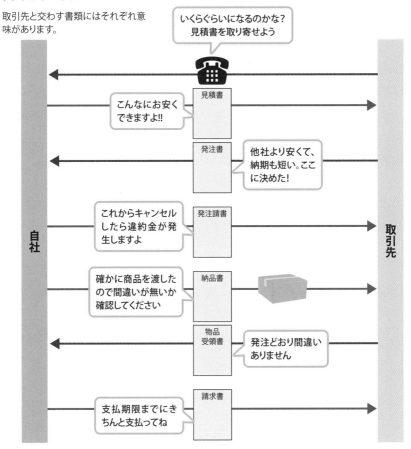

頻度：そのつど	締切：できるだけ早く

Section 13 | 見積書の作成のしかた

> 契約を受注するための重要な書類。金額、納期など間違わないように気を付けよう。

ここだけ **Check!**

- ☑ 見積書は取引の詳細をお互いに確認する書類。
- ☑ 依頼を受けたらすみやかに作成する。
- ☑ 必ず複製を保存しておく。

見積書は契約前に金額、仕様、納期を確認する書類

　見積書は、契約をする前に金額、仕様、納期などをお互いに確認するために作成する書類です。受注機会を逃さないように、**作成依頼を受けたらできるだけ早く作成**しましょう。作成にあたっては、「営業担当者から必要事項を確認し作成する」「営業担当者と決裁者の承認印をもらう」「取引先へ送付、電子メール送信、FAX送信もしくは営業担当者へ渡す」という流れになります。

　市販の見積書の用紙に手書きする場合、エクセルなどで作成する場合、専用ソフトで作成する場合などいくつか方法があります。エクセルや専用ソフトなどで作成する場合、前回のデータが入力フォーム上に残っていないか注意しましょう。

必ず見積書の複製は保存しておく

　後の問い合わせなどへ対応するために**同じものを自社の控えとして保存**しておきましょう。エクセルなどで作成する場合は、2枚印刷して1枚を自社控えとします。PDF化して保存するのも便利です。

> 「あいみつ」とは2社以上の見積書をとることで、価格が高すぎないか、よりよい条件が無いか比べるために使う。「さいみつ」とは最初に提出した見積書の金額が高すぎたり、金額交渉の結果仕様が変更されたりした場合などに、再度提出する見積書のことなんだ。

経理

人事

総務・他

見積書の作成の概要

- ☐ **関係者** 　営業担当者、決裁者
- ☑ **作成する書類** 　見積書
- ☐ **作業の時期** 　営業担当から依頼のあるつど

●見積書の作成と注意点

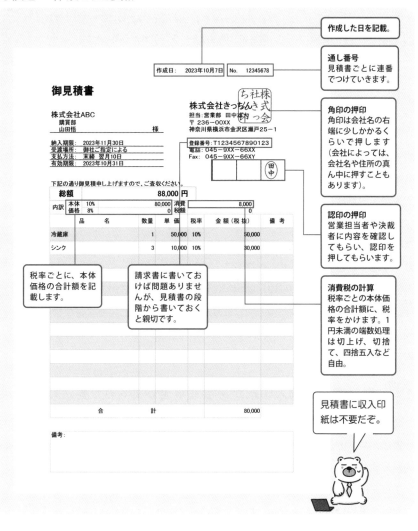

作成した日を記載。

通し番号
見積書ごとに連番
でつけていきます。

角印の押印
角印は会社名の右
端に少しかかるく
らいで押します
（会社によっては、
会社名や住所の真
ん中に押すことも
あります）。

認印の押印
営業担当者や決裁
者に内容を確認し
てもらい、認印を
押してもらいます。

消費税の計算
税率ごとの本体価
格の合計額に、税
率をかけます。1
円未満の端数処理
は切上げ、切捨
て、四捨五入など
自由。

税率ごとに、本体
価格の合計額を記
載します。

請求書に書いてお
けば問題ありませ
んが、見積書の段
階から書いておく
と親切です。

見積書に収入印
紙は不要だぞ。

作成日： 2023年10月7日　No.　12345678

御見積書

株式会社ABC
　　購買部
　　山田悟　　　　　　　　　　　様

納入期限：	2023年11月30日
受渡場所：	御社ご指定による
支払方法：	末締 翌月10日
有効期限：	2023年10月31日

株式会社きっちんき
担当：営業部 田中様
〒 236−00XX
神奈川県横浜市金沢区瀬戸25−1
登録番号：T1234567890123
電話：045−9XX−66XX
Fax： 045−9XX−66XY

下記の通り御見積申し上げますので、ご査収ください。

総額			88,000	円
内訳	本体 価格	10% 8%	80,000 0	消費 税額	8,000 0

品　　名	数量	単価	税率	金額（税抜）	備考
冷蔵庫	1	50,000	10%	50,000	
シンク	3	10,000	10%	30,000	
合　　計				80,000	

備考：

memo ＞ 結局得意先に渡さなかった見積書も保存して、通し番号に欠番が無いようにしておきます。欠番があ
ると税務調査のときに疑われてしまうこともあります。

Section

14 | 発注書と発注請書の 作成のしかた

発注書と発注請書は契約書の代わりに使われる
こともあるのだ。

ここだけ
Check!

- ✅ 取引のつど、契約書を交わす手間を簡略化するために取り交わす書類。
- ✅ 状況に応じて、発注書、発注請書に収入印紙が必要になることも。
- ✅ 仕入（営業）担当や決裁者の承認を受ける。

契約締結の手間を軽減する発注書と発注請書のやり取り

　購入者側が購入する商品の種類や数、納品希望日などを記載して納入者側に渡す書類が発注書（または申込書、注文書、依頼書）です。これを受けて納入者側が諸条件を確認して購入者側に発行する書類を発注請書といいます。双方で書類をやり取りすることで契約書を毎回取り交わす手間を省略できます。

　発注書と発注請書の作成にあたって、「前回使用した不要な情報が残っていないか注意すること」「担当者と決裁者の内容確認が必要なこと」「複製を必ず残しておくこと」は見積書と同様です。

　発注書と発注請書のやり取りは実際にはいろいろな方法があります。たとえば、発注者と受注者がメールでやり取りしたり、発注書と発注請書が複写式で同時に作成できるようにして発注者がまとめて作成・郵送し、受注者が発注請書の返送をするなどです。これまでの会社のやり方を確認しましょう。

発注書には収入印紙が必要な場合があるので要注意

　発注請書は契約書と同じで、印紙税がかかる取引であれば課税されます。発注書は、基本的に印紙税がかかりませんが、発注書を発行することにより自動的に契約が成立する場合など印紙税がかかることもあるので注意が必要です。

　また、FAXやメールで送受信した場合に、それを印刷した書類やコピーした文書は印紙税はかかりません。ただし別途正本を作成したときには、作成した正本に印紙税がかかります。

経理

人事

総務・他

発注書、発注請書の作成の概要

- ☑ **関係者** 発注書：仕入担当者、決裁者／発注請書：営業担当者、決裁者
- ☐ **作成する書類** 発注書、発注請書
- ☐ **作業の時期** 発注や受注のつど

● 発注書と発注請書の作成と注意点

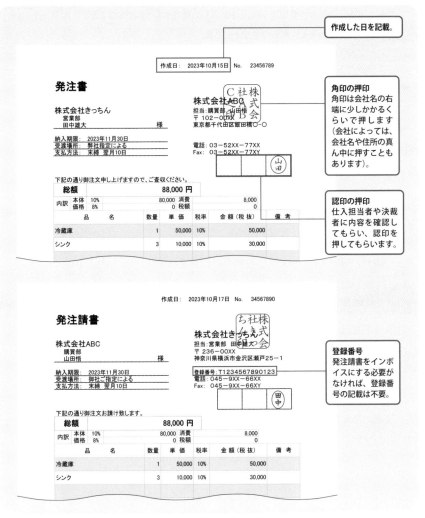

作成した日を記載。

角印の押印
角印は会社名の右端に少しかかるくらいで押します（会社によっては、会社名や住所の真ん中に押すこともあります）。

認印の押印
仕入担当者や決裁者に内容を確認してもらい、認印を押してもらいます。

登録番号
発注請書をインボイスにする必要がなければ、登録番号の記載は不要。

---

memo ＞ 発注書／発注請書は、取引先／得意先に結局渡さなかったものも保存して、通し番号に欠番が無いようにします。

Section 15 納品書と物品受領書の作成のしかた

お互いに商品の授受があったことを確認する書類なんだ。

ここだけ Check!
- ☑ 商品の授受があったことをお互いに確認するために作成する書類。
- ☑ 担当者と決裁者の承認を受ける。
- ☑ いずれも請求書控え（未入金）ファイルに保管する。

得意先に納めた商品の内容を知らせる納品書

納品書には納入する品名、数量、金額などを記載し、**納入した商品やサービスの内容を取引先へ伝える**ために作成します。商品を送付する際に、一緒に梱包するのが一般的です。納品書の作成にあたって、「前回使用した不要な情報が残っていないか注意すること」「担当者と決裁者の内容確認が必要なこと」「控え（複製）を必ず残しておくこと」は見積書と同様です。請求書を作成する際に必要となるため、納品書の写し（複写式）やコピーは「請求書控え（未入金）ファイル」（→P.143）に保管しておくことを忘れずに。

間違いなく納品したことを示す押印をもらう物品受領書

物品受領書は、納品書とセットで作成されることが多い書類で、納品先に納品書と一緒に送付し、納品物を受取ったことを示す押印（またはサイン）をしてもらったものを返送してもらいます。この一連の流れで、納品先は納品書により納品の内容を確認でき、押印済みの物品受領書を返送してもらうことにより、間違いなく納品したことの証明となるわけです。押印済みの物品受領書は納品書のコピーといっしょにファイリングをしておきましょう。

納品書、物品受領書の作成の概要

- ☑ **関係者** 納品書：営業担当者、決裁者／物品受領書：仕入担当者、決裁者
- ☑ **作成する書類** 納品書、物品受領書
- ☑ **作業の時期** 納品のつど、受領のつど

●納品書と物品受領書の作成と注意点

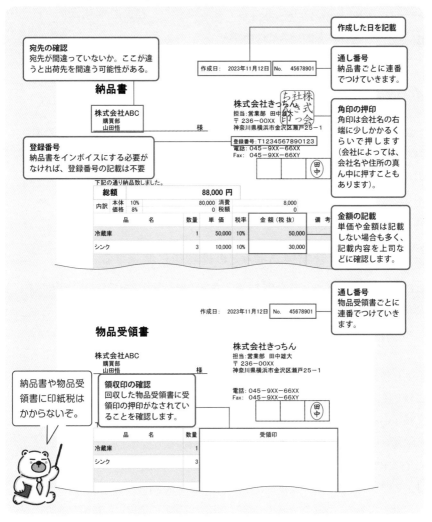

宛先の確認
宛先が間違っていないか。ここが違うと出荷先を間違う可能性がある。

作成した日を記載

通し番号
納品書ごとに連番でつけていきます。

登録番号
納品書をインボイスにする必要がなければ、登録番号の記載は不要

角印の押印
角印は会社名の右端に少しかかるくらいで押します（会社によっては、会社名や住所の真ん中に押すこともあります）。

金額の記載
単価や金額は記載しない場合も多く、記載内容を上司などに確認します。

通し番号
物品受領書ごとに連番でつけていきます。

領収印の確認
回収した物品受領書に受領印の押印がなされていることを確認します。

納品書や物品受領書に印紙税はかからないぞ。

納品書

株式会社ABC
購買部
山田悟 様

株式会社きっちん
担当：営業部 田中雄大
〒 236−00XX
神奈川県横浜市金沢区瀬戸25−1
登録番号：T1234567890123
電話：045−9XX−66XX
Fax： 045−9XX−66XY

作成日： 2023年11月12日 No. 45678901

下記の通り納品致しました。

総額				88,000 円		
内訳	本体価格	10% 8%		80,000 0	消費税額	8,000 0

品　名	数量	単価	税率	金額（税抜）	備考
冷蔵庫	1	50,000	10%	50,000	
シンク	3	10,000	10%	30,000	

物品受領書

作成日： 2023年11月12日 No. 45678901

株式会社ABC
購買部
山田悟 様

株式会社きっちん
担当：営業部 田中雄大
〒 236−00XX
神奈川県横浜市金沢区瀬戸25−1

電話： 045−9XX−66XX
Fax： 045−9XX−66XY

品　名	数量	受領印
冷蔵庫	1	
シンク	3	

memo 納品書／物品受領書は、得意先／取引先に結局渡さなかったものも保存して、通し番号に欠番が無いようにします。

Section

16 | 請求書の作成のしかた

せっかく仕事をしても請求書を発行しないと代金を支払ってもらえないのだ。

ここだけ
Check!

- ☑ 締め日を正確に確認する。
- ☑ 値引きや返品などを忘れない。
- ☑ 社内承認を取る。

取引先にお金を払ってもらうための重要な書類

　請求書は、取引先に対して代金の支払いを請求するために作成する書類です。請求書の発行を忘れると取引先から入金がなくても文句は言えません。請求書の作成は、市販の請求書の用紙に手書きで書く、エクセルなどで作成する、専用ソフトで作成するなどいくつか方法があります。卸売業など取引件数が多い場合には、専用ソフトで作成する方が間違いにくく早く作成できます。

請求書は営業担当者などの確認後に発送する

　請求書を発行するタイミングは、取引先との取引形態（継続取引型と受託請負型）によって異なります（→右ページ）。

　請求書では、正しい金額を記載することがなによりも重要です。取引を行う上ではさまざまな事情により、一度販売した後に値引きや返品などをすることがあります。その際は、いつの請求分からいくら差引くのか営業担当者などに確認します。過大請求は取引先からの信用を失います。

　請求書を作成したら、営業担当者や決裁者に記載内容に間違いが無いか確認してもらい、**承認印を押してもらいます**。承認印をもらったら、それをコピーして請求書控えとして**「請求書控え（未入金）ファイル」にファイリング**します。このファイルには、支払日ごとにインデックスを付けます。

　自社の宛名の右端にかかるくらい（もしくは宛名の中央）に角印を押印し、封筒には請求書在中と押印して郵送します。

経理

人事

総務・他

請求書の作成の概要

- ☑ **関係者** 営業担当者、決裁者
- ☑ **作成する書類** 請求書
- ☑ **確認する書類** 売掛帳
- ☑ **作業の時期** 毎月の締め日後または検収書受領後など

● 請求書発行のスケジュール

1 **請求書の作成**
発送の10日前

請求内容を確認し、請求書を作成する

2 **承認印をもらう**
発送の5日前

営業担当者、決裁者の承認印をもらう

3 **請求書の発送**
請求の期限まで

取引先へ請求書を発送する

● 業種による請求書発行のタイミングの違い

請求書の発行は業種によってタイミングが違います。

継続取引型	卸売業や事務代行業など、商品やサービスの発注を継続的に受け、引渡しや提供をするタイプ。
	発行のタイミング：毎月 取引先との契約などで決められた締め日と支払日（→ P.86）にもとづき、毎月決められたスケジュールで作成。

受託請負型	建設業やソフトウェア開発業など、契約の際に仕様を決め、それを完成させて納品するタイプ。
	発行のタイミング：契約に決められた時期（業務開始前、業務終了後） ①業務開始前：取引先との契約後、着手金を受取る取決めがある場合には、契約締結後すみやかに作成。また、中間金を受取る取決めがある場合もある。 ②業務終了後：検収書の受領、または担当者から業務完了の報告を受けたら、すみやかに作成。

> memo ＞ 請求書に角印を印刷してしまうと押印する手間が省けます。

141

●請求書の作成と注意点

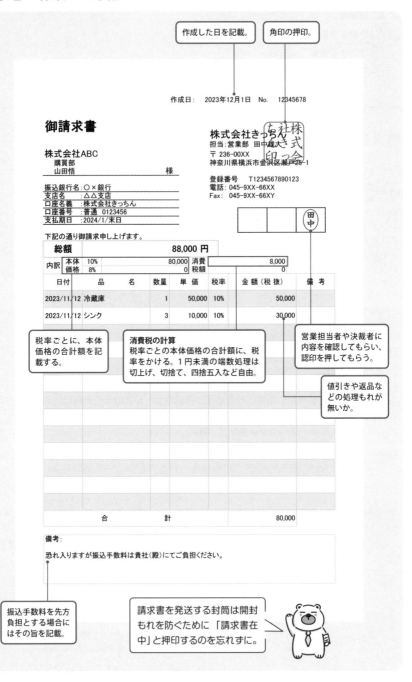

作成した日を記載。

角印の押印。

作成日： 2023年12月1日　No.　12345678

御請求書

株式会社ABC
購買部
山田悟　　　　　　　　　　　様

振込銀行名	:○×銀行
支店名	:△△支店
口座名義	:株式会社きっちん
口座番号	:普通　0123456
支払期日	:2024/1/末日

株式会社きっちん
担当:営業部　田中雄大
〒 236-00XX
神奈川県横浜市金沢区瀬戸2⃞-1

登録番号　T1234567890123
電話：045-9XX-66XX
Fax：045-9XX-66XY

下記の通り御請求申し上げます。

総額		88,000 円		
内訳	本体価格 10%	80,000	消費税額	8,000
	8%	0		0

日付	品　　　名	数量	単価	税率	金額（税抜）	備考
2023/11/12	冷蔵庫	1	50,000	10%	50,000	
2023/11/12	シンク	3	10,000	10%	30,000	
合　　　　計					80,000	

税率ごとに、本体価格の合計額を記載する。

消費税の計算
税率ごとの本体価格の合計額に、税率をかける。1円未満の端数処理は切上げ、切捨て、四捨五入など自由。

営業担当者や決裁者に内容を確認してもらい、認印を押してもらう。

値引きや返品などの処理もれが無いか。

備考:
恐れ入りますが振込手数料は貴社(殿)にてご負担ください。

振込手数料を先方負担とする場合にはその旨を記載。

請求書を発送する封筒は開封もれを防ぐために「請求書在中」と押印するのを忘れずに。

経理

人事

総務・他

memo ＞請求書には印紙税はかかりません。

●取引形態による請求書作成の手順

請求書の作成は業種によって手順が違います。

継続取引型	①締め日を確認する。 ②売掛帳を確認する。 ③請求先、支払日は基本的に毎回同じなので、前回の請求書を確認する。
受託請負型	契約書にもとづき、業務内容、請求金額、支払期日を確認の上、作成する。

●返品、値引き、割戻しの違い

用語	意味
返品	違う商品を納品してしまった場合に返送されること。取引の取消しになります。
値引き	商品に傷があった場合などに値段を下げて引取ってもらうことです。
割戻し	一定金額以上の購入実績があった場合に行う売上代金の減額です。

●請求書控えのファイリング

支払日ごとにファイリングして入金の確認もれが無いようにします。

請求書控え（未入金）ファイル

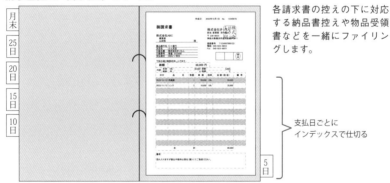

各請求書の控えの下に対応する納品書控えや物品受領書などを一緒にファイリングします。

支払日ごとにインデックスで仕切る

Column

請求書の再発行

金額誤りや取引先からの要請で再発行する場合には、請求書の備考などに「○年○月○日発行分　○○のため再発行」と記載し、必ず赤字で「再発行」と余白にゴム印を押します。

Section 17 | 領収書の作成のしかた

記載金額が5万円以上になると収入印紙が必要になるよ。

ここだけ Check!

- ☑ 金額5万円以上の場合には収入印紙が必要。
- ☑ 消費税部分を明示すると税抜き金額で印紙税が決まる。
- ☑ 宛名は上様としない。

領収書は現金を受取ったことを証明する書類

お金（現金だけでなく、小切手、約束手形も含む）を受取ったことを証明するために作成する書類です。領収書は、領収証、受取書、領収証書などと呼ばれることもあり、原則はお金を受取ったその場で作成します。

事務所で発行するのであれば、エクセル（領収書^{DL}）で作成する方法が便利ですが、集金先などで発行する場合には、市販の領収書綴りなどを使います。

二重請求などを避けるためにも写し（複写式）または領収書綴りのミミを自社の控えとして保存します。エクセルなどで作成する場合は、2枚印刷して1枚を自社控えとするか、もしくは自社控えはPDF化して保存するのも便利です。

記載金額5万円以上は収入印紙が必要

記載金額が**5万円以上の領収書には印紙税がかかります**（領収書の控えとしてコピーする場合に、コピーには印紙は不要）。

相殺領収書（右ページmemo参照）を発行する場合に、**金額欄には相殺前の総額**を記載しますが、但書きに「上記金額のうち○○円は売掛金と相殺致しました。」と**相殺金額を明示**した場合には、実際に現金で精算した残額に対してのみ印紙税がかかります。

クレジット販売の場合にも領収書を発行することがありますが、その場でお金を受領するわけではないため印紙は不要です。この場合には、領収書の但書きに「クレジットカード利用（○○カード）」と記載します。

経理

人事

総務・他

144

領収書の作成の概要

- ☐ **関係者** 取引先
- ☐ **作成する書類** 領収書
- ☐ **作業の時期** お金を受取るつど

● 領収書の作成と注意点

金額誤りや取引先からの要請で再発行する場合には、領収書の但書きに商品名などのほか「○年○月○日発行分　○○のため再発行」と記載し、必ず赤字で「再発行」と余白にゴム印を押すのを忘れずに。

宛名の「上様」は避ける
「上様」と記載するのは避けます。領収書は会社がお金を受取ったことを証明するもののため、誰から取ったかはとても大切です。

印紙の貼付と消印
5万円以上の場合は印紙税がかかります。必ず貼った印紙と領収書用紙にまたがるように消印を押します。適当な印鑑が無いときは、ボールペンなど消えないインクで斜線やサインを書きます。

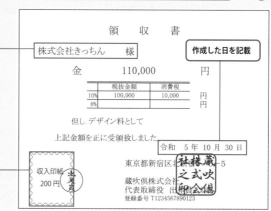

作成した日を記載

領　収　書

株式会社きっちん　様

金　　110,000　　円

	税抜金額	消費税	
10%	100,000	10,000	円
8%			円

但し、デザイン料として

上記金額を正に受領致しました

令和　5 年 10 月 30 日

東京都新宿区北新宿○-○-5
蔵吹倶株式会社
代表取締役 出吹蔵蔵
登録番号 T1234567890123

収入印紙
200 円

● 領収書の印紙税

「機械装置代金 220 万円」だけの場合の印紙代は 600 円になってしまう。

消費税が明示されていれば税抜き金額に応じた印紙を貼ります。
※適格請求書発行事業者である必要はありませんが、課税事業者に限ります。免税事業者は税込金額に応じた印紙を貼ります。

領収書の印紙税額表

記載金額	税額
5 万円未満のもの	非課税
100 万円以下のもの	200 円
200 万円以下のもの	400 円
300 万円以下のもの	600 円
500 万円以下のもの	1,000 円
1,000 万円以下のもの	2,000 円

消費税の記載のしかた

機械装置代金 220 万円、税抜き金額 200 万円、消費税等 20 万円

機械装置代金 220 万円、税抜き金額 200 万円

機械装置代金 220 万円うち消費税等 20 万円

機械装置代金 200 万円、消費税等 20 万円、合計 220 万円

▼

いずれも印紙は 400 円でよい

memo 取引先と互いに代金を支払う必要がある場合に一部を相殺して残額を現金で精算するときがあります。この際に発行される領収書を特に相殺領収書と呼びます。

Section 18 | 消費税とインボイス制度

基本は消費税の申告に関わる制度だけど、日々の書類や会計処理に影響があるのだ。

ここだけ Check!

☑ インボイスに決まった様式はなく、記載事項のみ決められている。

☑ 消費税の端数処理は税率ごとに1回のみ。

☑ 適格請求書発行事業者になるかどうかは、自社の業種などにより判断が必要になる。

基本的に課税事業者は対応が必須

2023年10月よりインボイス制度が開始されます。消費税の課税事業者が発行する請求書や領収書などに決められた事項を記載する必要があり、これらの書類を**インボイス（適格請求書）** と呼びます。また、記載事項が追加されるほか、インボイスに対応した仕訳処理が必要になり、日常の経理業務にも影響を与えます。課税事業者がインボイスを発行するには、事前に**適格請求書発行事業者**への登録が必要です（P.148とP.149のmemo参照）。

これまで課税売上が年間1,000万円以下で消費税が免除された事業者であっても取引先との関係などからあえて適格請求書発行事業者の登録を受けることもあります。選択後は課税事業者としてインボイスの発行と経理処理が必要です。

取引先の対応度合いで経理処理にも大きな影響が

自社のインボイス発行以外にも、取引先がインボイスに対応しているかが経理処理へ影響を与えます（→P.150）。取引先からインボイスを受け取れないと、原則として消費税の計算上、取引先に支払った消費税分の控除が受けられず、納税する消費税が増加してしまいます。したがって、取引金額を決める際は、インボイスの発行の有無を確認します。また、既存の取引先に対して、インボイスを発行しないことを理由に、消費税分の値下げや取引停止を一方的に押し付けることは下請法などへの違反となるおそれがあります。インボイス後の契約条件は、お互いが納得できる丁寧な交渉が必要です。

経理

人事

総務・他

●インボイスの概要

① 税務署に登録をした事業者（適格請求書発行事業者）のみ発行できる書類

② 取引先からインボイスが受け取れないと、消費税の計算上、原則として支払った消費税分の控除が受けられず、納税する消費税が増加する（経過措置あり）

③ 課税事業者の取引先からインボイスの発行を依頼されたら、発行する義務がある

④ 後から値引き、返品、割戻しをしたときには、返還インボイスを発行する

⑤ 決められた様式はなく、記載すべき事項が決められている（→ P.148）

⑥ インボイスの発行は紙でもデータでも構わない

これまで免税事業者だった事業者には②が大問題。いままでの請求書でも消費税の請求は可能だけど、取引先は消費税の申告時に原則としてこの分を控除できないので、値引きや取引自体を断られる可能性も。

Column

適格請求書発行事業者になるべきか

　前々事業年度の消費税のかかる売上（課税売上）が 1,000 万円を超える会社は、消費税の課税事業者とされ、基本的に適格請求書発行事業者の登録を受けます。売上（課税売上）が 1,000 万円以下で免税事業者になる場合には、事業内容などにより適格請求書発行事業者の登録を受けるかどうか検討します。

　たとえば、取引先が事業者でない場合（消費者の場合）だと、取引先が消費税の申告をしないためインボイスの発行を求められません。したがって、適格請求書発行事業者の登録は不要で、いままでと同じ請求書で請求して問題ありません。

　また、適格請求書発行事業者は消費税の申告が必須ですが、消費税の申告をする手間との兼ね合いで、あえて登録を受けずに消費税分の値引きを受け入れる方が有利なこともあります。

●インボイス作成のポイント

①様式はなく、記載事項のみが決められている

インボイスには決められた様式はなく、記載すべき事項だけが決められています。それらがもれなく記載してあればインボイスとして認められます。多くの項目は従来の請求書や領収書にも記載されているので、欠けている必要事項を追加で記載することで足ります。

②消費税の端数処理は1つのインボイスで税率ごとに1回のみ行える

インボイスに記載する消費税には細かい決まりがあり、1つのインボイスに記載する消費税は、税率ごとに1回のみ端数処理が認められます。たとえば商品の種類ごとに金額を記載する場合、商品の種類ごとに消費税を計算して、その合計を消費税とすることはできず、まず商品金額の合計（税抜金額でも税込金額でも可）を出し、それに対して消費税を計算します。

③不特定多数の顧客が対象の場合は一部を簡略化できる

小売業、時間貸駐車場業その他不特定多数の者に、氏名や名称を確認せずに商品やサービスを提供する事業者は、インボイスの記載事項を一部簡便な記載とすることができます（簡易インボイス）。

●インボイスの記載事項

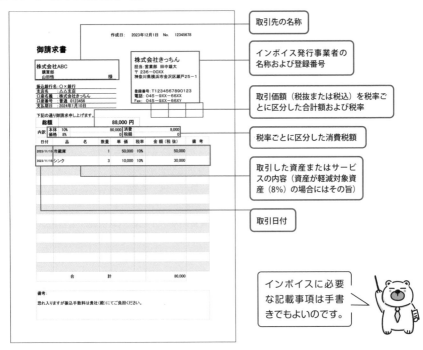

memo > 2023年10月1日から適格請求書発行事業者の登録を受けるには2023年9月30日までに申請が必要。

●返還インボイスの記載事項

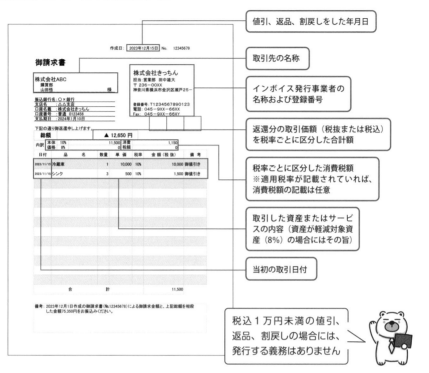

値引き、返品、割戻しをした年月日

取引先の名称

インボイス発行事業者の名称および登録番号

返還分の取引価額（税抜または税込）を税率ごとに区分した合計額

税率ごとに区分した消費税額
※適用税率が記載されていれば、消費税額の記載は任意

取引した資産またはサービスの内容（資産が軽減対象資産（8%）の場合にはその旨）

当初の取引日付

税込1万円未満の値引き、返品、割戻しの場合には、発行する義務はありません

●消費税のしくみ

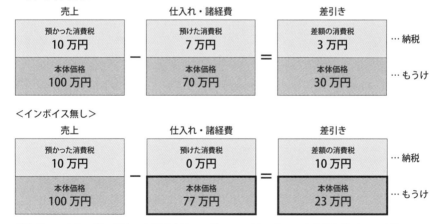

＜インボイスあり＞

売上		仕入れ・諸経費		差引き	
預かった消費税 10万円	−	預けた消費税 7万円	=	差額の消費税 3万円	… 納税
本体価格 100万円		本体価格 70万円		本体価格 30万円	… もうけ

＜インボイス無し＞

売上		仕入れ・諸経費		差引き	
預かった消費税 10万円	−	預けた消費税 0万円	=	差額の消費税 10万円	… 納税
本体価格 100万円		本体価格 77万円		本体価格 23万円	… もうけ

消費税は、売上に係る預かった消費税から、仕入れに係る預けた消費税を差引いて計算します。

消費税を差引かないと、消費税の納税が増え、その分もうけも減ります。

> **memo**　免税事業者が2023年10月2日以降に適格請求書発行事業者になるためには、登録希望日の15日前までに申請すると登録番号を取得できる経過措置があります。

Section 19 │ インボイスの経理処理

問題はインボイスがない取引の処理なのです。

ここだけ Check!
- ☑ インボイスが無いと原則として、消費税を控除できない。
- ☑ インボイスが無くても控除できる取引や経過措置がある。
- ☑ 経過措置適用時の仕訳に注意が必要。

基本的な処理の流れは変わらない

インボイス導入後も基本的な経理処理の流れは大きく変わりません。とくに消費税の免税事業者や簡易課税で申告している会社は、これまでと同じ処理で問題がありません。適格請求書発行事業者も基本的に税込金額で会計ソフトに仕訳を入力して自動で税抜処理をしていけば問題ありませんが、インボイスが発行されない取引の入力に注意が必要になります。

インボイスが無い取引では条件により消費税の控除割合が違う

インボイスが無い取引は原則として消費税を控除できなくなりますが、一定の期間は特例があり、2023年10月から当初3年間は消費税分の8割を、その後の3年間は5割を、消費税の計算上控除を受けることができます。したがって、インボイスが受取れない取引を同じ金額で継続すると、当初3年間は消費税分の2割相当、その後3年間は消費税分の5割相当の負担増となります。

また、**前々事業年度の課税売上が1億円以下、または前事業年度の当初6か月間の課税売上が5,000万円以下**の会社では、税込み1万円未満の取引はインボイス無しでも（免税事業者との取引でも）消費税分を控除できます。日常的な諸経費の多くが含まれ、1万円以上の取引のみインボイスに注意すればよくなります。この特例は、2023年10月から2029年9月までの取引が対象です。

そのほか、右ページのインボイスの発行が免除されている取引は、インボイスが無くても消費税分の全額を控除できます。

●インボイスが無い取引の消費税分の控除割合の特例

2029 年（令和 11 年）までの経過措置

2023 年 10 月から 2026 年 9 月までの取引	消費税分の 80％を控除可
2026 年 10 月から 2029 年 9 月までの取引	消費税分の 50％を控除可
2029 年 10 月以降の取引	消費税分の控除不可

少額特例（2029 年 9 月まで）

・前々事業年度の課税売上が 1 億円以下または前事業年 　度の当初 6 か月間の課税売上が 5,000 万円以下の会社 ・税込み 1 万円未満の取引	消費税分を全額控除可

> どちらも当面の税負担や
> 作業負担を減らすことを
> 目的とした時限措置だ。

●インボイスが無くても消費税が控除できる取引

公共交通機関	1 取引あたり税込み 3 万円未満の鉄道、バス、船舶による旅客の輸送が対象。 特急料金や寝台料金も対象だが、入場料や手回品料金は対象外。飛行機は対象外。 ※ 1 取引あたりのため、4 人分の乗車券 5 万円をまとめて買った場合は対象外、 　2 人分の乗車券 2 万 5,000 円を 2 回に分けて買った場合は対象。
自動販売機	1 取引あたり税込み 3 万円未満の自動販売機や自動サービス機による商品やサービスの購入が対象。自動サービス機には、ATM や貸ロッカーが含まれますが、飲食店の券売機やコインパーキングの精算機などは商品やサービスを購入するものではなく、単なる料金の精算でしかないため対象外。
出張旅費等	従業員に支給する出張旅費、宿泊費、日当および通勤手当が対象。実費精算、旅費規程などによる精算のいずれも対象。 ※従業員に支給せず、会社のクレジットカードで支払先に直接払うものは対象外。
回収される 入場券	展示会、博覧会などいったん簡易インボイスが発行されるが、それが入場券として回収されるもの。

●インボイスの取り扱いで注意したい実務上のポイント

立替金	たとえば、B社にC社に対する立替金を支払ってもらい、後で自社とB社で実費を精算する場合には、原則としてB社が発行する立替金精算書と、C社からB社に発行されたインボイスのコピーを受取ります。
口座振替家賃の支払い	月々請求書が発行されない家賃の支払いでは、複数の書類でインボイスの記載事項が確認できれば問題ありません。たとえば、当初の賃貸借契約書で、家主と借主（自社）の名称、月額家賃、税率、消費税額、登録番号が記載されていれば、通帳の口座振替日の記載と合わせてインボイスとすることが可能です。既存の契約書に記載事項が不足しているときは、登録番号等の通知を別途受取ります。
会計ソフトの入力	インボイスになっても税込金額を入力し、会計ソフトに自動で消費税額を計算させても基本的に問題ありません。消費税の申告で「積上げ計算」を使う場合は、インボイスに記載されたとおりに消費税も入力する必要があります。なお、積上げ計算は、スーパーマーケットなど少額の代金を多くの回数受取る業種で使われることがある消費税の計算方法です。

●経過措置適用時のインボイスが無い取引の仕訳例

● 8割控除の期間（2023年10月〜2026年9月）

（借方）事務用品費　　　　10,200　　（貸方）現金　　　　　　　　11,000
　　　　仮払消費税　　　　　　800
　　　　　　　　　　→11,000円×（10%×80%）÷110%

消費税率　　特例の割合

（借方）消耗品費　　　　296,728　　（貸方）預金　　　　　　　320,000
　　　　仮払消費税　　　23,272
　　　　　　　　　　→320,000円×（10%×80%）÷110%

消費税率　　特例の割合

→30万円未満のため、経費処理が可能

（借方）交際費（少額）　　4,869　　（貸方）現金　　　　　　　　5,250
　　　　仮払消費税　　　　　381
　　　　　　　　　　→5,250円×（10%×80%）÷110%

消費税率　　特例の割合

→5,000円以下のため、少額飲食での処理が可能

経理

人事

総務・他

● 5割控除の期間（2026年10月～2029年9月）

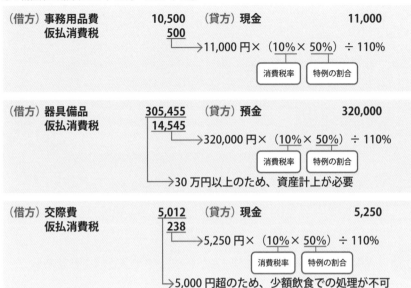

（借方）事務用品費　　　10,500　　　（貸方）現金　　　　　　11,000
　　　　仮払消費税　　　　 500
　　　　　　　　　　　→11,000円×（10%×50%）÷110%
　　　　　　　　　　　　　　　　消費税率　　特例の割合

（借方）器具備品　　　305,455　　　（貸方）預金　　　　　　320,000
　　　　仮払消費税　　 14,545
　　　　　　　　　　　→320,000円×（10%×50%）÷110%
　　　　　　　　　　　　　　　　消費税率　　特例の割合
　　　　　　　　→30万円以上のため、資産計上が必要

（借方）交際費　　　　　 5,012　　　（貸方）現金　　　　　　 5,250
　　　　仮払消費税　　　　 238
　　　　　　　　　　　→5,250円×（10%×50%）÷110%
　　　　　　　　　　　　　　　　消費税率　　特例の割合
　　　　　　　　→5,000円超のため、少額飲食での処理が不可

●特例終了後の期間（2029年10月以降）

（借方）事務用品費　　　11,000　　　（貸方）現金　　　　　　11,000
　　　　請求金額全額を費用として計上し仮払消費税は計上されない

（借方）器具備品　　　 320,000　　　（貸方）預金　　　　　　320,000
　　　　30万円以上のため、資産計上が必要

（借方）交際費（少額）　 5,250　　　（貸方）現金　　　　　　 5,250
　　　　5,000円超のため、少額飲食での処理が不可

Section

20 | 仕訳入力のポイント

日常の仕訳やちょっとしたときに使う仕訳の知識をまとめたものなのだ。

ここだけ
Check! ー

☑ 取引の種類ごとに会計データを入力するタイミングがある。

☑ 会計データの入力では4つの情報を忘れない。

仕訳は取引の種類ごとに決まったタイミングで入力すると効率的

ここではよく出てくる仕訳例を元に仕訳入力と実務上のポイントをまとめます。なお、会計ソフトを使用していることを前提としています。

現金と預金に関するデータの入力は、現金や預金の出入りが終わってから日々行います。掛売上に関するものは請求書発行日に、掛仕入に関するものは請求書を受取るつど、小切手や手形は振出し・受取りのつど行います。

入力は領収書、預金通帳、請求書などをもとに行います。手書きで入出金伝票や振替伝票を書いてから、それをもとに入力する方法が伝統的ですが、手間としては増えてしまいます。特に問題なければ直接入力した方が合理的です。

会計ソフトがチェックしない項目に気を付けて入力する

会計データの入力では、①日付、②取引先名、③金額、④取引内容の4つの情報が必須です。日付と金額の入力もれは会計ソフトがチェックしますが、取引先名や取引内容は意識しないともれてしまうので注意します。特に「取引内容」は、何を入力するか迷いますが、個々の商品名までは不要で一般的な総称で充分です。また、上記以外には消費税の扱いが重要です。取引の中に消費税がかかるものとかからないものが混在するときは両者を分けて入力します。

現金出納帳や預金出納帳などの入力画面を持つ会計ソフトでは、入力したデータがそのまま仕訳として処理されるため、同じデータを振替伝票形式で再入力する必要はありません。

経理

人事

総務・他

●定型的な仕訳を入力するには

定期的な取引に関する仕訳は、すべて会計ソフトへ登録します。たとえば水道光熱費で、摘要に「東京電力　○月度　電気料」などと入れておけば、日付、金額、○月度を入力するだけで仕訳の登録が完了します。この方法によると補助科目の選択ミスや消費税の入力ミスが無くなります。また、摘要が毎回定型文となり後から見やすく検索もしやすい利点もあります。

仕訳例　東京電力より10月度の電気代11,000円がA銀行の普通預金より引き落としがあった。

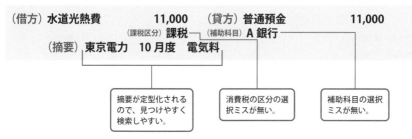

●預金～預金利息の受取り（→ P.72）

普通預金の預金利息には所得税が課税されます。入金された金額はすでに所得税が差引かれているため、仕訳を起こすときには入金された金額から所得税額を求めて、法人税等の科目に税額を計上する必要があります。

仕訳例　A銀行の普通預金に利息100円が入金された。

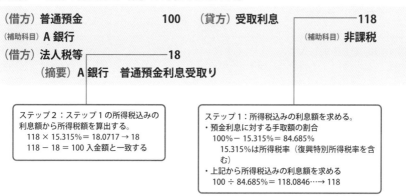

●売掛金～一般的な売掛金の発生と回収（→ P.88,90）

●掛売上の計上時
仕訳例 B商店に対する10月分の掛売上100,000円を計上した。

（借方）**売掛金**	**100,000**	（貸方）**売上高**	**100,000**
（補助科目）**B商店**			（課税区分）**課税**
（摘要）**令和5年10月分**			

●売掛金の回収で振込手数料が自社負担の場合
仕訳例 B商店より売掛金100,000円から振込手数料216円を差引かれ、99,784円がA銀行の普通預金へ振込まれた。

（借方）**普通預金**	**99,784**	（貸方）**売掛金**	**100,000**
（補助科目）**A銀行**		（補助科目）**B商店**	
（借方）**支払手数料**	**216**		
（課税区分）**課税**			
（摘要）**掛け代金回収　令和5年10月分　B商店　振込手数料**			

取引先への請求額と振込額との差額。

取引先への請求額。

●売掛金～決算締め後の処理（→ P.265）

●締め後の売上計上
仕訳例 決算にあたり、B商店に対する締め後の売上（3月21日～3月31日分）5,000円を計上する。

（借方）**売掛金**	**5,000**	（貸方）**売上高**	**5,000**
（補助科目）**B商店**			（課税区分）**課税**
（摘要）**締め後売上**			

●締め後の売上の戻し入れ
仕訳例 前期に計上したB商店に対する締め後の売上（3月21日～3月31日分）5,000円を戻し入れる。

（借方）**売上高**	**5,000**	（貸方）**売掛金**	**5,000**
（課税区分）**課税**		（補助科目）**B商店**	
（摘要）**締め後売上の戻し入れ**			

前期に計上した締め後売上は全額を戻し入れる。その上であらためて当期分を計上する。

経理

人事

総務・他

●商品の洗替え処理 （→ P.267）

仕訳例 決算時に前期末における商品 40,000 円を戻し入れ、当期末における商品 39,000 円を計上します。

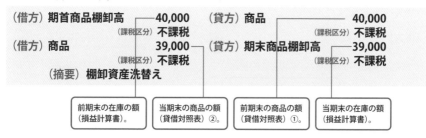

（借方）**期首商品棚卸高**	**40,000**	（貸方）**商品**	**40,000**
（課税区分）**不課税**		（課税区分）**不課税**	
（借方）**商品**	**39,000**	（貸方）**期末商品棚卸高**	**39,000**
（課税区分）**不課税**		（課税区分）**不課税**	
（摘要）**棚卸資産洗替え**			

前期末の在庫の額（損益計算書）。	当期末の商品の額（貸借対照表）②。	前期末の商品の額（貸借対照表）①。	当期末の在庫の額（損益計算書）。

※洗替え処理により、商品という貸借対照表の科目の金額が、前期末の金額40,000円から当期末の金額39,000円に修正されます。

当期末の商品の額 ＝ 前期末の商品の額 －　①　＋　②
39,000 ＝ 40,000 － 40,000 ＋ 39,000

※洗替え処理により、前期末に繰越された商品40,000円（期首商品棚卸高）が当期の経費となり、翌期に繰越された商品39,000円（期末商品棚卸高）が当期の経費から除かれます。

●外貨建取引 （→ P.274）

●取引発生時

仕訳例 Ｆカンパニーより材料 1,000,000 円（10,000 ドル、100 円／ドル）を輸入した（輸入に係わる輸入消費税、関税、諸経費は考慮しない）。

（借方）**仕入高**	**1,000,000**	（貸方）**買掛金**	**1,000,000**
（課税区分）**不課税**		（補助科目）**Ｆカンパニー**	
（摘要）**令和 5 年 10 月分 Ｆカンパニー　材料輸入**			

取引日の為替レート。

●代金支払時

仕訳例 Ｆカンパニーへ材料代 1,050,000 円（10,000 ドル、105 円／ドル）を A 銀行の普通預金より海外送金した。

（借方）**買掛金**	**1,00,000**	（貸方）**普通預金**	**1,050,000**
（補助科目）**Ｆカンパニー**		（補助科目）**A 銀行**	
（借方）**為替差損**	**50,000**		
（課税区分）**不課税**			
（摘要）**Ｆカンパニー　掛け代金支払い**			

為替レートの差額。

●固定資産〜設備取得時の処理 （→ P.108）

仕訳例 C商事より商品包装用の機械1,000,000円を購入し、Dメンテナンスへ据付工事100,000円を依頼した。いずれもA銀行の普通預金より振込んだ。

●購入代金支払時

（借方）機械装置	1,000,000	（貸方）普通預金	1,000,000
	（課税区分）**課税**	（補助科目）**A銀行**	
（摘要）**C商事　商品包装用機械**			

●据付費支払時

> 付随費用も取得価額に含める。

（借方）機械装置	100,000	（貸方）普通預金	100,000
	（課税区分）**課税**	（補助科目）**A銀行**	
（摘要）**Dメンテナンス　商品包装用機械据付工事代**			

●固定資産〜資本的支出の処理 （→ P.120）

設備の価値を高めたり、使用期間を延ばす投資は元の設備と同じ種類、同じ耐用年数のものを新たに取得したものとして処理します。ただし、取得日は元の設備とは異なり、その新たに投資をした日となります。

仕訳例 本社会議室を応接室へ模様替えをし、Dメンテナンスへ代金2,500,000円を支払う予定である。

（借方）建物	2,500,000	（貸方）未払金	2,500,000
	（課税区分）**課税**	（補助科目）**Dメンテナンス**	
（摘要）**Dメンテナンス　模様替え工事代**			

元	建物	耐用年数22年	取得日 H18.10.9（旧定額法）
投資	建物	耐用年数22年	取得日 R5.3.31（新定額法）

●固定資産〜減価償却費の計上 （→ P.112）

> 誤って課税としやすいので注意。

仕訳例 期末に車両運搬具の減価償却費300,000円を計上した。

●直接法

（借方）減価償却費	300,000	（貸方）車両運搬具	300,000
	（課税区分）**不課税**		（課税区分）**不課税**
（摘要）**減価償却費の計上　車両運搬具**			

●間接法

（借方）減価償却費	300,000	（貸方）減価償却累計額	300,000
	（課税区分）**不課税**		
（摘要）**減価償却費の計上　車両運搬具**			

●固定資産〜設備の除却の処理 （→ P.120）

いずれも期首から除却日までの減価償却費は計上しません。

仕訳例 車両運搬具（取得価額 2,000,000 円、期首減価償却累計額 1,800,000 円）を期中に E モーターに依頼し廃車とした（下取り代や諸経費の精算などは考慮しない）。

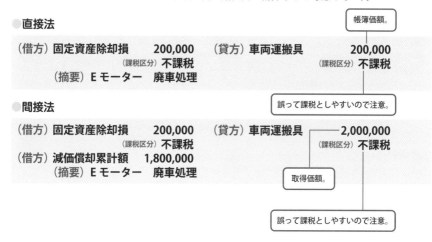

●直接法

（借方）固定資産除却損　　200,000　　　（貸方）車両運搬具　　　　200,000
　　　（課税区分）**不課税**　　　　　　　　　　　　（課税区分）**不課税**
　　　（摘要）E モーター　廃車処理

帳簿価額。

誤って課税としやすいので注意。

●間接法

（借方）固定資産除却損　　200,000　　　（貸方）車両運搬具　　2,000,000
　　　（課税区分）**不課税**　　　　　　　　　　　（課税区分）**不課税**
（借方）減価償却累計額　1,800,000
　　　（摘要）E モーター　廃車処理

取得価額。

誤って課税としやすいので注意。

●固定資産〜設備の売却の処理 （→ P.120）

いずれも期首から売却日までの減価償却費は計上しません。

仕訳例 車両運搬具（取得価額 2,000,000 円、期首減価償却累計額 1,800,000 円）を期中に E モーターに 100,000 円で売却した（諸経費の精算などは考慮しない）。

●直接法

（借方）固定資産売却損　　100,000　　　（貸方）車両運搬具　　　　200,000
　　　（課税区分）**不課税**　　　　　　　　　　　（課税区分）**不課税**
（借方）普通預金　　　　　100,000
（補助科目）A 銀行
　　　（摘要）E モーター　車両売却

帳簿価額。

誤って課税としやすいので注意。

●間接法

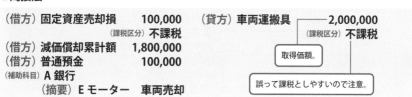

（借方）固定資産売却損　　100,000　　　（貸方）車両運搬具　　2,000,000
　　　（課税区分）**不課税**　　　　　　　　　　　（課税区分）**不課税**
（借方）減価償却累計額　1,800,000
（借方）普通預金　　　　　100,000
（補助科目）A 銀行
　　　（摘要）E モーター　車両売却

取得価額。

誤って課税としやすいので注意。

● 借入金 （→ P.76）

● 借入時

必ずしも借入総額が振込まれるのではなく、諸経費などが差引かれていることに注意します。

仕訳例 A 銀行と借入総額 10,000,000 円、借入期間 5 年の金銭消費貸借契約書を締結した。その際、収入印紙 10,000 円と融資手数料 5,000 円が差引かれ、9,985,000 円が A 銀行の普通預金に振込まれた。

（借方）**普通預金**	9,985,000	（貸方）**長期借入金**	10,000,000
（補助科目）A 銀行		（補助科目）A 銀行	融資総額。
（借方）**租税公課**	10,000	印紙代。	
（課税区分）**不課税**			
（借方）**支払手数料**	5,000	融資手数料。	
（課税区分）**課税**			

（摘要）A 銀行　証書借入　契約書印紙代　融資手数料

● 返済時

返済額のうち元本部分と利息部分を返済予定表などで確認します。

仕訳例 第 1 回返済金 183,000 円（元本部分 166,666 円、利息部分 16,334 円）を A 銀行普通預金より返済した。

（借方）**長期借入金**	166,666	（貸方）**普通預金**	183,000
（補助科目）A 銀行		（補助科目）A 銀行	
（借方）**支払利息**	16,334		
（課税区分）**非課税**			

（摘要）A 銀行　借入金返済（1/60）　　返済回数 60 回のうち第 1 回目

● 給与～支給時 （→ P.170）

支給日で仕訳を行います。社会保険、労働保険（雇用保険分）、所得税、住民税の差引き分に注意する。

仕訳例 8 月 5 日に給与 1,000,000 円から社会保険料（従業員負担分）14,000 円、雇用保険料（従業員負担分）4,000 円、所得税 10,000 円、住民税 5,000 円を差引き、967,000 円を A 銀行の普通預金より振替えた。

（借方）**給与**	1,000,000	（貸方）**普通預金**	967,000
（課税区分）**不課税**		（補助科目）A 銀行	
		（貸方）**預り金**	14,000
基本的に預かった月末に会社負担分と合わせて納付するもの。		（補助科目）**社会保険料**	
		（貸方）**立替金**	4,000
		（補助科目）**雇用保険料**	
雇用保険料は毎年会社が概算で前払いしているため立替金を使う。		（貸方）**預り金**	10,000
		（補助科目）**所得税**	
		（貸方）**預り金**	5,000
		（補助科目）**住民税**	

（摘要）8 月支給従業員給与

●給与～社会保険料、所得税、住民税の納付 （→ P.176,178,184）

◎社会保険料納付時（給与支払月の月末）

仕訳例 給与から差引いた社会保険料 14,000 円と会社負担分 14,100 円の合計 28,100 円が 8 月 31 日に合わせて A 銀行の普通預金から引落とされた。

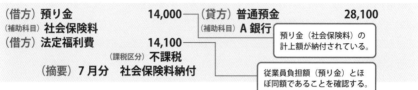

（借方）**預り金** 14,000 ——（貸方）**普通預金** 28,100
（補助科目）**社会保険料** （補助科目）**A 銀行**
（借方）**法定福利費** 14,100
（課税区分）**不課税**
（摘要）**7 月分 社会保険料納付**

> 預り金（社会保険料）の計上額が納付されている。

> 従業員負担額（預り金）とほぼ同額であることを確認する。

◎所得税納付時（給与支払月の翌月 10 日）

仕訳例 給与から差引いた所得税 10,000 円を 9 月 10 日に A 銀行の普通預金から納付した。

（借方）**預り金** 10,000 ——（貸方）**普通預金** 10,000
（補助科目）**所得税** （補助科目）**A 銀行**
（摘要）**8 月支給分 所得税納付**

> 預り金（所得税）の計上額が納付されている。

◎住民税納付時（給与支払月の翌月 10 日）

仕訳例 給与から差引いた住民税 5,000 円を 9 月 10 日に A 銀行の普通預金から納付した。

（借方）**預り金** 5,000 ——（貸方）**普通預金** 5,000
（補助科目）**住民税** （補助科目）**A 銀行**
（摘要）**8 月支給分 住民税納付**

> 預り金（住民税）の計上額が納付されている。

●経過勘定 （→ P.270）

決算で経過勘定を計上した際は、翌期決算時に反対仕訳で消します。

◎当期決算時

仕訳例 決算時に翌月分の事務所家賃 100,000 円を前払費用へ振替えた。

（借方）**前払費用** 100,000 （貸方）**支払家賃** 100,000
（課税区分）**課税**
（摘要）**翌期分事務所家賃振替え**

◎翌期決算時

仕訳例 前期末に前払費用へ振替えた分を当期末に支払家賃に戻入れた。

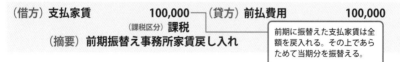

（借方）**支払家賃** 100,000 ——（貸方）**前払費用** 100,000
（課税区分）**課税**
（摘要）**前期振替え事務所家賃戻し入れ**

> 前期に振替えた支払家賃は全額を戻入れる。その上であらためて当期分を振替える。

●消費税〜税込経理 （→ P.284）

●中間納付時

仕訳例 消費税の中間納付額 600,000 円を A 銀行の普通預金から納付した。

（借方）租税公課	600,000	（貸方）普通預金	600,000
（課税区分）**不課税**		（補助科目）**A 銀行**	
（摘要）**消費税中間納付**			

●期末決算時

仕訳例 消費税の確定納付額 700,000 円を未払い計上した。

（借方）租税公課	700,000	（貸方）未払消費税	700,000
（課税区分）**不課税**			
（摘要）**消費税確定納付額未払い計上**			未払い計上額。

●消費税〜税抜経理 （→ P.284）

●中間納付時

仕訳例 消費税の中間納付額 600,000 円を A 銀行の普通預金から納付した。

（借方）**仮払税金**	600,000	（貸方）**普通預金**	600,000
（補助科目）**消費税**		（補助科目）**A 銀行**	
（摘要）**消費税中間納付**			

●期末決算時

仕訳例 消費税の確定納付額 700,000 円を未払い計上した。その際、仮受消費税 2,798,000 円と仮払消費税 1,498,200 円と仮払税金 600,000 円との差額 200 円を雑損失に計上した。

（借方）**仮受消費税**	2,798,000	（貸方）**仮払消費税**	1,498,200
（借方）**雑損失**	200	（貸方）**仮払税金**	600,000
（課税区分）**対象外**		（補助科目）**消費税**	
		（貸方）**未払消費税**	700,000
（摘要）**消費税確定納付額未払い計上**			

貸借差額（消費税は対象外）。

中間納付額。

未払い計上額。

経理

人事

総務・他

日常的に行う
人事関連の事務

Section
01 | 給与計算の流れを
つかもう

給与計算のスケジュール

1 支給項目の計算
給与の締め日の翌日から
給与支払日の3日前まで

残業手当は残業時間の集計、
時間単価を計算。その他の項
目も金額の変動などを確認

> P.166,168

2 社会保険料の確認
雇用保険料の計算
給与支払日の3日前まで

社会保険料は随時改定の
有無の確認、雇用保険料
は基本的に毎回計算

> P.170

3 所得税の計算
給与支払日の3日前まで
（丙欄は日々計算）

甲欄／乙欄／丙欄の区分
にしたがって源泉徴収税
額表で計算

> P.172

4 住民税の確認
給与支払日の3日前まで

特別徴収税額通知書を確
認

> P.172

5 給与明細書の作成および
源泉徴収簿の作成
給与支払日の前日まで

給与明細書は全員へ交付
する必要がある

> P.174

6 給与の支払い
給与支払日もしくはその数日前

振込みの場合は期日に間に
合うように手続きする

> P.174

経理

人事

総務・他

　給与を支払う際には総支給額の計算だけではなく、そこから差引く社会保険料、雇用保険料、所得税および住民税も計算・確認しなくてはなりません。支払日に間に合うようにこれらの計算・確認を正確に行うことが重要です。

　給与の計算にあたっては、まず就業規則（→P.44）と給与規程を確認します。これらの書類が無い場合は上司などに確認し、労働条件通知書（→P.306）など計算の根拠が記載された書類を入手しましょう。残業手当がある場合には、残業時間の集計を行わなければなりません。また、法定時間外労働や休日労働など割増率の確認も必要です。通常、給与は前回の締め日の翌日から今回の締め日までと期間を区

memo > 社会保険料や所得税などの計算方法はほぼ毎年変わります。年金事務所や税務署などからお知らせが来たら必ず一度は目を通すようにします。

給与計算の概要

- ☐ **対象者** 役員、従業員、パート、アルバイトなど
- ☐ **作成する書類** 給与明細書、源泉徴収簿
- ☐ **確認する書類** 就業規則、出勤簿、標準報酬月額決定通知書、標準報酬月額表、
  雇用保険料率表、源泉徴収税額表、特別徴収税額通知書など
- ☐ **作業の時期** 給与の締め日の翌日から支払日まで

給与明細書には決まった
形はないんだ。手書き
のものもあれば、パソ
コンの給与計算ソフトで
作成するものもあるぞ。

切って支給します。支払日が休日のときは、通常その前日に支払いもしくは前銀行営業日に着金するようにします。

　給与の支払方法は、月給、日給、時給などさまざまです。また、給与を支給する相手も、いわゆる正社員のほかパートやアルバイトなどいろいろ。これらの組合わせに社会保険や労働保険の取扱いなども含めると給与計算は非常に複雑なものとなります。特にパートやアルバイトは取扱いが難しいうえ、雇用期間が過ぎれば連絡が取れなくなることも多く、後で間違いに気付いても手遅れになりがちです。

　ちなみに基本的なこととして、給与に関する情報は取扱いを慎重にしなければなりません。他の従業員に覗かれたりしないように、作業場所を選び、離席時にも書類を机の上に置きっぱなしにしないように注意してください。

Section
01₋1

給与計算①
給与計算の基礎知識

給与の支給項目と控除項目は会社により大きく
異なるのでしっかり確認しよう。

ここだけ
Check!

✓ 給与の支払いは賃金支払い5原則に従って行う。

✓ 法律で決められた項目以外を控除するときは、会社と従業員の代表者による
労使協定が必要。

賃金支払い5原則（労働基準法）とは

① **通貨払い**：現金で払う。自社商品などは認められない。

② **直接払い**：本人に払う。学生バイトにも親ではなく本人へ。

③ **全額払い**：資金繰りなどで一部を来月以降の支給に回してはいけない。
会社が社員旅行の積立金などを勝手に差引いてはいけない。

④ **毎月1回以上払い**：2か月ごとの支給などは認められない。

⑤ **一定期日払い**：期日を特定する。「毎月最終金曜日」などは認められない。

口座振込については、本人の同意をとり、本人が指定する本人の口座で、支
払日の午前10時までに引き出せることなどの条件を満たせば認められます。

▶同意書の様式例が公開されています。 https://www.mhlw.go.jp/content/11200000/001017091.pdf

給与の支給項目と控除項目

給与は、就業規則などの定めに従って、支給額が毎回同じ（固定）か変わる
（変動）かで、固定的給与と変動的給与に分かれます。変動的給与は支給のつど、
計算しなくてはなりません。よく支給されるものは右ページの表のとおりです。

給与は、労働基準法により原則として全額を支払うことになっています。た
だし、法律により一定のもの（右ページ参照）は給与から差引いても構いませ
ん。逆に、これ以外のものを会社が勝手に差引くことは禁止されており、差引
くためには会社と従業員の代表者であらかじめ労使協定を結び協定書を作成し
なくてはなりません（労働基準監督署への提出は不要）。

経理

人事

総務・他

給与明細書の構造

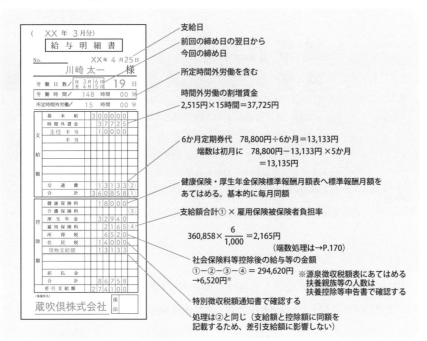

	支給日	
	前回の締め日の翌日から	
	今回の締め日	
	所定時間外労働を含む	
	時間外労働の割増賃金 2,515円×15時間＝37,725円	
	6か月定期券代 78,800円÷6か月＝13,133円 端数は初月に 78,800円－13,133円 ×5か月 ＝13,135円	
	健康保険・厚生年金保険標準報酬月額表へ標準報酬月額を あてはめる。基本的に毎月同額	
	支給額合計①×雇用保険被保険者負担率	

$$360,858 \times \frac{6}{1,000} = 2,165円$$

（端数処理は→P.170）

社会保険料等控除後の給与等の金額
①－②－③－④ ＝ 294,620円 ※源泉徴収税額表にあてはめる
→6,520円※　　　　　　　　　　扶養親族等の人数は
　　　　　　　　　　　　　　　　扶養控除等申告書で確認する

特別徴収税額通知書で確認する

処理は②と同じ（支給額と控除額に同額を
記載するため、差引支給額に影響しない）

給与の支給項目と控除項目

支給項目	説明
基本給 (固定)	ベースとなる給与。
役職手当 (固定)	特に部長や課長などの管理者に対して、職責および職務負担などに応じて支給される。
住宅手当 (固定)	住宅の維持に要する費用を補てんする目的で支給される。
家族手当 (固定)	家族の扶養に要する費用を補てんする目的で支給される。
通勤手当 (固定 / 変動)	職場への通勤に要する費用を補てんする目的で支給される。
時間外労働手当 (変動)	法定労働時間を超える労働に対して支給される。
深夜労働手当 (変動)	午後 10 時から午前 5 時までの深夜労働に対して支給される。
休日労働手当 (変動)	法定休日労働に対して支給される。

控除項目	説明
健康保険料	従業員の病気やけがへの給付などを目的とする健康保険の保険料。
厚生年金保険料	年金の支給などを目的とする厚生年金保険の保険料。
介護保険料	介護サービス提供を目的とする介護保険の保険料。40 〜 64 歳の従業員が対象。
雇用保険料	失業給付などを目的とする雇用保険の保険料。
所得税	月々は概算額を差引き、年末調整などで精算される。
住民税	前年度の所得にもとづき毎月同額を差引く。

> **memo** 着替えなどの準備時間、業務上義務付けられた研修なども労働時間となるため、残業時間の集計に注意します。

Section

01-2 給与計算② 残業手当と通勤手当の計算

毎月金額が変わる項目がある場合には、この計算が一番時間がかかるかも。

ここだけ Check!

- ✓ 残業手当の計算は細かいため1つずつ確実に進めるようにする。
- ✓ 残業時間の集計は効率よく集計できるように工夫する。
- ✓ 通勤手当は所得税が非課税となる上限が定められているだけで、支給額の上限ではない。

残業手当の計算方法

出勤簿やタイムカードなどで従業員の残業時間を集計します。残業時間のうち、**法定時間内労働、法定時間外労働、法定休日労働、深夜労働は、それぞれ区別**して集計しなければなりません。また、残業時間以外にも変動的な給与がある場合は、給与計算で一番時間がかかる部分でもあります。

残業手当を計算する際の残業時間にかける単価は、次のとおりです。法定労働時間を超える残業時間などは、時間単価に割増率（→右ページ）をかけます。

時間給※	時間給
日給※	日給÷1日所定労働時間数
月給	（基本給＋諸手当）÷月所定労働時間数

※時間給や日給のほかに手当がある場合には、その手当部分について右ページの「残業手当の計算（月給）」と同じくその手当の1時間あたりの金額を計算して1時間あたりの給与に加えます。

通勤手当の計算

通勤手当は源泉徴収税額表に当てはめる給与の金額には含めませんが、労働保険料を計算する際の給与の金額には含めます。ただし、源泉徴収で非課税となる通勤手当の金額は、通勤距離や通勤手段などの通勤条件により細かく上限が決められていることに注意しましょう。上限を超えた場合には、その超えた部分は所得税が課税されます（源泉徴収税額表に当てはめる給与の金額に含める）。

通勤手当や家族手当などは引越や出産があると変わるため該当する従業員については注意が必要なんだ。

経理

人事

総務・他

● 残業手当の計算（月給）

Step 1 基本給とそれに加える諸手当の確認

月所定労働時間数で割る給与の金額は、原則として基本給に諸手当を加えた金額となります。ただし、下記のような人によって異なる手当や実費弁償的なものは加えなくて構いません。
①家族手当、②通勤手当、③別居手当、④子女教育手当、⑤住宅手当、⑥臨時に支払われた賃金、⑦1か月を超えるごとに支払われる賃金
※これらの名称であれば除外できる訳ではなく、不明な場合は労働基準監督署に確認します。

Step 2 年間労働（休日）日数の計算

計算期間は、4月〜3月、1月〜12月、事業年度など会社によるため、不明の場合は上司に確認します。
年間の土日と祝日や夏季、年末年始などの休日の日数を合計します（毎年計算が必要です）。

Step 3 1日の所定労働時間を就業規則などで確認

Step 4 月所定労働時間を計算し、時間単価を計算

Step 5 割増率の確認

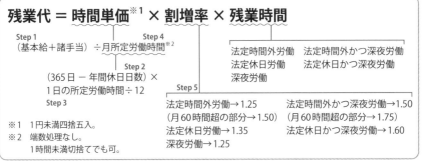

残業代 ＝ 時間単価※1 × 割増率 × 残業時間

Step 1
（基本給＋諸手当）÷ 月所定労働時間※2

Step 4

Step 2
（365日 − 年間休日日数）×
1日の所定労働時間 ÷ 12

Step 3

法定時間外労働　法定時間外かつ深夜労働
法定休日労働　法定休日かつ深夜労働
深夜労働

Step 5
法定時間外労働→1.25　　法定時間外かつ深夜労働→1.50
（月60時間超の部分→1.50）（月60時間超の部分→1.75）
法定休日労働→1.35　　　法定休日かつ深夜労働→1.60
深夜労働→1.25

※1　1円未満四捨五入。
※2　端数処理なし。
　　　1時間未満切捨てでも可。

※就業規則などで上記と異なる定めがある場合にはそちらに従います。

● 通勤手当の非課税限度額

区分		課税されない金額
1　交通機関または有料道路を利用している人に支給する通勤手当		1か月当たりの合理的な運賃等の額 （最高限度 150,000円）
2　自動車や自転車などの交通用具を使用している人に支給する通勤手当	通勤距離が片道 55Km 以上	31,600円
	通勤距離が片道 45Km 以上 55Km 未満	28,000円
	通勤距離が片道 35Km 以上 45Km 未満	24,400円
	通勤距離が片道 25Km 以上 35Km 未満	18,700円
	通勤距離が片道 15Km 以上 25Km 未満	12,900円
	通勤距離が片道 10Km 以上 15Km 未満	7,100円
	通勤距離が片道 2Km 以上 10Km 未満	4,200円
	通勤距離が片道 2Km 未満	（全額課税）
3　交通機関を利用している人に支給する通勤用定期乗車券		1か月当たりの合理的な運賃等の額 （最高限度 150,000円）
4　交通機関または有料道路を利用するほか、交通用具も使用している人に支給する通勤手当や通勤用定期乗車券		1か月当たりの合理的な運賃等の額と2の金額との合計額（最高限度 150,000円）

> **memo**　1か月の法定時間外労働、法定休日労働、深夜労働のそれぞれの合計に1時間未満の端数がある場合は、30分未満を切捨てて30分以上を1時間に切上げても構いません。

Section

01-3 給与計算③ 社会保険と雇用保険の計算

社会保険料は基本的に年1回の見直しだけど、
雇用保険料は総支給額で毎月変わるよ。

ここだけ
Check!

- ☑ 社会保険料は給与から差引いた月の月末に会社負担分と合わせて納付する。
- ☑ 雇用保険料は総支給額が変わるごとに計算が必要になる。
- ☑ 労災保険料は全額会社負担のため給与から差引かない。

 ## 差引く社会保険料の金額

　社会保険料は従業員（役員を含む）ごとに決められた**標準報酬月額**をもとに、標準報酬月額表で確認します。標準報酬月額は、昇給など固定給に変動が無い場合は年を通して変わらず、その金額は毎年9月中に「標準報酬月額決定通知書」により会社に通知されます。健康保険料率、介護保険料率、厚生年金保険料率はときどき改正されるため標準報酬月額表は最新のものを使います。

　社会保険料は給与から差引いた金額と会社負担分を合わせて前月分を当月末に納付します。これを翌月徴収といいます。一般的には、給与支払日に差引く従業員負担分の社会保険料は会社負担分と合わせて月末に納付します。たとえば、定時決定（→P.196）により9月分の社会保険料から金額が変わりますが、9月分の社会保険料は10月31日が納付期日なので、9月分は10月に支給する給与から差引きます（給与計算の締め日とは関係無い）。

雇用保険料と労災保険料の計算

　雇用保険料は社会保険料と違い、**総支給額が変わるごとに計算が必要**です。総支給額には通勤手当をはじめ各種手当を含みます。総支給額にかける被保険者負担率（従業員負担分）は会社の業種により異なるので、最初に雇用保険料率表で確認しておきます。総支給金額に被保険者負担率をかけて、50銭未満は切捨て、50銭以上は切上げます。**労災保険料**は従業員からは徴収せずに**全額会社負担**となるので、給与の支払いには関係ありません。

経理

人事

総務・他

健康保険・厚生年金保険の保険料額表

社会保険料は、保険料額表に標準報酬月額を当てはめて確認します。

（東京都）　　　（単位：円）

標準報酬		報酬月額		全国健康保険協会管掌健康保険料				厚生年金保険料(厚生年金基金加入員を除く)	
等級	月額			介護保険第2号被保険者に該当しない場合 10.00%		介護保険第2号被保険者に該当する場合 11.82%		一般・坑内員・船員 18.300%※	
		円以上	円未満	全額	折半額	全額	折半額	全額	折半額
1	58,000	～	63,000	5,800.0	2,900.0	6,855.6	3,427.8		
2	68,000	63,000 ～	73,000	6,800.0	3,400.0	8,037.6	4,018.8		
3	78,000	73,000 ～	83,000	7,800.0	3,900.0	9,219.6	4,609.8		
4(1)	88,000	83,000 ～	93,000	8,800.0	4,400.0	10,401.6	5,200.8	16,104.00	8,052.00
5(2)	98,000	93,000 ～	101,000	9,800.0	4,900.0	11,583.6	5,791.8	17,934.00	8,967.00
6(3)	104,000	101,000 ～	107,000	10,400.0	5,200.0	12,292.8	6,146.4	19,032.00	9,516.00
7(4)	110,000	107,000 ～	114,000	11,000.0	5,500.0	13,002.0	6,501.0	20,130.00	10,065.00
8(5)	118,000	114,000 ～	122,000	11,800.0	5,900.0	13,947.6	6,973.8	21,594.00	10,797.00
9(6)	126,000	122,000 ～	130,000	12,600.0	6,300.0	14,893.2	7,446.6	23,058.00	11,529.00
10(7)	134,000	130,000 ～	138,000	13,400.0	6,700.0	15,838.8	7,919.4	24,522.00	12,261.00
11(8)	142,000	138,000 ～	146,000	14,200.0	7,100.0	16,784.4	8,392.2	25,986.00	12,993.00
12(9)	150,000	146,000 ～	155,000	15,000.0	7,500.0	17,730.0	8,865.0	27,450.00	13,725.00
13(10)	160,000	155,000 ～	165,000	16,000.0	8,000.0	18,912.0	9,456.0	29,280.00	14,640.00
14(11)	170,000	165,000 ～	175,000	17,000.0	8,500.0	20,094.0	10,047.0	31,110.00	15,555.00
15(12)	180,000	175,000 ～	185,000	18,000.0	9,000.0	21,276.0	10,638.0		
16(13)	190,000	185,000 ～	195,000	19,000.0	9,500.0	22,458.0	11,229.0		
17(14)	200,000	195,000 ～	210,000	20,000.0	10,000.0	23,640.0	11,820.0		
18(15)	220,000	210,000 ～	230,000	22,000.0	11,000.0	26,004.0	13,002.0		
19(16)	240,000	230,000 ～	250,000	24,000.0	12,000.0	28,368.0	14,184.0		
20(17)	260,000	250,000 ～	270,000	26,000.0	13,000.0	30,732.0	15,366.0		
	380,000	270,000 ～				14,000.0			

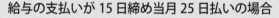

実際に使うときは最新のものを見よう！

雇用保険料率表

雇用保険料は総支給額に雇用保険料率をかけて計算します。

負担者 事業の種類	①従業員負担	②事業主負担	①＋② 雇用保険料率
一般の事業	6/1000	9.5/1000	15.5/1000
農林水産、清酒製造の事業	7/1000	10.5/1000	17.5/1000
建設の事業	7/1000	11.5/1000	18.5/1000

社会保険の翌月徴収

社会保険料を預かる期間が短くなるように、納付月に支給する給与から差引きます。

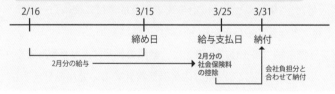

給与の支払いが15日締め当月25日払いの場合

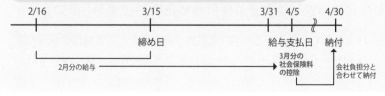

給与の支払いが15日締め翌月5日払いの場合

memo ＞ 平成29年1月1日以降、満65歳以上の労働者についても雇用保険の適用の対象となります。

Section
01-4 給与計算④ 所得税と住民税の計算

所得税の額は源泉徴収税額表に当てはめて求めるんだ。

ここだけ
Check!
- ☑ 扶養控除等申告書の提出の有無を確認する。
- ☑ 従業員が甲欄、乙欄、丙欄のいずれに該当するか判定する。
- ☑ 本人や親族が障害者等の場合にはその分扶養親族等の数を増やす。

所得税の計算には源泉徴収税額表を使用する

　給与から差引く**所得税の計算には源泉徴収税額表を使用**します。給与額のほか、甲欄／乙欄／丙欄の区分（→P.173）、扶養親族等の数などの情報が必要です。源泉徴収税額表に当てはめる給与額（課税対象金額）は、総支給額から通勤手当（非課税分）と社会保険料と雇用保険料を差引いた金額です。扶養親族等とは、従業員（役員を含む）が扶養する配偶者、子、親などを指し、扶養控除等申告書（→P.218、220）で数を確認します。本人や扶養親族等が一定の障害者等の場合は、該当するごとに扶養親族等の数を増やします（→P.173）。

　源泉徴収税額表は給与の支払方法により、**月額表**と**日額表**の2種類があります。月額表は月、半月、10日ごとなどに給与を支払う従業員に使用し、日額表は日ごと、1週間ごとなどに給与を支払う従業員に使います。

　所得税を納付する際に納付書を作成しますが、**納期の特例により6か月分をまとめて納付**する場合には一度に6か月分の金額を集計する必要があります。**納付管理表**^{DL}を使って毎月の金額を集計しておきましょう。

住民税の額は従業員の住所地の市町村役場から通知される

　毎年5月末ごろに従業員の住所地の市町村役場から会社に**特別徴収税額**の通知書（→P.184）が送られるので、通知書にもとづき給与から住民税を差引きます。住民税は所得税と同様に給与から差引いた月の翌月10日に納付で、6月分の住民税は**6月に支給する給与から差引き**、7月10日までに納付します。

経理
人事
総務・他

源泉徴収税額表による具体的な計算例

甲欄は扶養親族等の数と給与額で、乙欄は給与額のみで所得税が決まります。

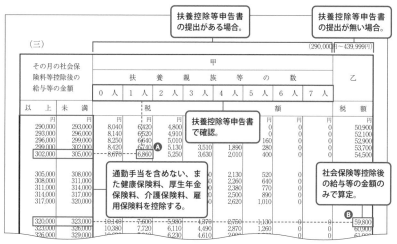

Ⓐ課税対象金額が302,938円で扶養親族等の人数が1名の場合
Ⓑ課税対象金額が320,000円で乙欄の場合

一定の障害者等に該当する場合に扶養親族等の数に加算する人数

　本人や同一生計配偶者、扶養親族が障害者、寡婦などの場合は、該当する数を扶養親族等の数に加算した人数とします。

- 本人が障害者（特別障害者を含む）、寡婦、ひとり親、勤労学生に該当する場合にその該当する数
- 同一生計配偶者や扶養親族が障害者（特別障害者を含む）、同居特別障害者に該当する場合にその該当する数

＊同一人が複数に該当したらその該当する数（同居特別障害者は特別障害者にも該当するため2人加算になる）

甲欄 / 乙欄 / 丙欄の違い

日雇であれば丙欄、日雇いでなければ扶養控除等申告書の提出の有無で甲欄と乙欄が決まります。

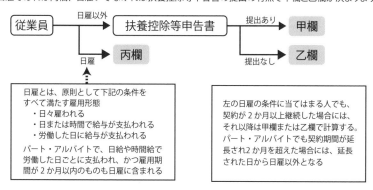

memo ▷ 特別徴収税額の通知書は、納税義務者（従業員）用と特別徴収義務者（会社）用の2つが送られてきます。従業員のマイナンバーは会社用のみに記載されています。また、令和6年度分からは、従業員用は電子データで受取ることもできます。

Section
01.₅ 給与計算⑤
明細書の作成と振込み

最後に振込み手続きを行い、
給与明細書を本人へ渡そう。

ここだけ
Check!
- ✓ 振込みでも給与明細書は従業員に渡す。
- ✓ 給与支払日の午前10時には引出せるようにする。
- ✓ 退職月の処理は社会保険・住民税の扱いに注意する。

銀行振込みでも必ず給与明細書は作成する

　総支給額、各種の差引く金額を計算したら最後に給与明細書を作成します。たとえ給与を**振込みで支払っていたとしても、給与明細書は従業員（役員を含む）へ渡さなければなりません**。また、従業員ごとに給与明細書の内容を源泉徴収簿へ記載します。これは、年末調整時に使用します。

　従業員への振込み手続きは、インターネットバンキングで給与振込処理を行います。給与支払日の午前10時までに従業員が引出せるように手配します。

経理

人事

総務・他

Column

退職月の支給

　従業員が退職する月に支払う給与も、基本的には通常の月の給与と同じです。ただし、社会保険については次の2点に注意が必要です。
①月末で退職する場合には、前月と退職月の2か月分の社会保険料を差引きます（月末以外の場合には前月分のみ）。②住民税の未徴収分がある場合には、（イ）退職月の給与から一括して差引く（ロ）次の勤務先へ引継ぐ（ハ）退職後本人が自分で納付する（普通徴収）のいずれによるかで差引く金額が変わります（→P.324）。

memo ＞ 賃金の「デジタル払い」は、本人の同意をとり、厚生労働大臣の指定を受けた資金移動業者（指定資金移動業者）の口座で支払いを行うことができる。

源泉徴収簿

従業員ごとの毎月の支給額、社会保険料、所得税をまとめたものです。

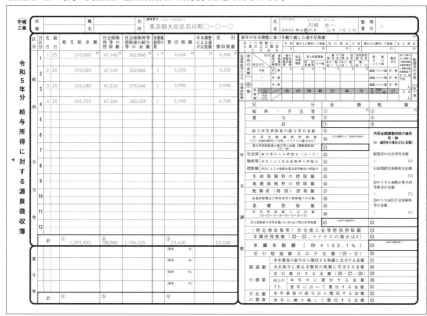

月給、日給以外の源泉徴収のしかた

<半月給120,000円　社会保険料17,000円　扶養親族1人>

（120,000円－17,000円）×2＝206,000円（円未満切捨て）…… その月の社会保険料
等控除後の給与等の金額

月額表に当てはめる→3,360円　3,360円÷2＝1,680円…… 差引く所得税
※10日ごとの支給は「×3、÷3」になる

<週給80,000円　社会保険料11,000円　扶養親族0人>

80,000円－11,000円＝69,000円
69,000円÷7日＝9,857円（円未満切捨て）…… その日の社会保険料等控除後の給与等
の金額

日額表に当てはめる→270円
270円×7日＝1,890円…差引く所得税

memo > 非課税となる通勤手当は、基本給などの通常の給与とは区別して給与明細書に記載します。

Section 01-6 給与計算⑥ 社会保険料の納付

社会保険料の納付は納付書による納付と口座振替があるんだ。

ここだけ Check!
- ☑ 社会保険料は給与から差引いた月の月末に会社負担分と合わせて納付する。
- ☑ 会社負担分と従業員負担分はほぼ同額となる。
- ☑ 入社月と退職月の給与から差引く社会保険料に注意する。

納付の方法は2種類から選択する

会社は、給与から差引いた**従業員負担分と会社負担分をまとめて毎月月末までに納付**しなければなりません。納付するのは前月分の社会保険料です（→P.170）。支払い方法としては主に納付書による納付と口座振替があります。毎月20日頃に年金事務所から会社へ、納付書による納付のための「保険料納入告知書」または口座振替のための「保険料納入告知額・領収済額通知書」が郵送されてきます。どちらも事前に必要事項は印刷されており特に記載するところはありません。納付書による納付の場合には、銀行の窓口やペイジーなどで月末までに納付します。口座振替の「保険料納入告知額・領収済額通知書」は当月末に振替えられる社会保険料の通知と前月末に振替えられた社会保険料の領収書が1枚になっています。

口座振替への変更は、年金事務所に備付けてある「健康保険厚生年金保険保険料口座振替納付（変更）申出書」に必要事項を記入・押印し、口座振替を利用する銀行の確認印を受けた後、年金事務所の窓口に提出します。

会社負担分と従業員負担分の金額は基本的に同じ

年金事務所から郵送される保険料納入告知書には、会社負担分と従業員負担分の合計が印刷されています。会社負担分（子ども・子育て拠出金を除く）と従業員負担分は端数を除き同じ金額です。給与から差引いた社会保険料の金額の約2倍でなければ、給与から差引く金額が間違っている可能性があります。

経理

人事

総務・他

保険料納入告知額・領収済額通知書

保険料の納付予定額と前月の納付済みの金額が記載されています。

保険料納入告知額・領収済額通知書

あなたの本月分保険料額は下記のとおりです。

なお、納入告知書を指定の金融機関に送付しましたから、指定振替日（納付期限）前日までに口座残高の確認をお願いします。

下記の金額を指定の金融機関から口座振替により受領しました。

事業所整理記号 35ヲﾈ	事業所番号 01026	
納付目的年月 令和4年12月	納付年月 令和5年 1月31日	
健康勘定	厚生年金勘定	子ども・子育て支援勘定
健康保険料	厚生年金保険料	子ども・子育て拠出金
70,000	140,000	2,400
合　計　額		¥212,400 円

令和4年11月 分 保険料	領収日 令和5年 1月 4日	
健康勘定	厚生年金勘定	子ども・子育て支援勘定
健康保険料	厚生年金保険料	子ども・子育て拠出金
70,000	140,000	2,400
合　計　額		¥212,400 円

令和 5 年 1 月 20 日

歳入徴収官

厚生労働省年金局事業管理課長
（XX 市年金事務所）

〒169-85XX　東京都新宿区北新宿 5-5-5

蔵吹倶　株式会社

様

（裏面につづく）

入社・退社のときの処理

入社月と退職月の社会保険料の取扱いに注意が必要です。

新入社員の社会保険料

新入社員の社会保険料は入社月の翌月に支払う給与から差引きます（ここでは1月15日に入社した場合で解説）。

例1）25日締め翌月5日払いの会社
→2月5日の給与から1月分の社会保険料を差引きます。

例2）25日締め当月末払いの会社
→初回ではなく2月28日に支払う2回目の給与から1月分の社会保険料を差引きます。

なお、新入社員が最初に差引かれる社会保険料は日割りではなく入社月の1か月分満額です。

退職月の社会保険料

月の途中で退職した従業員については最後に支払う給与から退職月の前月分の社会保険料1か月分のみ差引きます。しかし、月末で退職した従業員に限り、前月分と退職月の社会保険料2か月分を差引かなければなりません。

---

memo ペイジーは税金や公共料金などをパソコン、携帯電話、ATMなどから支払えるサービス。納付書などに記載の収納機関番号などを入力するだけで納付可能。

Section 02 | 所得税の納付の流れをつかもう

所得税は基本的に毎月納付するけど、納期の特例を受けると年2回にできる。

● 所得税の納付のスケジュール

1 納付する所得税の金額の確認
毎月の月初

先月差引いた所得税を確認する

2 所得税徴収高計算書の作成
毎月10日まで

確認した所得税の金額で所得税徴収高計算書を作成する

> P.180

3 所得税額の納付
毎月10日まで

10日が土日、祝日の場合は休み明けが納付期限となる

> P.178

● 所得税の納付のスケジュール（納期の特例）

1 納付する所得税の金額の確認
7月（または1月）月初

1月から6月まで（または7月から12月まで）に差引いた所得税を確認する

2 納付管理表の作成
7月（または1月）月初

所得税徴収高計算書の区分ごとに、毎月の人数や金額を表にまとめる

> P.172

3 所得税徴収高計算書の作成および納付
7月10日（または1月20日）まで

納付管理表から必要事項を書写し、納付する

> P.182

経理

人事

総務・他

　給与や報酬から差引いた所得税は、**翌月の10日までに納付**します。納付の際は、給与所得・退職所得等の所得税徴収高計算書（納付書）に必要事項を記載し、銀行や所轄の税務署またはe-Taxを使い納付します。なお、撮影料、デザイン料、原稿料、通訳料などの報酬は「**給与所得・退職所得等の所得税徴収高計算書（納付書）**」ではなく、「**報酬・料金等の所得税徴収高計算書（納付書）**」を使用します。

memo ▷ 不納付加算税とは所得税を納期限までに納付しなかった場合に課されるペナルティで納付額の10%（自主的に納付すれば5%）。納付期限から1か月以内に納付した場合には例外的に免除されることもあります。

所得税の納付の概要

- ☑ **納付の対象**　前月に支払いをした給与や報酬に係る所得税
- ☑ **作成する書類**　所得税徴収高計算書（納付書）
- ☑ **確認する書類**　会計データ（預り金勘定）、賃金台帳、報酬に関する請求書など
- ☑ **納付先**　税務署または銀行

●給与所得・退職所得等の所得税徴収高計算書

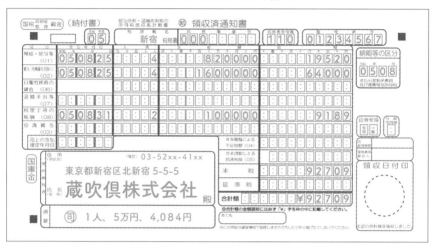

　役員と従業員（繁忙期などに臨時で雇うものは除く）が**常時10人未満**の場合は、源泉所得税の納期の特例が利用できます。納期の特例を利用すると、1月から6月支払い分を7月10日、7月から12月支払い分を翌年の1月20日までにまとめて納付することができます。

　所得税徴収高計算書（納付書）の作成時には、会計データの預り金勘定で先月に計上した金額を確認し、それに対応する支払い額等を賃金台帳や請求書などで確認します。本来の支払時期が過ぎて未払いとなっている給与や報酬については、原則として支払うまで納付する必要はありません。実際に支払った分に対する所得税のみ納付します。

　なお、前月に所得税を差引く給与や報酬の支払いが無い場合には、所得税徴収高計算書（納付書）の合計額欄に「¥0」と記載して税務署へ提出します（0円の場合には銀行窓口では受付け不可）。

> **memo**　所得税徴収高計算書にカッコ書きで「納付書」と記載されているのは、納付書も兼ねているのが理由です。

●給与所得・退職所得等の所得税徴収高計算書（一般用）

令和5年4月1日から令和6年3月31日までの間に納付する場合は「05」と記載する。

実人数（同一人物に2回に分けて支払っても1名）。なお、日雇労働者は延べ人数。

記入不要。

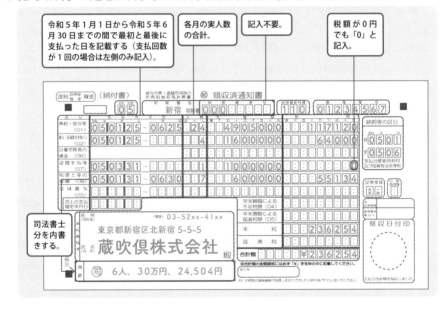

税理士、司法書士などの士業のみ（デザイナーなどは別の用紙）。

支払日。2回以上支払っているときは最後の支払日。

司法書士分は内書きする。

書損じたらここは訂正不可（ほかは二重線で訂正可）。

●給与所得・退職所得等の所得税徴収高計算書（納期特例分）

令和5年1月1日から令和5年6月30日までの間で最初と最後に支払った日を記載する（支払回数が1回の場合は左側のみ記入）。

各月の実人数の合計。

記入不要。

税額が0円でも「0」と記入。

司法書士分を内書きする。

memo 支払いが確定してから1年が経過しても未払いの役員賞与については、その1年が経過した日に支払いがあったものとして納付します。

経理

人事

総務・他

● 預り金補助元帳 （納期特例分）

預かった所得税が正しく納付されているか、預り金の補助元帳で残高を確認します。

預り金の勘定科目に「所得税」の補助コードを設定。

令和5年1月～3月に差引いた金額。

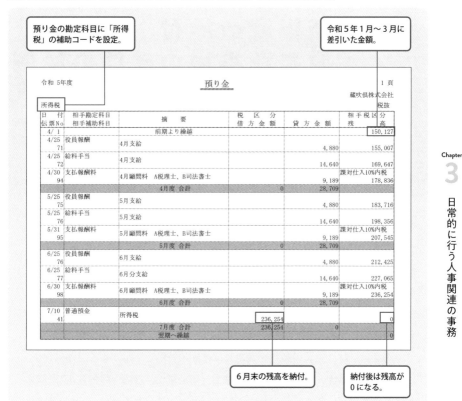

令和 5年度		預り金			1 頁 蕨吹倶株式会社 税抜
所得税					
日 付 伝票No.	相手勘定科目 相手補助科目	摘　要	税 区 分 借 方 金 額	貸 方 金 額	相手税区分 残　　高
4/ 1		前期より繰越			150,127
4/25 71	役員報酬	4月支給		4,880	155,007
4/25 72	給料手当	4月支給		14,640	169,647
4/30 94	支払報酬料	4月顧問料　A税理士、B司法書士		9,189	課対仕入10%内税 178,836
		4月度 合計	0	28,709	
5/25 75	役員報酬	5月支給		4,880	183,716
5/25 76	給料手当	5月支給		14,640	198,356
5/31 95	支払報酬料	5月顧問料　A税理士、B司法書士		9,189	課対仕入10%内税 207,545
		5月度 合計	0	28,709	
6/25 76	役員報酬	6月支給		4,880	212,425
6/25 77	給料手当	6月分支給		14,640	227,065
6/30 98	支払報酬料	6月顧問料　A税理士、B司法書士		9,189	課対仕入10%内税 236,254
		6月度 合計	0	28,709	
7/10 41	普通預金	所得税	236,254		0
		7月度 合計	236,254	0	
		翌期へ繰越			0

6月末の残高を納付。

納付後は残高が0になる。

memo ＞ 報酬などを支払う際に所得税の徴収を忘れた場合には、まずその分の所得税を税務署へ（追加で）納付し、次に支払先に所得税分を返金もしくは次の支払いで充当してもらえるように交渉することになります。

Section

02-1
所得税の納付①
源泉所得税の納期の特例

> 「納期の特例」は小さな会社に認められた特権なんだ。

ここだけ Check!

✓ 納期の特例は申請月の翌月から適用される。

✓ 納期の特例はすべての種類の支払いに適用されるわけではない。

✓ 納期の特例であっても一部を早めに納付することもできる。

納期の特例を使うと納付を半年に1回にすることができる

　役員と従業員（繁忙期などに臨時で雇うものは除く）が常時10人未満の場合は、**源泉所得税の納期の特例の承認に関する申請書**（以下「納期の特例の申請書」）を提出すると、**1月から6月支払い分を7月10日、7月から12月支払い分を翌年の1月20日までにまとめて納付**することができます。なお、給与（賞与や退職金も）は、上記の条件を満たせば納期の特例を利用することができますが、報酬は弁護士、公認会計士、税理士、司法書士、社会保険労務士などのいわゆる士業などに対するものしか納期の特例は認められません。デザイン料や撮影料などの報酬は、原則どおり翌月10日までに納付が必要です（→P.104）。

　納期の特例の申請書を提出した月に支払った分までは今までどおり翌月10日までに納付し、提出した翌月の支払い分から7月10日（翌年1月20日）までに納付します。また、納期の特例では、たとえば1月から3月に支払った給与から控除した所得税を7月10日より前にいったん納付することができます（一部前納付）。残りの所得税は7月10日までに支払います。

●基本パターン

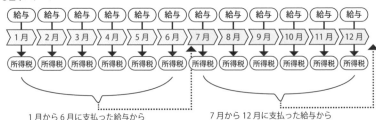

1月から6月に支払った給与から控除した所得税を7月10日までに納付

7月から12月に支払った給与から控除した所得税（年末調整後）を1月20日までに納付

経理

人事

総務・他

源泉所得税の納期の特例の承認に関する申請書

納期の特例は、申請書を提出した翌月から適用されるので注意が必要です。

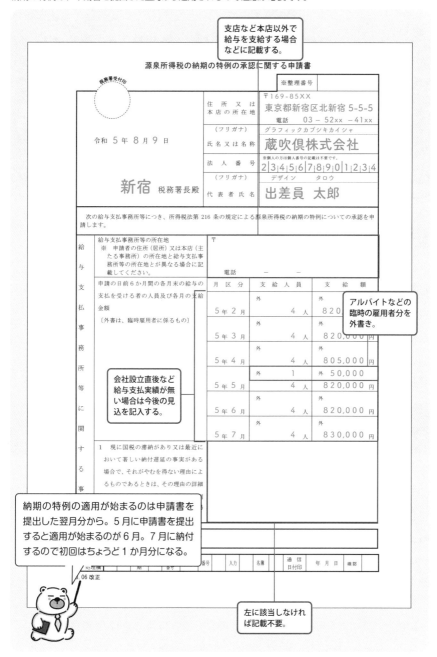

支店など本店以外で
給与を支給する場合
などに記載する。

源泉所得税の納期の特例の承認に関する申請書

※整理番号

税務署受付印

住 所 又 は 本 店 の 所 在 地	〒169-85XX 東京都新宿区北新宿 5-5-5 電話 03 - 52xx -41xx
（フリガナ） 氏 名 又 は 名 称	グラフィックカブシキカイシャ 蔵吹倶株式会社
法 人 番 号	※個人の方は個人番号の記載は不要です。 2 3 4 5 6 7 8 9 0 1 2 3 4
（フリガナ） 代 表 者 氏 名	デザイン　　　タロウ 出差員 太郎

令和 5 年 8 月 9 日

新宿 税務署長殿

次の給与支払事務所等につき、所得税法第 216 条の規定による源泉所得税の納期の特例についての承認を申請します。

給与支払事務所等に関する事

給与支払事務所等の所在地
※ 申請者の住所（居所）又は本店（主たる事務所）の所在地と給与支払事務所等の所在地とが異なる場合に記載してください。

〒
電話 　 － 　 －

申請の日前 6 か月間の各月末の給与の支払を受ける者の人員及び各月の支給金額
〔外書は、臨時雇用者に係るもの〕

月 区 分	支 給 人 員	支 給 額
5 年 2 月	外 4 人	外 820,
5 年 3 月	外 4 人	外 820,000 円
5 年 4 月	外 4 人	外 805,000 円
5 年 5 月	外 1 4 人	外 50,000 820,000 円
5 年 6 月	外 4 人	外 820,000 円
5 年 7 月	外 4 人	外 830,000 円

アルバイトなどの
臨時の雇用者分を
外書き。

会社設立直後など
給与支払実績が無
い場合は今後の見
込を記入する。

1 　現に国税の滞納があり又は最近において著しい納付遅延の事実がある場合で、それがやむを得ない理由によるものであるときは、その理由の詳細

納期の特例の適用が始まるのは申請書を
提出した翌月分から。5 月に申請書を提出
すると適用が始まるのが 6 月。7 月に納付
するので初回はちょうど 1 か月分になる。

	※整理欄	期	番号	番号	入力	名簿	通信日付印	年 月 日	確認

.06 改正

左に該当しなけれ
ば記載不要。

3 Chapter 日常的に行う人事関連の事務

183

memo ▷ 納期の特例の場合、いきなり所得税徴収高計算書（納付書）に記入せず、まず月ごとの人数や金額を納付管理表（→ P.172）に集計し、その集計結果を転記するようにします。

Section

03 | 従業員の住民税の納付

住民税にも「納期の特例」があります。

ここだけ
Check! —
- ☑ 市町村から送られてくる納付書にもとづき納付する。
- ☑ 常時10人未満の会社は申請により納期の特例の適用がある。
- ☑ 従業員が年の途中で引越しをしても元の市町村へ続けて納付する。

 住民税の税額は市町村から計算済のものが送られてくる

会社は給与を支払う際、従業員（役員を含む）が負担する個人の住民税を毎月の給与から差引く義務があり、これを**特別徴収**といいます。特別徴収をする税額は従業員の住所のある市町村から会社へ送られてくる**特別徴収税額通知書と納付書にあらかじめ記載**があるため、**会社が計算する必要はありません**。特別徴収税額通知書は、会社控用と納税義務者用の2部送られてくるので、納税義務者用を従業員へ6月の給与支払時に渡します（→P.173 memo参照）。

 住民税の納付期限は翌月の10日まで

住民税は会社が提出した給与支払報告書にもとづく前年の所得に課税し、今年の**6月から翌年の5月まで特別徴収**を行います。納付期限は毎月翌月10日で、6月分の特別徴収税額は給与の締め日にかかわらず6月に支給する給与から差引き、7月10日までに納付します。特別徴収の納税地は各年度1月1日現在に各従業員の住所のある市町村で、令和5年1月1日に目黒区に住所がある従業員は、令和5年6月から令和6年5月分までの住民税を目黒区に納付します。途中で引越しをしても引越し前の住所の市町村へ納付します。

所得税と同じく納期の特例があり、常時10人未満の会社は申請をすると年2回にまとめて納付することができます。6月分から11月分を12月10日、12月分から5月分を6月10日に納付します（時期は所得税と異なります）。

memo ＞ 給与支払報告書をeLTAXで送信の場合は、特別徴収税額の通知書を電子データで受取り可。

経理

人事

総務・他

●特別徴収税額通知書

最初に1年分の住民税が通知されます。

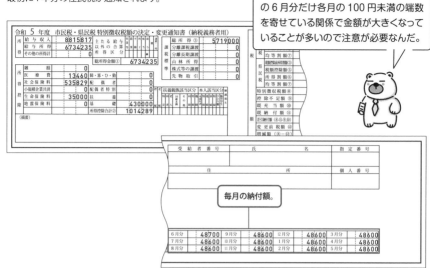

各月の納付額は基本的に年間の特別徴収税額を12等分した金額だけど、最初の6月分だけ各月の100円未満の端数を寄せている関係で金額が大きくなっていることが多いので注意が必要なんだ。

毎月の納付額。

6月分	48700	9月分	48600	12月分	48600	3月分	48600
7月分	48600	10月分	48600	1月分	48600	4月分	48600
8月分	48600	11月分	48600	2月分	48600	5月分	48600

●住民税の補助元帳と納付書

預かった住民税が正しく納付されているか、補助元帳で残高を確認します。

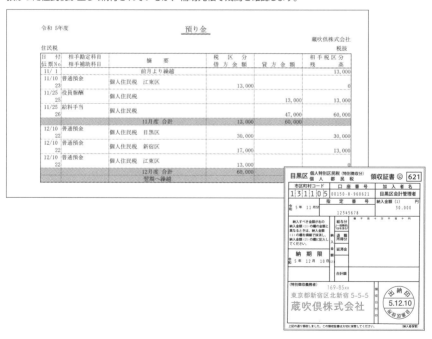

memo　賦課課税方式とは、課税庁側が税額を計算して納税者へ通知する課税方式のことで、逆に納税者側で税額を計算して課税庁へ申告する課税方式を申告納税方式といいます。

Section 04 | 賞与計算の流れをつかもう

流れは給与計算と似ているけど、所得税や各種保険の控除や手続きが異なるんだ。

● 賞与を支給したときの事務手続きのスケジュール

1 支給額の確認
支給日の7日前

従業員別に支給額を確認

> P.186

2 控除額の計算
支給日の7日前

支給額から差引く社会保険料、雇用保険料、所得税などを計算

> P.188

3 書類の作成
支給日の3日前

賞与支払明細書、健康保険・厚生年金保険被保険者賞与支払届を作成

> P.188

4 賞与の支給および賞与支払明細書の引渡し
支給日当日

賞与を支給し、賞与支払明細書を本人に渡す

> P.188

5 健康保険・厚生年金保険関連の提出
支給日から5日以内

健康保険・厚生年金保険被保険者賞与支払届の提出

> P.188

6 所得税の納付
支給月の翌月10日まで

納期の特例の場合は7月10日または翌年の1月20日まで

> P.178

　賞与の支給では、毎月支給する給与と同じように、社会保険料、雇用保険料、所得税を支給額から差引きます。しかし、その計算方法や手続きが毎月支給する給与とは異なります。また、**住民税は差引きません**。

　賞与の計算にあたっては、まず就業規則と給与規程、賞与規程を確認します。これらの書類が無い場合は、上司などに前回までの計算方法や支給金額などを直接確認します。

　通常、賞与は特定の日に在籍する従業員へ支給します。また、入社日から6か月を経過していない従業員へは支給しないなどの規定がある場合もあります。

経理

人事

総務・他

賞与の支給の事務手続きの概要

- ☑ **対象者** 役員、従業員、パート、アルバイトなど
- ☑ **作成する書類** 健康保険・厚生年金保険被保険者賞与支払届、健康保険・厚生年金保険賞与不支給報告書、賞与支払明細書、所得税の納付書
- ☑ **提出先／納付先** 年金事務所、税務署、銀行など

● 賞与支払明細書

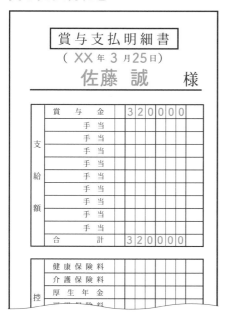

賞与支払明細書

（ XX 年 3 月25日）

佐藤 誠 様

	賞 与 金	320000
支	手 当	
	手 当	
給	手 当	
	手 当	
	手 当	
額	手 当	
	手 当	
	手 当	
	合 計	320000

	健 康 保 険 料	
	介 護 保 険 料	
控	厚 生 年 金	

賞与支払予定月に賞与の支払いがなかったときは、賞与不支給報告書を提出しなければいけないのだ。

　賞与計算では、所得税、健康保険と厚生年金保険（賞与の対象者が40歳以上65歳未満の場合は介護保険が加わります）、雇用保険を差引く必要があります。労災保険料は全額会社負担となるので差引きしないのは通常の給与と同じです。

　所得税は通常の給与と同じく、支給日の翌月10日まで、もしくは、納期の特例に該当すれば7月10日（翌年の1月20日）までに納付します。健康保険と厚生年金保険は、**健康保険・厚生年金保険被保険者賞与支払届**を提出すると、支給日の翌月に通常の給与分と合算された納入告知書が郵送されてきます。それにもとづき、支給日の翌月月末までに納付します。

Section 04-1 賞与計算①
明細書と各種書類の作成

賞与の支給額から健康保険、厚生年金保険、雇用保険、所得税を差引くのだ。

ここだけ
Check!

✓ 賞与にかかる社会保険の額は通常の給与と異なり、支給額に保険料率をかけて計算する。

✓ 賞与支払明細書を作成し、従業員へ交付する。

✓ 賞与支払届を年金事務所へ提出する。

各種の保険料などは賞与支給額に料率をかけて算出する

　社会保険は、支給額（**千円未満切捨て**）に健康保険と厚生年金保険の保険料率をかけた額の半額を賞与から差引きます。したがって、通常の給与から差引く社会保険料とは金額が異なり、**標準報酬月額を使いません**。雇用保険は、通常の給与と同様に支給額（**千円未満切捨てはしない**）に保険料率をかけた額を賞与から差引きます。上記で計算した差引く額はいずれも円未満を四捨五入します。

　所得税の額は、通常の給与とは別に**賞与に対する源泉徴収税額の算出率の表を使います**（具体的な計算の流れはP.192）。

賞与支払明細書の交付と納付

　賞与の場合にも、賞与支払明細書を作成し、従業員へ交付します。支給額から差引く健康保険料、厚生年金保険料、雇用保険料（社会保険料等の控除額）などは源泉徴収簿の賞与等の欄へ記載します。

　差引いた所得税は支給日の翌月10日（納期の特例の場合は7月10日または翌年の1月20日）までに納付し、健康保険料と厚生年金保険料は納入告知書にもとづき支給月の翌月末日までに納付し、雇用保険料は毎年6月1日から7月10日までに提出する労働保険料申告書により精算されます。

健康保険・厚生年金保険被保険者賞与支払届等の書類は、日本年金機構に登録されている賞与支払予定月の前月に会社に送付されてくるよ。

経理

人事

総務・他

● 差引支給額の計算のイメージ

大きく2つのStepに分けて計算します。

賞与の支給額

－
| 健康保険料 |
| 支給額（千円未満切捨て）×保険料率 |

－
| 厚生年金保険料 |
| 支給額（千円未満切捨て）×保険料率 |

－
| 雇用保険料 |
| 支給額×保険料率 |

Step 1
社会保険料・雇用保険料の
差引き

社会保険・雇用保険料差引きの金額

－
| 所得税 |
| 差引き後の金額×賞与の金額に乗ずべき率 |

Step 2
所得税額の差引き

差引支給額

※住民税は差引きません。

● 賞与の計算例

端数処理のやり方も意識します。

○賞与の金額　500,600円
○保険料率　健康保険10%（東京都 令和5年3月分〜）
　　　　　　厚生年金18.3%（平成29年9月分〜）
　　　　　　雇用保険6/1000（令和5年4月分〜）
○前月の社会保険料等控除後の給与　258,100円
○甲欄適用者、扶養親族2人、年齢35歳（介護保険には該当しない）

《計算式》
①社会保険料の計算
　　500,000（千円未満切捨て）×10%÷2＝25,000（健康保険）
　　500,000（千円未満切捨て）×18.3%÷2＝45,750（厚生年金）
②雇用保険料の計算
　　500,600×6/1000＝3003.6→3004（50銭以上切上げ）（雇用保険）
③所得税の計算
　　500,600－（25,000＋45,750＋3,004）＝426,846
　　426,846×2.042%*＝8,716.19…→8,716（1円未満切捨て）（所得税）
　　*賞与に対する源泉徴収税額の算出率の表を参照
④差引支給額の計算
　　426,846－8,716＝418,130

> **memo** 役員に賞与を支給する場合には、基本的に事前確定届出給与に関する届出書が提出されている必要が
> あります。その場合には、届出書に記載された支給日・支給金額どおりに支払わなければなりません。

● 健康保険・厚生年金保険料の計算

健康保険の差引く金額は次の算式で計算します。

千円未満を切捨てた賞与支給額
×健康保険の保険料率÷2

①健康保険の保険料率は、加入している協会けんぽまたは健康保険組合の「健康保険・厚生年金保険の保険料額表」で調べます。

②健康保険の保険料率は従業員の年齢が「40歳未満」と「40歳以上65歳未満」では異なります（介護保険第2号被保険者に該当する場合と該当しない場合）。

厚生年金保険の差引く金額は次の算式で計算します。

千円未満を切捨てた賞与支給額
×厚生年金保険の保険料率÷2

厚生年金保険の保険料率は、加入している協会けんぽまたは健康保険組合の「健康保険・厚生年金保険の保険料額表」で調べます。

● 健康保険・厚生年金保険の保険料額表の見かた

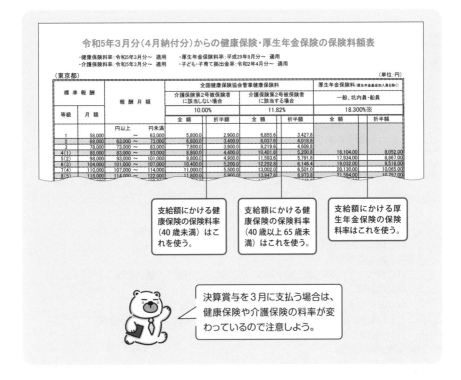

memo　健康保険・厚生年金保険被保険者賞与支払届により賞与に対する社会保険料が決定され、また従業員が将来受取る年金額の計算がされます。

● 健康保険・厚生年金保険被保険者賞与支払届

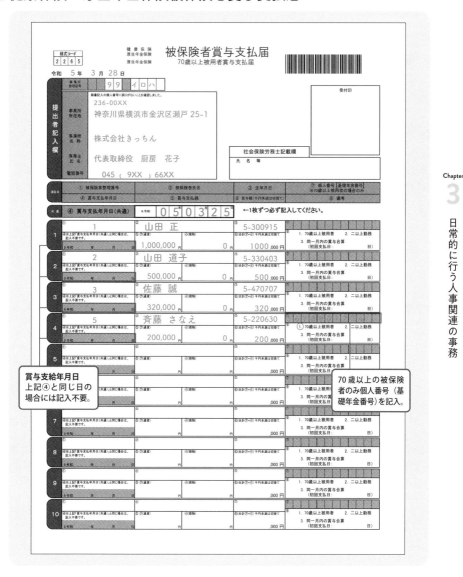

● 年金事務所への届出と納付

支給日より5日以内に「健康保険・厚生年金保険被保険者賞与支払届」を作成し、年金事務所へ提出します。提出すると支給月の翌月に通常の給与分と合算された納入告知書が郵送されてくるので月末までに納付します。

> memo　賞与の上限額:健康保険は年累計573万円、厚生年金保険は月150万円。この金額を超える賞与を支払っても、その超える部分の金額に対しては、健康保険料や厚生年金保険料がかかりません。

● 雇用保険料の計算

毎月の給与と計算のしかたは変わりません。

雇用保険料は次の算式で計算します。

賞与支給額×雇用保険の保険料率
※50銭未満切捨て、50銭以上切上げ。

雇用保険の保険料率については→P.171。

● 雇用保険の届出と納付

毎月の給与と変わりません。

差引いた雇用保険料は毎年6月1日から7月10日までに年間の概算額の納付と前年分の精算を行うため、特に賞与の支給ごとに届出や納付をすることはありません。

雇用保険は単純に支給額に保険料率をかけるだけでよい。社会保険と違い、入社月や退職月も特に変わらないのだ。

● 所得税の計算

税率をかけて計算しますが、その税率は前月の給与をもとに表で確認します。

次の算式で計算します。計算方法は①〜④のとおりです。

{賞与の金額−（社会保険料＋雇用保険料）}×税率
→P.190　→上記

①従業員が甲欄か乙欄かを確認します。

②前月の給与総額からその給与額にかかる社会保険料と雇用保険料を控除した金額（前月の社会保険料等控除後の給与等の金額）を確認します。

③甲欄の従業員に対しては、上記②の金額と扶養親族等の数（→P.218）を「賞与に対する源泉徴収税額の算出率の表」に当てはめて税率（賞与の金額に乗ずべき率）を求めます。
乙欄の従業員に対しては、上記②の金額を「賞与に対する源泉徴収税額の算出率の表」に当てはめて税率を求めます。

④賞与の金額から社会保険料と雇用保険料を控除した金額に、上記③の税率をかけます（1円未満切捨て）。

次の賞与については、所得税の計算方法が上記とは異なります。もしも実務で直面した場合には次の国税庁HPが参考になります。
①前月の給与の額の10倍超の賞与
②前月の給与の支払いが無い者に支払う賞与

▶ No.2523　賞与に対する源泉徴収（国税庁のホームページ：https://www.nta.go.jp/）
ホーム＞税について調べる＞タックスアンサー＞源泉所得税＞給与と源泉徴収＞ No.2523　賞与に対する源泉徴収

memo　資格喪失日（退職日の翌日）が属する月に支払う賞与から社会保険料を差引く必要はありません。通常の給与も同様です。（例）6月25日に退職届を提出、7月5日に賞与の支払い、7月25日退職。

経理
人事
総務・他

賞与に対する源泉徴収税額の算出率の表

税率をかけて計算しますが、その税率は前月の給与をもとに表で確認します。

P.189 の賞与の計算例の場合

①扶養控除等申請書で扶養親族等の人数を確認。

賞与の金額に乗ずべき率	甲							
	扶養親族等の数							
	0人		1人		2人		3人	
	前月の社会保険料等控除後の給与等の金額							
%	千円以上	千円未満	千円以上	千円未満	千円以上	千円未満	千円以上	千円未満
0.000	68 千円未満		94 千円未満		133 千円未満		171 千円未満	
2.042	68	79	94	243	133	269	171	29
4.084	79	252	243	282	269	312	295	34
6.126	252	300	282	338	312	369	345	39
8.168	300	334	338	365	369	393	398	41
10.210	334	363	365	394	393	420	417	44
12.252	363	395	394	422	420	450	445	47

②給与台帳などで前月の社会保険料等控除後の給与等の金額を確認。

所得税の納付

控除した所得税は翌月10日（納期の特例の場合は7月10日または翌年の1月20日）までに通常の給与と合わせて納付します。

賞与計算チェックリスト

No.	チェック内容	チェック
1	健康保険、厚年年金保険、雇用保険はすべて率で計算する。	☐
2	健康保険、厚生年金保険は千円未満切捨てた額に率をかける。	☐
3	雇用保険は千円未満切捨てしない額に率をかける。	☐
4	支給月に 40 〜 64 歳になる人がいるか確認する（介護保険料が発生）。	☐
5	所得税の計算は前月の給与（社会保険料等控除後）の金額が必要になる。	☐
6	厚生年金保険の上限（1 か月あたり 150 万円）、健康保険の上限（累計で 573 万円。4/1-3/31 の 1 年間）に注意する。	☐
7	支給月に退職する人からは健康保険、厚生年金保険は差引きしない（月末退職除く）が、賞与支払届の提出は必要。	☐
8	賞与支払届を提出する（同月に 2 回以上賞与を支給する場合は合算額を届出る）。	☐

定額減税の事務

　令和6年6月から実施される定額減税は、給与計算や年末調整の処理に大きく影響を与えます。その概要は下記の通りです。

●定額減税の対象者

下記の条件をすべて満たす者を対象とします。
　　①令和6年6月1日在籍の扶養控除等申告書提出者（甲欄適用者）
　　②令和6年分の合計所得金額が1,805万円以下
　　③日本に居住している
したがって、5月31日までに退職した者、乙欄と丙欄適用者は対象外となります。

●定額減税の金額（特別控除額）

控除額は次の計算式から求めることができます。

> **本人3万円＋（同一生計配偶者と扶養親族の人数）×3万円**

※同一生計配偶者と扶養親族は、合計所得金額（→ P.219）48万円以下の者（外国に居住する者は除く）。

※同一生計配偶者や扶養親族は、扶養控除等申告書に記載される源泉控除対象配偶者や控除対象扶養親族と必ずしも一致しない点に注意。

※共働きの場合、ある一人の扶養親族を夫と妻の両方で控除することはできない。また、夫の同一生計配偶者を、他の者（妻の父など）の扶養親族として2重に控除することもできない。

●実際の控除のしかた

実際の控除にあたっては、次の2種類の方法があります。

①毎月の給与から控除（月次減税事務）

令和6年6月分の給与の所得税から控除を行う方法です。通常はこちらの方法で控除を行います。

②年末調整による調整（年調減税事務）

令和6年の年末調整において控除を行う方法です。6月2日以降に入社した者も年末調整の対象者は、定額減税の対象となります。

　実際の控除のやり方とポイントを解説したPDFを用意いたしました。ダウンロードについてはP.014を参照してください。

> memo　定額減税の詳細は下記の国税庁のWebページを参照してください。
> 定額減税について　https://www.nta.go.jp/users/gensen/teigakugenzei/01.htm

年に1回行う
事 務

Keyword

社会保険の定時決定／社会保険の随時改定／労働保険の年度更新／年末調整／法定調書／償却資産申告／決算／株主総会と株主総会議事録／取締役会と取締役会議事録／監査役と監査報告

Section

01 | 社会保険の定時決定

社会保険料は原則として
年1回見直しを行うのだ。

ここだけ
Check!

✓ 算定基礎届に記載するのは4月～6月に支給した給与。

✓ 給与には現物によるものも含み、通勤定期代は月割計算する。

✓ 新たな標準報酬月額に対応する社会保険料は9月分から。

社会保険料は4月から6月の給与の額で決定される

　毎年7月に「**健康保険・厚生年金保険被保険者報酬月額算定基礎届**」（以下「算定基礎届」）を年金事務所へ提出すると、社会保険料を計算するもととなる**標準報酬月額**が決定し、社会保険料が決まります。新しい社会保険料は、その年の**9月分から翌年の8月分まで**適用されます。毎年決まった時期に社会保険料が決定されるので、この手続きを**定時決定**といいます。

　算定基礎届では、対象者（→P.54）ごとに4月から6月に支給した給与とその支払基礎日数などを記載します。提出期間は毎年7月1日から10日です。70歳以上の対象者がいる場合にもあわせて記入します。

通勤定期代は月割にして報酬月額に加算する

　算定基礎届には月間の給与額（「報酬月額」といいます）を記載しますが、報酬月額には基本給のほかに**各種手当や通勤定期代など**（→P.199）**を含みます**。

　数か月分の通勤費を含む通勤定期代を4月から6月の間に支給すると、その月だけ報酬月額が高くなり、年間の社会保険料が高くなります。この是正のため通勤定期代は月割金額を報酬月額に加えて金額が均一になるようにします。給与明細書に記載する場合には、月割にした通勤定期代を毎月の総支給額に含めると同時に、同額を控除します（→P.167）。こうすると、給与明細書の総支給額をそのまま算定基礎届に転記できます。

経理

人事

総務・他

社会保険の定時決定の概要

☑	対象者	役員、従業員、パート、アルバイトなど
☑	作成する書類	被保険者報酬月額算定基礎届
☑	確認する書類	賃金台帳
☑	提出先	年金事務所
☑	作業の時期	毎年7月1日から10日まで

●定時決定の対象から外れるもの

例外的に定時決定の対象とされない従業員がいます。

❶ その年の6月1日以降に社会保険に加入した対象者（新入社員など）

❷ その年の6月以前の退職者

❸ 7月改定の月額変更届を提出する従業員（→P.204のmemo）

❹ 8月改定、9月改定の月額変更届を提出する予定の従業員（→P.205のmemo）

●社会保険の手続きが必要となるタイミング

社会保険の手続きが必要となるタイミングはさまざまです。

タイミング	注意点
採用時	被保険者資格取得届を提出し、健康保険被保険者証はすぐに本人へ交付します。
退職時	健康保険被保険者証（家族分を含む）を回収する日取りを本人と調整し、被保険者資格喪失届を提出します。
被扶養者の増減時	出産や子供の就職などの際は健康保険被扶養者（異動）届を提出します。
引越時	被保険者住所変更届を提出します。 ※個人番号等登録届によりマイナンバーを届出ている場合は不要。
毎年7月	定時決定の手続きをします。
昇給、降給時	随時改定の手続きをします。
賞与支給時	賞与支払日から5日以内に被保険者賞与支払届を提出します。

● 健康保険・厚生年金保険被保険者報酬月額算定基礎届

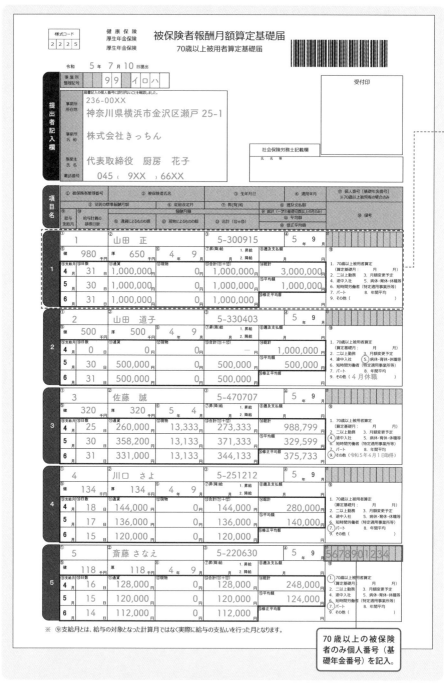

※ ⑨支給月とは、給与の対象となった計算月ではなく実際に給与の支払いを行った月となります。

70歳以上の被保険者のみ個人番号（基礎年金番号）を記入。

●健康保険・厚生年金保険被保険者報酬月額算定基礎届の書き方——

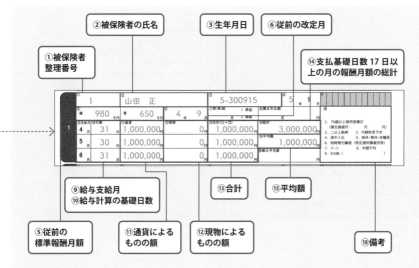

- ①被保険者整理番号
- ②被保険者の氏名
- ③生年月日
- ⑥従前の改定月
- ⑭支払基礎日数17日以上の月の報酬月額の総計
- ⑨給与支給月
- ⑩給与計算の基礎日数
- ⑬合計
- ⑮平均額
- ⑤従前の標準報酬月額
- ⑪通貨によるものの額
- ⑫現物によるものの額
- ⑱備考

項目	解説
⑥従前の改定月	通常は前年「9」月と記載されています。随時改定（→ P.202）をした場合には、「（その）」年「（その）」月が記載されています。
⑨給与支給月 ⑩給与計算の基礎日数	4月から6月までに支給された給与の、それぞれの直前の給与の締め日の翌日から締め日までの日数を記載します。たとえば、3月20日締め4月5日払いの給与では、2月21日から3月20日の28日を記載します。
⑪通貨によるものの額	臨時に受けたものおよび賞与以外の給与です。基本給、各種手当（通勤手当を含む）などが含まれます。賞与、皆勤賞、永年勤続賞、慶弔費、大入り袋などは含まれません。
⑫現物によるものの額	通勤定期券を現物で支給している場合には、通勤定期券代を月数で割った1か月分の金額を記載します（現金で支給している場合には、⑪通貨によるものの額に記載）。
⑭支払基礎日数17日 （15日）以上の月の 報酬月額の総計	⑩給与計算の基礎日数が17（15日）以上の月の⑪通貨によるものの額と⑫現物によるものの額の合計額を記入します。
⑮平均額	⑭の金額をその月数で割った金額を記載します。支払基礎日数が17日（15日）以上の月が2月しかなければ、2で割ります。1円未満切捨て。

> **memo** > 70歳以上の対象者がいる場合にも同じ用紙にまとめて記載する。

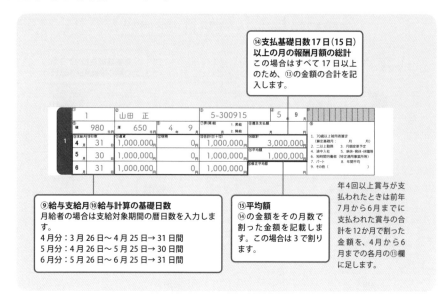

⑭支払基礎日数 17 日（15 日）以上の月の報酬月額の総計
この場合はすべて 17 日以上のため、⑬の金額の合計を記入します。

⑨給与支給月⑩給与計算の基礎日数
月給者の場合は支給対象期間の暦日数を入力します。
4 月分：3 月 26 日〜 4 月 25 日→ 31 日間
5 月分：4 月 26 日〜 5 月 25 日→ 30 日間
6 月分：5 月 26 日〜 6 月 25 日→ 31 日間

⑮平均額
⑭の金額をその月数で割った金額を記載します。この場合は 3 で割ります。

年 4 回以上賞与が支払われたときは前年 7 月から 6 月までに支払われた賞与の合計を 12 か月で割った金額を、4 月から 6 月までの各月の⑪欄に足します。

● 欠勤控除や休職が含まれる場合の⑩欄の書き方のポイント

欠勤控除が行われた従業員が月給者の場合には、就業規則等で定めた所定労働日数から欠勤日数を差引きます。時給制や日給制の場合は、実際の出勤日数（有給日数を含む）を記載します。下記の例では 4 月を休職しているので日数は 0 になります。

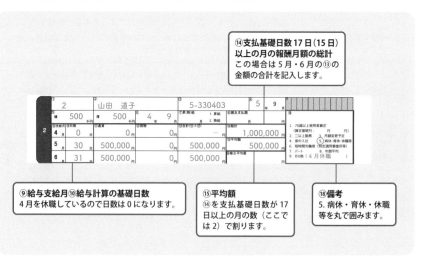

⑭支払基礎日数 17 日（15 日）以上の月の報酬月額の総計
この場合は 5 月・6 月の⑬の金額の合計を記入します。

⑨給与支給月⑩給与計算の基礎日数
4 月を休職しているので日数は 0 になります。

⑮平均額
⑭を支払基礎日数が 17 日以上の月の数（ここでは 2）で割ります。

⑱備考
5. 病休・育休・休職等を丸で囲みます。

経理

人事

総務・他

memo > 被保険者報酬月額変更届は 7 月改定該当者がいる場合にあわせて提出が必要（→ P.202）。

●新入社員の場合の⑩欄の書き方のポイント

給与計算期間の途中で入社した場合（たとえば給与が25日締めの場合の4月1日入社など）には、入社日から締め日までの日数を記載します。この場合は備考欄に入社日を記入します。

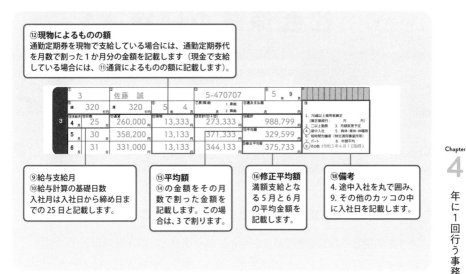

⑫現物によるものの額
通勤定期券を現物で支給している場合には、通勤定期券代を月数で割った1か月分の金額を記載します（現金で支給している場合には、⑪通貨によるものの額に記載します）。

⑨給与支給月
⑩給与計算の基礎日数
入社月は入社日から締め日までの25日と記載します。

⑮平均額
⑭の金額をその月数で割った金額を記載します。この場合は、3で割ります。

⑯修正平均額
満額支給となる5月と6月の平均金額を記載します。

⑱備考
4. 途中入社を丸で囲み、9. その他のカッコの中に入社日を記載します。

●時給者や日給者が含まれる場合の書き方のポイント

パートなどで支払基礎日数が17日以上の月が1か月でもあればその月の金額になります。すべて17日未満の場合は、15日以上の月の金額になります。すべて15日未満の場合は、従来の標準報酬月額となります（その場合、支払基礎日数15日未満の報酬月額の総計と平均額は記入不要）。

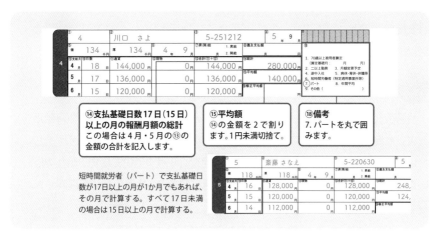

⑭支払基礎日数17日（15日）以上の月の報酬月額の総計
この場合は4月・5月の⑬の金額の合計を記入します。

短時間就労者（パート）で支払基礎日数が17日以上の月が1か月でもあれば、その月で計算する。すべて17日未満の場合は15日以上の月で計算する。

⑮平均額
⑭の金額を2で割ります。1円未満切捨て。

⑱備考
7. パートを丸で囲みます。

memo ▷ 短時間就労者とは、パート、アルバイトなど、1週間の所定労働時間および1カ月の所定労働日数が、通常の従業員と比べて4分の3以上である人のことです。

Section

02 ｜ 社会保険の随時改定

昇給などで固定的な給与が変わったときは、社会保険料の見直しも必要なんだ。

ここだけ
Check!

✓ 給与の変更月から雇用保険料と所得税は変わり、社会保険料は随時改定に該当すれば5か月目支給給与から変わる。住民税は変わらない。

✓ 固定的賃金が変わらなければ随時改定に該当しない。

固定的な賃金が変わると社会保険料も変わる

　給与を変更しても社会保険料は前月と変わりません。雇用保険料と所得税は変わります。住民税は前年の所得にもとづき1年分が計算されているため、給与が変更されても変わりません（P.185の特別徴収税額通知書を参照）。

　ただし、変更後の給与を3か月間支給し右ページの3つの条件のすべてに該当するときは社会保険料が変わるため、3か月目の給与支給後すみやかに「**健康保険・厚生年金保険被保険者報酬月額変更届**」を年金事務所へ提出します。提出後「**改定通知書**」が年金事務所から会社へ送られてくるので、変更月から4か月目の月分（5か月目支給給与）から新しい社会保険料を差引きます。これを**随時改定**といいます。したがって、固定的賃金が変わった場合には、2等級以上の差が出るかどうか、3か月後に判定が必要になります。

社会保険が変わるのは4か月後から

　月額変更届を提出すると、給与を変更した月から4か月目の標準報酬月額が変更され**5か月目支給給与**から差引く社会保険料を変更します。たとえば、10月に支給する給与に変更があった場合、10月から1月までに支給する給与ではいままでと同額の社会保険料を差引き、2月支給給与（1月分社会保険料）から変更します。

随時改定とは、固定的賃金の変動月から3か月間に支給された給与の平均月額による標準報酬月額と、以前の標準報酬月額との間に2等級以上の差が生じたことによる標準報酬月額の改定のことなのだ。

経理

人事

総務・他

随時改定となるかどうか、まず3つの条件を確認します。

> ❶ 固定的賃金が変わった。

> ❷ 変更月から3か月間に支給された給与の平均月額による標準報酬月額とこれまでの標準報酬月額との間に2等級以上の差が出た。

> ❸ 3か月とも支払基礎日数が17日以上ある。

固定的賃金の変動

固定的賃金が変わったとは、支給額や支給率が決まっている給与（毎回定額で支払われる基本給や歩合率が毎回同じ給与など）が変わった場合をいいます。たとえば、次のような場合が該当します。

・昇給や降給
・日給から月給への変更など給与体系の変更
・日給や時間給の単価変更
・請負給、歩合給等の単価、歩合率の変更
・住宅手当、通勤手当、役付手当などの固定的な手当の新規や追加支給および支給額の変更

なお、次のようなものは固定的賃金の変動に該当しません。

①単に残業時間が増えたことで残業手当が増えた（残業時間により変動する）
②精勤手当や皆勤手当が支給された（臨時に支給される）

2等級以上の増減の確認

給与変更前の標準報酬月額は毎年6月頃に年金事務所から送られてくる決定通知書で確認できます。変更後の3か月間の平均月額の標準報酬月額は標準報酬月額等級表に当てはめて確認します。

支払基礎日数

支払基礎日数とは日給制の場合は出勤日数を、月給制の場合は暦日数（いわゆる土日も含むカレンダーどおり）をいいます。有給休暇を消化しても日数に含めます。ただし、月給制の場合で欠勤控除が差引かれている場合は、就業規則等で定めた所定労働日数から欠勤日数を差引いた日数とします。

固定的賃金の増加を打消す残業代の増減

次の場合には随時改定にあたらず、月額変更届は必要ありません。

・固定的賃金は増加したが、3か月間の残業代が減少し標準報酬月額が2等級以上下がった。
・固定的賃金は減少したが、3か月間の残業代が増加し標準報酬月額が2等級以上上がった。

● 健康保険・厚生年金保険被保険者報酬月額変更届

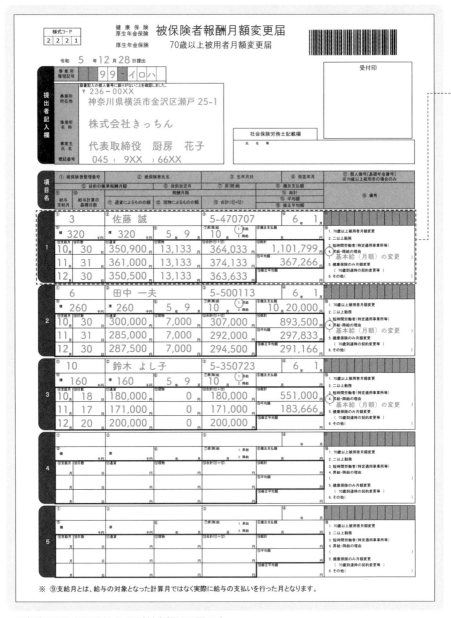

※ ⑨支給月とは、給与の対象となった計算月ではなく実際に給与の支払いを行った月となります。

月額変更届には原則として添付書類は不要です。

memo ＞ 7月月変とは、4月に固定的賃金の変動があり随時改定に該当する場合の手続きです。7月に月額変更届を提出し7月分から標準報酬月額が変更になるため、該当者は定時決定による算定基礎届に含まれません。

●健康保険・厚生年金保険被保険者報酬月額変更届の書き方

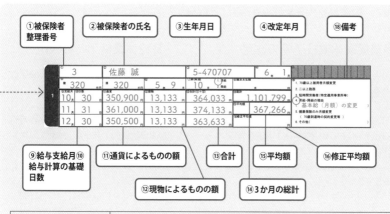

①被保険者整理番号　②被保険者の氏名　③生年月日　④改定年月　⑱備考

⑨給与支給月⑩給与計算の基礎日数　⑪通貨によるものの額　⑬合計　⑮平均額　⑯修正平均額

⑫現物によるものの額　⑭3か月の総計

項目	解説
①被保険者整理番号	標準報酬月額決定通知書などに記載されている。
⑨給与支給月 ⑩給与計算の基礎日数	月給者は対象となる期間に支給された給与の、それぞれの直前の締め日の翌日から締め日までの暦日数を記載する。例では10月分（9月26日~10月25日）が30日、11月分（10月26日~11月25日）が31日、12月分（11月26日~12月25日）が30日となる。日給者・時給者は出勤日数を記載する。
⑪通貨によるものの額	臨時に受けたものおよび賞与以外の給与のこと。基本給、各種手当（通勤手当を含む）などが含まれる。皆勤賞、永年勤続賞、慶弔費、大入り袋などは含まれない。
⑫現物によるものの額	通勤定期券を現物で支給している場合には、通勤定期券代を月数で割った1か月分の金額を記載する（現金で支給している場合には、⑪通貨によるものの額に記載）。上記の例では半年の通勤定期代78,800円を6で割っている。
⑭3か月の総計	⑩給与計算の基礎日数が17日以上の月の⑪通貨によるものの額と⑫現物によるものの額の合計額を記入する。
④改定年月	⑨に記載した3か月目（12月）の翌月を記載する。
⑮平均額	⑭の金額をその月数で割った金額を記載する。支払基礎日数が17日以上の月が2月しかなければ、2で割る。1円未満切捨て。この値を標準報酬月額表にあてはめ、等級に2段階の差があれば変更届を行う。
⑯修正平均額	遡及して支給が行われた場合の平均額を記入する。下記の例では「⑭の額－20,000円」の値を3で割って月平均額を算出している。

●遡及して支給した場合の例（9月の昇給分20,000円を10月に支給）

⑭空欄/賞給 ⑮		⑯遡及支払額	
10		10	20,000
307,000		893,500	
292,000		297,833	
294,500		291,166	

・9月の昇給分20,000円を10月に支給

・昇給時期：令和5年10月

・遡及して支給した額を勘案した平均額
（893,500-20,000）÷3

---

memo 8月（9月）月変とは、5月（6月）に固定的賃金の変動があり随時改定に該当する場合の手続きです。
8月（9月）に月額変更届を提出し、8月（9月）分から標準報酬月額が変更になります。

● 随時決定以外の改定

以下の場合、随時改定よりも改定する条件が緩くなっています。

産前産後休業終了時の改定

産前産後休業終了日にその産前産後休業に係る子を養育している従業員は、随時改定に該当しなくても、一定の場合には産前産後休業終了日の翌日が属する月以後3か月間（支払基礎日数が17日未満の月を除く）に受けた報酬の平均額にもとづき、4か月目分（5か月目支給給与）の標準報酬月額から改定することができます。

育児休業終了時の改定

育児休業および育児休業に準ずる休業終了日に3歳未満の子を養育している従業員は、随時改定に該当しなくても、一定の場合には育児休業終了日の翌日が属する月以後3か月間（支払基礎日数が17日未満の月を除く）に受けた報酬の平均額にもとづき、4か月目分（5か月目支給給与）の標準報酬月額から改定することができます。

● 給与から差引く項目のまとめ

社会保険料が変わるタイミングと、社会保険料の変更で雇用保険料と所得税も変わる点に注意します。

（例）9月に給与を変更し随時改定に該当した場合

	8月	9月	10月	11月	12月	1月	2月
所得税・雇用保険料	○	●	●	●	●	●	●
住民税	○	○	○	○	○	○	○
社会保険料	○	○	○	○	○	●	●

変更月から3か月が随時改定に該当→4か月目に月額変更届を提出、標準報酬月額が変更される→5か月目支払給与から新社会保険料

○…変更前給与から差引いていた金額
●…変更後の給与額にもとづき差引く金額
※ 所得税は変更後の社会保険料にもとづき再度変更になる

随時改定に該当し社会保険料が変わると所得税も変わるため注意が必要。

4月から6月が繁忙期の場合

　定時決定は、基本的に4月、5月、6月の3か月間に受けた報酬の月平均額で標準報酬月額を計算します。しかし、3月決算会社の経理部門の従業員などはこの時期に残業時間が増えるため、標準報酬月額も高くなりがちです。

　このような場合、「前年の7月から当年の6月までの間に受けた報酬の月平均額から計算した標準報酬月額」の方が2等級以上低く、業務の性質上その差が毎年発生することが見込まれるときは、「前年7月から当年6月までの間に受けた報酬の月平均額」で標準報酬月額を計算するよう申立てることができます。

・年間報酬の平均で算定することの申立書

　　　　上記のフォームは日本年金機構のホームページからダウンロードできます。

▶「年間報酬の平均で算定することの申立書」などのダウンロード（日本年金機構 http://www.nenkin.go.jp/）
トップ＞年金の制度・手続き＞厚生年金保険＞健康保険・厚生年金保険の届書＞報酬月額関係届書＞定時決定のため、4月〜6月の報酬月額の届出を行う際、年間報酬の平均で算定するとき

Section

03 | 労働保険の 年度更新手続き

労働保険料も原則として
年1回見直しを行うのだ。

ここだけ
Check!

- ☑ 毎年概算で申告し、翌年に実績との差額を精算する。
- ☑ 雇用保険と労災保険で対象者が異なる。年度の途中の退職者も人数、金額に含む。
- ☑ 概算保険料の納付額が40万円以上の場合は3回に分割して納付できる。

 労働保険料は最初に概算保険料を納付し、翌年に確定保険料と精算

　毎年4月1日から翌年3月31日までの概算（予定）での給与にもとづく労働
保険料（概算保険料）を労働基準監督署に納付し、翌年に実際に支給した給与
にもとづく労働保険料（確定保険料）との差額を精算します。この手続きを**年
度更新**といいます。年度更新は、労働保険申告書に保険料を添えて、毎年6月
1日から7月10日までの間に、所轄の労働基準監督署や銀行などへ提出します。
概算保険料の納付額が40万円以上の場合には、7月10日、10月31日、1月31
日の**3回に分割して納付**することができます。

　なお、建設業などの一定の業種は労災保険と雇用保険を分けて申告します。

 大きな変更がなければ概算給与額は前年の確定給与額を使用

　労働保険申告書の作成では、前年4月1日から当年3月31日までの給与（以
下「前年実績」）、人数、当年4月1日から翌年3月31日までの概算給与額を、
それぞれ全従業員、雇用保険対象者ごとに、賃金台帳（源泉徴収簿）をもとに
集計します（P.211の「給与額の集計」参照）。概算給与額は、支給予定額が前
年実績の2分の1以上2倍以下の場合には、その**支給予定額ではなく前年実績
と同額を記載**します。

　前年実績は、基本的には前年4月1日から当年3月31日の間に締め日が到来
した給与で考えます。資金繰りで未払いでも対象となります。

経理

人事

総務・他

memo ＞ GビズIDを取得すれば、e-Govで電子申請ができます。

労働保険の年度更新手続きの概要

☑	対象者	従業員、パート、アルバイトなど
☑	作成する書類	労働保険申告書
☑	確認する書類	賃金台帳
☑	提出先	労働基準監督署や銀行など
☑	作業の時期	毎年6月1日から7月10日まで

● 労働保険の年度更新手続きのスケジュール

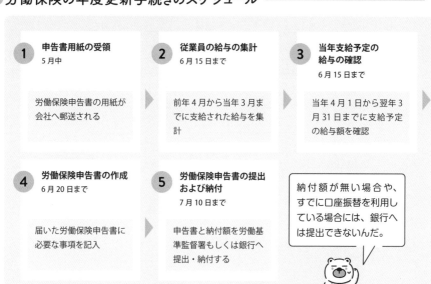

1 申告書用紙の受領
5月中

労働保険申告書の用紙が会社へ郵送される

2 従業員の給与の集計
6月15日まで

前年4月から当年3月までに支給された給与を集計

3 当年支給予定の給与の確認
6月15日まで

当年4月1日から翌年3月31日までに支給予定の給与額を確認

4 労働保険申告書の作成
6月20日まで

届いた労働保険申告書に必要な事項を記入

5 労働保険申告書の提出および納付
7月10日まで

申告書と納付額を労働基準監督署もしくは銀行へ提出・納付する

納付額が無い場合や、すでに口座振替を利用している場合には、銀行へは提出できないんだ。

● 労働保険の年度更新のイメージ

概算額と確定額の差を毎年精算していきます。

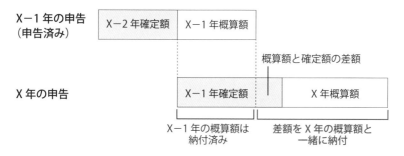

X−1年の申告（申告済み）

X−2年確定額	X−1年概算額

概算額と確定額の差額

X年の申告

X−1年確定額	X年概算額

X−1年の概算額は納付済み

差額をX年の概算額と一緒に納付

memo ▷ 労働保険事務組合は事務手続きを代行する厚生労働省の認可を受けた団体。労働保険申告書の作成、納付に関する事務などが委託できます。委託すると労働保険料が40万円未満でも年3回に分納できます。

労働保険申告書の書き方

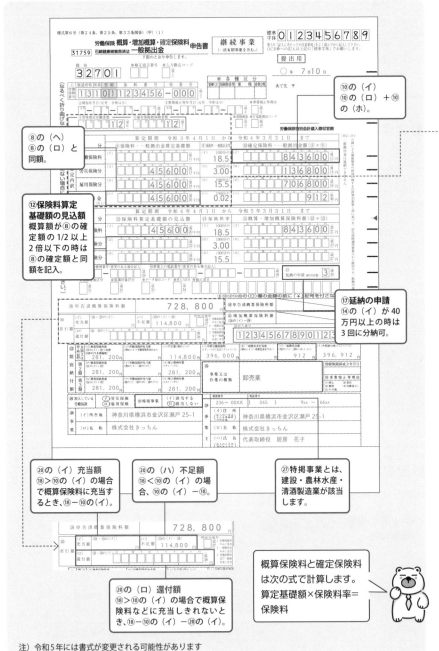

注）令和5年には書式が変更される可能性があります

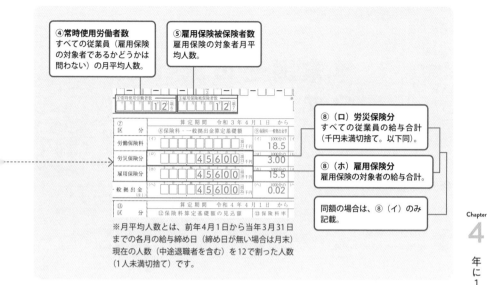

④**常時使用労働者数**
すべての従業員（雇用保険の対象者であるかどうかは問わない）の月平均人数。

⑤**雇用保険被保険者数**
雇用保険の対象者月平均人数。

⑧（ロ）**労災保険分**
すべての従業員の給与合計（千円未満切捨て。以下同）。

⑧（ホ）**雇用保険分**
雇用保険の対象者の給与合計。

同額の場合は、⑧（イ）のみ記載。

※月平均人数とは、前年4月1日から当年3月31日までの各月の給与締切日（締め日が無い場合は月末）現在の人数（中途退職者を含む）を12で割った人数（1人未満切捨て）です。

給与額の集計

給与額と人数の集計は右図の**労働保険申告用集計表**^{DL}を使うと便利です（学生アルバイトなどをもらさないように注意）。なお、給与額の集計に含めない項目もあります（下表参照）。定期代は社会保険（→P.199）と同様に月割り額を各月に加えます。

(注1)学生アルバイトも含む全従業員。労災保険分。
(注2)月ごとの合計人数を12で割る（1人未満の端数は切捨て）
(注3)雇用保険の対象者のみ

区分	支給項目
労働保険に含まれる	基本給、諸手当、賞与、通勤手当（所得税が非課税のものも含む）、通勤定期券
労働保険に含まれない	退職金、制服、作業着、慶弔金、社宅や食事など現物によるもののうち一定のもの（これらの提供を受けない従業員へ金銭で補てんされる場合を除く）

> **memo** 労働保険申告後、事業規模の拡大などで実績給与が概算給与の2倍を超え、かつ、労働保険料が13万円以上増える場合には、改めて新たな概算給与にもとづく申告が必要になります。

Section 04 | 年末調整の流れをつかもう

年末調整は毎月の「給与の支払い時に預かる所得税の合計」と正しい所得税の額の差額を調整するしくみなんだ。

●年末調整のスケジュール

1 各種書類の配布
最後の給与支払日の25日前

各種書類を対象者へ配布。配布の際、回収期日を口頭でも伝える

> P.214,216

2 各種書類の回収
最後の給与支払日の15日前

回収期日までに提出がない人へは提出を再度お願いする

> P.216

3 回収した書類の確認
最後の給与支払日の10日前

記入不足、記入誤り、添付もれなどを確認。あった場合には、本人へ連絡

> P.218,222,226

4 各種書類の作成
最後の給与支払日の5日前

源泉徴収簿、源泉徴収票、所得税の差額分を調整した給与明細書を作成

> P.228,232

5 給与の支払い
最後の給与支払日当日

給与明細書のほかに、源泉徴収票も一緒に渡す

6 納付書の作成と納付
翌年1月10日まで

税務署もしくは銀行で納付（納期の特例では翌年の1月20日まで）

> P.178

経理

人事

総務・他

　年末調整とは、給与の支払いを受ける従業員（役員を含む）を対象に、毎回の給与の支払い時に預かった所得税の1年間の合計額と、その年の給与の合計額にかかる所得税の金額を比べて、その**過不足額を精算する**ための手続きです。

　年末調整をした従業員は、大部分が自分で確定申告を行う必要がなく、会社が計算する金額で税金が決まります。また、給与以外に収入があり確定申告をする場合でも、年末調整をした結果である源泉徴収票を使って行います。

memo 年末調整は会社の義務のため、たとえ本人が確定申告をしていても対象者については必ず行う必要があります。

年末調整の概要

- ☐ **対象者** 役員、従業員、パート、アルバイトなど
- ☐ **作成する書類** 年末調整のお知らせ、源泉徴収簿、源泉徴収票、納付書など
- ☐ **確認する書類** 扶養控除等申告書、保険料控除申告書、基礎控除申告書兼配偶者控除等申告書兼所得金額調整控除申告書など
- ☐ **作業の時期** 従業員、税務署など

●年末調整による過不足の精算

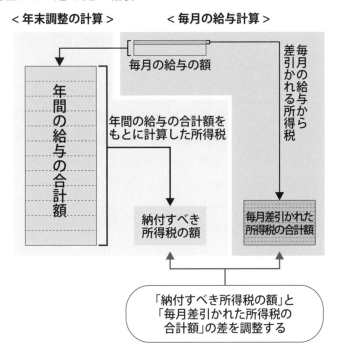

< 年末調整の計算 >　　　< 毎月の給与計算 >

毎月の給与の額

年間の給与の合計額

年間の給与の合計額をもとに計算した所得税

毎月の給与から差引かれる所得税

納付すべき所得税の額

毎月差引かれた所得税の合計額

「納付すべき所得税の額」と「毎月差引かれた所得税の合計額」の差を調整する

　年末調整をスムーズに進めるためには、①従業員から各種申告書を確実に回収して記載内容を確認すること、②源泉徴収簿の計算の流れを把握することが大切です。①については、時間的な余裕をもって各種申告書を配布します。②については、毎年税務署から公表される年末調整の手引きによく目を通しておきます。

　毎月の給与計算に市販のソフトを使っている場合は、基本的に年末調整の必要項目を入力すれば、一連の計算処理ができます。

> **memo** 給与から預かるのは所得税だけではなく、復興特別所得税も含まれます。本書では理解しやすいように特別に使い分ける場合を除き、所得税とだけ記載しています。

頻度：年1回

年末調整① 年末調整の対象者と給与の期間

年末調整の対象者は甲欄の従業員で、1〜12月に支払われる給与なんだ。

ここだけ
Check!

✓ 甲欄に該当する従業員が対象になる。

✓ 年の途中の退職者の一部は、年末調整が必要になる。

✓ 年末調整はその年に支給日の到来した給与が対象になる。

年末調整の対象者は甲欄で給与計算をしている人

年末調整の対象者は、従業員（役員含む）のうち**甲欄**（→P.172）**で給与計算を行っている従業員**です。**中途退職者は基本的には対象外**ですが、12月支給の給与の支払いを受けた後に退職する人は対象です。また、年間の給与総額が**2000万円超の従業員は対象外**となり、個人で確定申告をしてもらいます。

その年に就職した従業員で前職の源泉徴収票に「乙欄」欄にチェックが入っていないもの（甲欄だった従業員）に対しては、その源泉徴収票に記載された給与も含めて年末調整をします。チェックが入っていれば、前職分の給与は含めずに自社の分の給与だけ年末調整をします（本人に前職分と自社分の源泉徴収票をもとに確定申告してもらいます）。

年末調整の対象は1月1日から12月31日に支給される給与

年末調整の対象となる給与は、その年1月1日から12月31日までに基本的に**「支給日」が到来する給与**です。したがって、給与計算のもととなる締め日や〇月分などは一切関係がありません。

支給日がその年であれば、その年の年末調整の対象となりますが、ここでいう支給日とは就業規則や慣習などにより定められている「本来支給されるべき日」となります。したがって、単なる支払いの遅れによる未払いであっても本来の支給日がその年であれば年末調整の対象となります。

● 年末調整の対象者

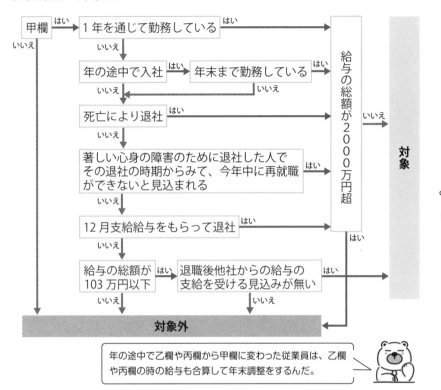

年の途中で乙欄や丙欄から甲欄に変わった従業員は、乙欄や丙欄の時の給与も合算して年末調整をするんだ。

● 年末調整の対象となる給与

あくまで支給日で考えるのが基本です。

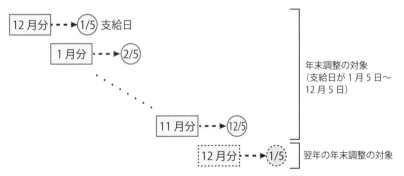

上記の場合、原則として11月分支給給与（12月5日支給）で年末調整を行います。しかし、会社によっては11月分支給給与は通常どおり毎月と同様に支給を行い、支給後に年末調整の計算を行い、過不足だけを12月分支給給与（翌年1月5日支給）で精算することもあります（いずれにしても年末調整を12月分から11月分までで計算することがポイントです）。

> **memo** > 「死亡や著しい心身の障害で退職し、再就職の見込みが無い者」「年間の給与総額が103万円以下の者が退職し、その年に再就職する見込みが無い者（還付になります）」は年の途中で年末調整を行います。

Section
04-2

年末調整②
各種書類の配布・回収

書類には「年末調整のお知らせ」も入れて周知をはかろう。

ここだけ
Check!

✓ 扶養控除等申告書は今年分のコピーと翌年分を配布する。

✓ 保険料控除申告書は適用が無くても回収する。

✓ 回収するのも仕事と考え、期限内に提出を促すようにする。

書類はその年の最後の給与計算の25日前に配布する

　年末調整の対象となる従業員（役員含む）に、**扶養控除等申告書（今年分のコピーと翌年分の2種類）**、**保険料控除申告書**、**基礎控除申告書兼配偶者控除等申告書兼所得金額調整控除申告書**、**年末調整のお知らせ**^{DL}を、その年の最後の給与支払日の25日前までに配布します。

　扶養控除等申告書の今年分のコピーは、昨年の同じ時期に回収し経理で保管したもののコピーです。年末調整は年末時点の扶養状況で計算するため、前年の提出時から扶養状況に変更がある場合には、配布したコピーに赤字で修正をしてもらいます。原本ではなくコピーを配布するのは原本の紛失を防ぐためです。扶養状況に変更が無いときはそのまま返却してもらいます。

書類の回収は年の最後の給与支払日の15日前までに行う

　配布した書類は最終の給与支払日の15日前までに回収します。回収した書類は、①**扶養控除等申告書（今年分のコピー）**、②**基礎控除申告書兼配偶者控除等申告書兼所得金額調整控除申告書**、③**保険料控除申告書**、④**その他の申告書**の順に従業員ごとにセットします（→P.26）。また、扶養控除等申告書（**翌年分**）は翌年分としてファイリングします。期限当日に提出していない従業員には個別に声をかけ、提出する予定日の約束をもらいます。今年入社した従業員で前職の源泉徴収票（甲欄）が提出されていない場合には、この時点で回収するようにします。

経理

人事

総務・他

●年末調整で配布する書類

書類名	解説
扶養控除等申告書（今年分コピー）	年末時点における従業員の扶養親族に関する情報を記入する書類で、今年の申告には昨年末に記入してもらった扶養控除等申告書を使用。申告に際して今年の扶養者の情報に変更がある場合には配布したコピーに赤字で修正をしてもらう（翌年分も記入してもらう）。翌年分は翌年の給与計算の扶養控除の情報として使用するとともに翌年の年末調整時にコピーを配布。
扶養控除等申告書（翌年分）	
保険料控除申告書	支払った保険料の情報を記入する書類で、保険会社などが発行する控除証明書を一緒に提出。該当する保険料の支払いが無い場合には、本人氏名、住所の記入だけで提出。
基礎控除申告書兼配偶者控除等申告書兼所得金額調整控除申告書	基礎控除（合計所得金額2500万円以下の者に限る）、配偶者（特別）控除（合計所得金額1000万円以下の者に限る）、所得金額調整控除（給与収入850万円超の者に限る）の適用を受ける場合に記入する書類。
年末調整のお知らせ	各種書類の提出期限、添付する証明書の確認、不明な点があったら相談してほしい旨などを記載しておく。確実に書類を回収できるように、このようなお知らせも一緒に配布。

各種書類には、所轄税務署長、市町村長、給与の支払者の名称（会社名）、給与の支払者の所在地（会社所在地）を記載する欄があるんだ。従業員へ配布する前に、各種書類へゴム印を押印するか、国税庁が提供する入力用PDFへ入力してから印刷しよう。

●年末調整で回収する書類

申告書名	添付書類	解説・注意点
扶養控除等申告書（本年分コピー）	・中途入社は、前職の源泉徴収票（甲欄のみ）。 ・配偶者や扶養親族が外国に住んでいる（非居住者）の場合は、送金関係書類。	・従業員が赤字で修正をいれたもの。修正がなくても回収。 ・前職分の源泉徴収票が回収できないときには、本人に確定申告をしてもらうことを伝える。
扶養控除等申告書（翌年分）	・配偶者や扶養親族が外国に住んでいる（非居住者）の場合は、親族関係書類。	翌年1月以降の給与計算で使用するもの。
保険料控除申告書	・生命保険料控除、損害保険料控除、小規模企業共済等掛金控除などは保険会社などが発行した証明書。 ・社会保険料控除の国民年金の保険料と国民年金基金の掛金は証明書を添付。国民健康保険は添付不要。	・対象となる保険が無い場合にも、本人氏名と住所の記載をしてもらう。 ・国民年金の証明書を紛失したら、本人に年金事務所へ再発行を依頼してもらう。
基礎控除申告書兼配偶者控除等申告書兼所得金額調整控除申告書	・配偶者が外国に住んでいる（非居住者）の場合は、親族関係書類と送金関係書類。	
給与所得者の（特定増改築等）住宅借入金等特別控除申告書（特別控除申告書）	次の書類を添付 《平成23年以後に住宅を居住の用に供した場合》 ①年末調整のための（特定増改築等）住宅借入金等特別控除証明書（特別控除証明書）：特別控除申告書の下半分に印刷される。税務署から発行 ②住宅取得資金に係る借入金の年末残高等証明書（年末残高等証明書）：銀行から発行 《平成22年以前に住宅を居住の用に供した場合》 ①特別控除証明書：税務署から発行。自社の年末調整で2回目以降は添付省略可。 ②年末残高等証明書：銀行から発行	・初年度は本人に確定申告をしてもらうが、2年目からは会社で年末調整ができる。 ・居住年により特別控除証明書の取扱いが異なる。 ・特別控除証明書を紛失した場合には、本人に税務署へ再発行を依頼してもらう。

memo 〉 扶養控除等申告書（今年分のコピー）を配布せずに、翌年分の扶養控除等申告書のみを配布する場合もあります。その場合には、特定扶養親族などの対象年齢の判定や所得の見積額の確認に注意が必要です。

頻度：年1回　　締切：最後の給与支給日の10日前

Section 04-3 年末調整③ 扶養控除等申告書の作成

扶養控除、障害者控除など
を受けるために必要なんだ。

ここだけ Check!

☑ 年齢の判定は原則12月31日時点で判定、例外として死亡日。

☑ 扶養控除等申告書の記入不足や記入誤りなどに注意する。

☑ 年末調整では源泉控除対象配偶者かどうかは直接関係はなく、基礎控除申告書兼配偶者控除等申告書兼所得金額調整控除申告書で、配偶者（特別）控除の対象者かどうかを見る。

生計を一にする親族の所得や障害の有無に応じて所得税の額は変化

　生計を一にする**合計所得金額が48万円以下の親族**がいる場合や本人が障害者などの場合は、所定の金額を所得金額から差引くことができます。差引ける金額は、その親族の年齢や本人との同居の有無などで決まり、**判定の時期は12月31日時点**です（本人や親族が年の途中で死亡の場合は死亡日現在）。

　合計所得金額が48万円以下であるかどうかについて、年末調整は通常12月31日以前に計算するため、12月31日時点の見込み額で判定します。

扶養控除等申告書で扶養控除、障害者控除などを判定する

　扶養控除等申告書は、給与について扶養控除、障害者控除などの各種控除を受けるために会社に提出する書類です。書類の右上に㊺と記載されているので、経理では「**マル扶**」と言ったりします。なお、個人住民税の扶養親族申告書も同じ用紙（用紙の下の方）に記載するようになっています。今年分のコピーに赤字で変更が無いか、あれば記載に問題が無いか、また翌年度分の記載に誤りなどが無いか、最終の給与支払日の10日前までに確認します。

　新しく用意する扶養控除等申告書は**年末調整をする年の翌年の分**であるため、保険料控除申告書、基礎控除申告書兼配偶者控除等申告書兼所得金額調整控除申告書の年と異なる点に注意します。

本人が障害者であれば障害の程度に応じた控除が受けられる。配偶者や扶養親族が障害者であれば、配偶者控除や扶養控除に上乗せして控除が受けられるのだ。

経理

人事

総務・他

● 扶養控除等の具体的な内容 （配偶者特別控除は→ P.226）

まず配偶者や扶養親族がいればそれぞれの種類に該当するか確認し、本人を含め障害者がいればその分上乗せして控除されます。

控除の種類			対象	控除金額
配偶者控除	源泉控除対象配偶者 ※給与計算時に扶養親族の数に加算するが、年末調整時には関係ありません。		「生計を一にする」「合計所得金額が95万円以下」の条件を満たす配偶者のうち、本人の「合計所得金額が900万円以下」	38万円
	同一生計配偶者		「生計を一にする」「合計所得金額が48万円以下」の条件を満たす配偶者	―
		控除対象配偶者	上記の同一生計配偶者のうち、本人の「合計所得金額が1,000万円以下」	本人の合計所得金額に応じて 13万、26万、38万
		老人控除対象配偶者	上記の控除対象配偶者で、年齢が70歳以上	本人の合計所得金額に応じて 16万、32万、48万
扶養控除	扶養親族		「生計を一にする」「合計所得金額が48万円以下」の条件を満たす配偶者以外の親族	―
	控除対象扶養親族		上記の扶養親族で年齢が16歳以上	38万円
		特定扶養親族	上記の控除対象扶養親族で、年齢が19歳以上23歳未満	63万円
		老人扶養親族	上記の控除対象扶養親族で、年齢が70歳以上	48万円
		同居老親等	上記の老人扶養親族で、本人または配偶者の直系尊属（父母、祖父母）かつ常に同居	58万円

控除の種類			対象	控除金額
障害者控除	障害者		本人、同一生計配偶者、扶養親族（16歳未満の人も含む）のいずれかで、身体障害者手帳や精神障害者保健福祉手帳の交付を受けている人など	27万円
	特別障害者		上記の障害者のうち、1級と2級の身体障害者手帳や1級の精神障害者保健福祉手帳の交付を受けている人など	40万円
		同居の場合	上記の特別障害者が本人または配偶者、もしくは本人と生計を一にするその他の親族のいずれかと常に同居している場合	75万円

「合計所得金額」とは、基本的には各種所得の金額を合計したものです（一部異なる部分がある）。収入が給与のみであれば103万円以下、年金のみであれば158万円（65歳未満は108万円）以下は合計所得金額が48万円以下になります。

「生計を一にする」とは、基本的には同居をして寝起きを共にしている関係を指す。子供が学生寮に入っていたり、本人が単身赴任で別居をしていても、常に生活費等の仕送りをしている（いわゆるお財布が一緒の）関係も含まれる。親子というだけでは、「生計を一にする」とは言えないんだ。

> memo

住民票と実際の住所が異なる場合には、実際の住所を記載してもらいます。そのままでは住民税の納税通知書が2箇所（市町村）から送付されたりするため、原則として実際の住所に住民票を移してもらいます。

給与所得者の扶養控除等（異動）申告書

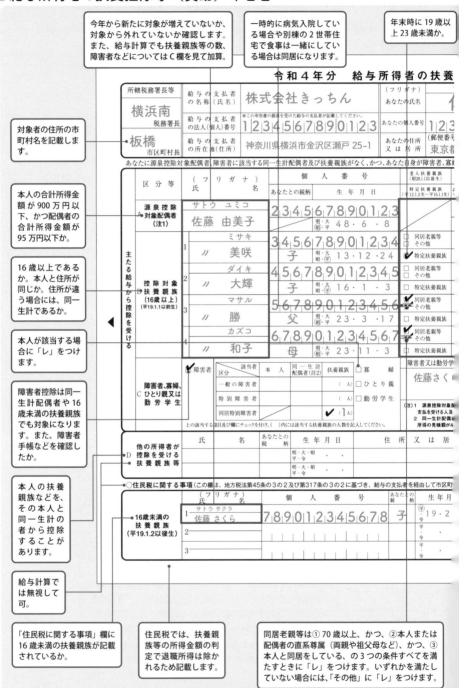

令和４年分　給与所得者の扶養

所轄税務署長等	給与の支払者の名称（氏名）	株式会社 きっちん	（フリガナ）あなたの氏名
横浜南 税務署長	給与の支払者の法人（個人）番号	※この申告書の提出を受けた給与の支払者が記載してください。 1234567890123	あなたの個人番号 123
板橋 市区町村長	給与の支払者の所在地（住所）	神奈川県横浜市金沢区瀬戸25-1	あなたの住所又は居所（郵便番号）東京

あなたに源泉控除対象配偶者、障害者に該当する同一生計配偶者や扶養親族がなく、かつ、あなた自身が障害者、寡婦

	区 分 等	（フリガナ）氏 名	個 人 番 号 あなたとの続柄 生 年 月 日	老人扶養親族（昭21.1.1以前生）特定扶養親族（平12.1.2生～平16.1.1生）
主たる給与から控除を受ける	源泉控除対象配偶者（注1）	サトウ ユミコ 佐藤 由美子	234567890123 明・大 (税)平 48・6・8	
	控除対象扶養親族（16歳以上）（平19.1.1以前生） 1	ミサキ 〃 美咲 子	3456789012345 明・大 昭(平) 13・12・24	□ 同居老親等等 □ その他 ☑ 特定扶養親族
	2	ダイキ 〃 大輝 子	45678901234○ 明・大 昭(平) 16・1・3	□ 同居老親等等 □ その他 □ 特定扶養親族
	3	マサル 〃 勝 父	5678901234567 明・大 平(明) 23・3・17	☑ 同居老親等等 □ その他 □ 特定扶養親族
	4	カズコ 〃 和子 母	6789012345○ 明・大 平(明) 23・11・3	☑ 同居老親等等 □ その他 □ 特定扶養親族

障害者、寡婦、ひとり親又は勤労学生 C	区分	該当者 本人	同一生計配偶者（注2）	扶養親族	☑障害者 □ 寡婦 □ ひとり親 □ 勤労学生	サトウ さく
	一般の障害者			（人）		
	特別障害者			（人）		（注1）源泉控除対象 支払を受ける人及
	同居特別障害者			☑（1人）		2 同一生計配偶者 所得の見積額が4

上の該当する項目及び欄にチェックを付け、（ ）内には該当する扶養親族の人数を記入してください。

	氏 名	あなたとの続柄	生 年 月 日	住 所 又 は 居
他の所得者が控除を受ける扶養親族等 D			明・大・昭 平・令 ・ ・	
			明・大・昭 平・令 ・ ・	

○住民税に関する事項（この欄は、地方税法第45条の3の2及び第317条の3の2に基づき、給与の支払者を経由して市区町

16歳未満の扶養親族（平19.1.2以後生）	（フリガナ）氏 名	個 人 番 号	あなたとの続柄	生 年 月
1	サトウ サクラ 佐藤 さくら	789012345678	子	(平)・令 19・2
2				平・令 ・
3				平・令 ・

左側の注釈

今年から新たに対象が増えていないか、対象から外れていないか確認します。また、給与計算でも扶養親族等の数、障害者などについてはC欄を見て加算。

一時的に病気入院している場合や別棟の2世帯住宅で食事は一緒にしている場合は同居になります。

年末時に19歳以上23歳未満か。

対象者の住所の市町村名を記載します。

本人の合計所得金額が900万円以下、かつ配偶者の合計所得金額が95万円以下か。

16歳以上であるか。本人と住所が同じか。住所が違う場合には、同一生計であるか。

本人が該当する場合に「レ」をつけます。

障害者控除は同一生計配偶者や16歳未満の扶養親族でも対象になります。また、障害者手帳などを確認したか。

本人の扶養親族などを、その本人と同一生計の者から控除することがあります。

給与計算では無視して可。

「住民税に関する事項」欄に16歳未満の扶養親族が記載されているか。

住民税では、扶養親族等の所得金額の判定で退職所得は除かれるため記載します。

同居老親等は①70歳以上、かつ、②本人または配偶者の直系尊属（両親や祖父母など）、かつ、③本人と同居をしている、の3つの条件すべてを満たすときに「レ」をつけます。いずれかを満たしていない場合には、「その他」に「レ」をつけます。

左サイドバー

経理

人事

総務・他

---

memo ▷ 年内最後の給与を支給した後に扶養親族が増減した場合（年内最後の給与を12月25日に支払った後、年末までに子供が生まれたなど）には、年末調整の計算を再度行い1月に支給する給与で税金を調整します。

住民票ではなく実際の住所（P.219のmemo）。

95万円を超えていないか。合計所得金額は12月31日時点の金額を見積ります。パート収入150万円、年金収入205万円（65歳未満163万3,334円）以下は95万円以下。95万円を超える配偶者は、年末調整時に配偶者控除等申告書で対応します。

養控除等（異動）申告書

| サトウ | マコト | あなたの生年月日 | 明・大・昭 48年 7月 7日 |
| 佐藤 誠 | | 世帯主の氏名 | 佐藤 誠 |

扶

従たる給与についての扶養控除等申告書の提出
（提出している場合には、◯印を付けてください。）

記載のしかたはこちら

| 3456789012 | あなたとの続柄 | 本人 |

◯印の記入があっても、特に給与計算には影響しません。

都板橋区◯−◯− 配偶者の有無 **有**・無

寡婦、ひとり親又は勤労学生のいずれにも該当しない場合には、以下の各欄に記入する必要はありません。

令和4年中の所得の見積額	非居住者である親族 / 生計を一にする事実	住所又は居所	異動月日及び事由（令和4年中に異動があった場合に記載してください（以下同じです）。）
320,000 円		東京都板橋区◯−◯−◯	
0 円		愛知県名古屋市中区◯−◯−◯	
0 円		東京都板橋区◯−◯−◯	
300,000 円		~~東京都江東区◯−◯−◯~~	8月4日板橋区◯−◯−◯へ引っ越し、同日より同居
300,000 円		〃	〃

勤労学生の内容（この欄の記載に当たっては、裏面の「2 記載についてのご注意」の(8)をお読みください。）異動月日及び事由

くら、身体障害者2級、身体障害者手帳 平成21年4月1日交付

この申告書は、あなたの給与について扶養控除、障害者控除などの控除を受けるために提出するものです。

この申告書は、源泉控除対象配偶者、障害者に該当する同一生計配偶者及び扶養親族に該当する人も提出する必要があります。

この申告書は、2か所以上から給与の支払を受けている場合には、そのうちの1か所にしか提出することができません。

この申告書の記載に当たっては、裏面の「1 申告についてのご注意」等をお読みください。

源泉控除対象配偶者とは、所得者（令和4年中の所得の見積額が900万円以下の人に限ります。）と生計を一にする配偶者（青色事業専従者として給与の支払を受ける人及び白色事業専従者を除きます。）で、令和4年中の所得の見積額が95万円以下の人をいいます。

同一生計配偶者とは、所得者と生計を一にする配偶者（青色事業専従者として給与の支払を受ける人及び白色事業専従者を除きます。）で、令和4年中の所得の見積額が48万円以下の人をいいます。

居 所	控除を受ける他の所得者			異動月日及び事由
	氏 名	あなたとの続柄	住所又は居所	

（町村長に提出する給与所得者の扶養親族申告書の記載欄を兼ねています。）

月 日	住所又は居所	控除対象外国外扶養親族	令和4年中の所得の見積額	異動月日及び事由
2・19	~~東京都江東区◯−◯−◯~~		0 円	8月4日板橋区◯−◯−◯へ引っ越し、同日より同居

非居住者である親族欄
配偶者：該当する場合に◯印
扶養親族：扶養親族の年齢が該当するか、留学生か、障害者か、38万円以上の仕送りを受けているか、該当するものに「✓」をつけます。
＊非居住者とは、1年以上（の予定で）国外に住む者のこと。
生計を一にする事実欄
扶養親族への年間の仕送り実績額を、年末調整に追記してもらう。

48万円を超えていないか。合計所得金額は12月31日時点の金額を見積ります。パート収入103万円、年金収入158万円（65歳未満108万円）以下は48万円以下。

同一生計配偶者を記載する場合は、さらにマイナンバー、住所、生年月日、その他の合計所得金額の見積額も記載します。

memo 扶養親族が年の途中で死亡した場合にも扶養控除などの適用はあります。ただし誕生日前に死亡した場合に要件の年齢に達していないとき（たとえば15歳9か月で亡くなった場合）には適用がありません。

Section

04-4 年末調整④ 保険料控除申告書の作成

主に加入している生命保険や地震保険支払額を記入するんだ。

ここだけ
Check!

- ☑ 控除証明書を1つひとつ確認する。
- ☑ 保険の種類ごとに記載欄が正しいか確認する。
- ☑ 差引く金額が限度額を超えていないか注意する。

 ### 本人が支払った生命保険や地震保険はその額に応じて所得税が変化する

生命保険料、地震保険料、社会保険料などを本人が支払った場合には、支払った保険料の額に応じた所定の金額を所得金額から差引くことができ、その分の所得税が低くなります。

差引くことができる金額は、保険の契約内容によって細かく区分され、計算することになります。実務的には、保険料控除申告書に貼付される**控除証明書などを1つひとつ確認**し計算していきます。ただし、**前払いされた保険料や剰余金の分配**がある場合など注意する点がいくつかあります。

 ### 保険料控除申告書の役割

生命保険料、地震保険料などの保険料控除を受けるために会社に提出する書類です。書類の右上に㋺と記載されているので、経理では「**マル保**」と言ったりします。最終の給与支払日の10日前までに内容を確認します。

内縁の妻や婚約者は配偶者には該当しないんだ。

経理

人事

総務・他

主な保険料控除の概要

生命保険と地震保険は証明書どおりです。ただし、対象とならない証明書が紛れていないかには注意が必要です。

保険料控除の種類	概要
生命保険料控除	本人が保険料を支払っていること、かつ、保険金が本人、配偶者または親族（個人年金保険については、本人または配偶者）に支払われるものに限られる。基本的に、すべて証明書を添付してもらう（→ P.224）。証明書どおりに記載する。
地震保険料控除	本人が保険料を支払っていること、かつ、保険の対象が本人や生計を一にする親族の所有する自宅や家財等であるものに限られる。すべてについて証明書を添付する必要がある。証明書どおりに記載する。
社会保険料控除	本人や生計を一にする親族が負担することになっている国民健康保険料や国民年金保険料などで、本人が支払ったものに限られる。国民年金と国民年金基金については、証明書を添付する必要がある。

保険料控除の処理に関する注意点

前払いがあったり、剰余金がある場合などに注意が必要です。

生命保険料控除

3つの区分

生命保険契約等の内容により、支払った保険料を「一般の生命保険料」「介護医療保険料」「個人年金保険料」の3つに区分して計算します。これらの区分は、通常、生命保険料控除証明書に記載されています。

剰余金・割戻金がある場合

剰余金の分配や割戻金の割戻しがある場合には、その年に支払った保険料から剰余金や割戻金の金額を差引いた残額が対象となります。

前納保険料がある場合

前納保険料は、払込（納付）期日の総回数のうち今年中に到来する回数分のみ対象になり、残りは翌年度以降の対象になります。
○例 12,000 円÷ 24 回× 8 回 =4,000 円

旧生命保険契約の注意点

平成 23 年 12 月 31 日以前に契約した旧生命保険契約で 9,000 円以下のものは証明書を添付する義務はありませんが、経理で確認するためにも原則は従業員へ添付するように説明します。

地震保険料控除

旧長期損害保険がある場合

地震保険料と旧長期損害保険料に区分して計算します。これらの区分は、通常、地震保険料控除証明書に記載されています。

剰余金・割戻金がある場合

剰余金の分配や割戻金の割戻しがある場合には、その年に支払った保険料からその剰余金や割戻金の金額を差引いた残額が対象となります。

> **memo** 一般の生命保険には、平成 24 年以降に契約した新生命保険とそれよりも前に契約した旧生命保険があり区別して計算します。控除証明書に「新」または「旧」と記載されています。

●給与所得者の保険料控除申告書

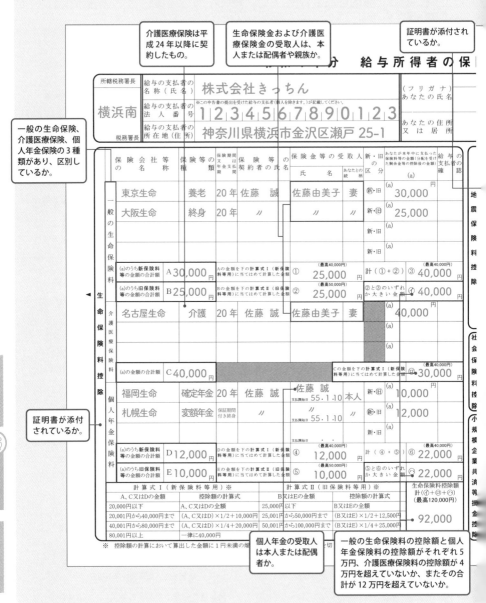

扶養控除等申告書、保険料控除申告書、配偶者控除等申告書のPDFのダウンロード（国税庁 https://www.nta.go.jp/）
ホーム＞税の情報・手続・用紙＞申告手続・用紙＞申告・申請・届出等、用紙（手続の案内・様式）＞税務手続の案内（税目目一覧）＞源泉所得税関係
検索キーワード：扶養控除等申告書、保険料控除申告書、基礎控除申告書兼配偶者控除等申告書兼所得金額調整控除申告書

> **memo** 会社で団体扱いで加入し、給与から保険料が差引かれている場合は、通常、控除証明書が出ません。そのため、会社で記入事項を確認し、給与の支払者の確認印欄に認印を押印し控除証明書の代わりとします。

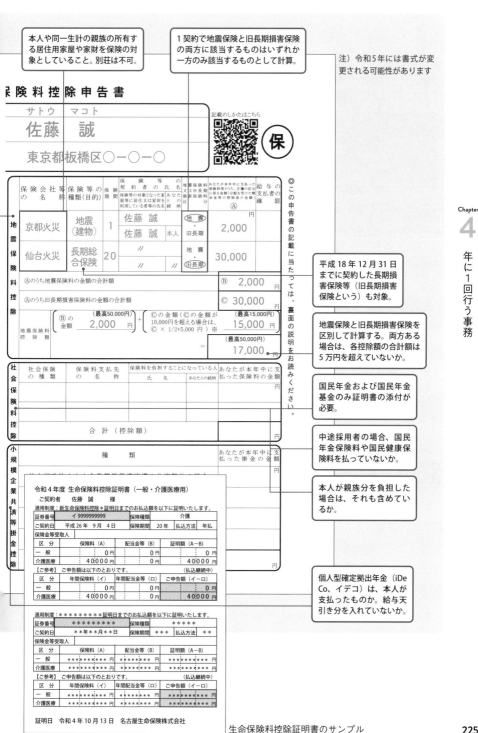

本人や同一生計の親族の所有する居住用家屋や家財を保険の対象としていること。別荘は不可。

1契約で地震保険と旧長期損害保険の両方に該当するものはいずれか一方のみ該当するものとして計算。

注）令和5年には書式が変更される可能性があります

保険料控除申告書

サトウ　マコト
佐藤　誠

東京都板橋区○−○−○

記載のしかたはこちら

保

保険会社等の名称	保険等の種類（目的）	保険期間	保険等の契約者の氏名		地震保険料又は旧長期損害保険の区分	Ⓐ	給与の支払者の確認
京都火災	地震（建物）	1	佐藤 誠	佐藤 誠 本人	地震・旧長期	2,000	円
仙台火災	長期総合保険	20	〃	〃	地震・旧長期	30,000	

Ⓐのうち地震保険料の金額の合計額　Ⓑ 2,000 円

Ⓐのうち旧長期損害保険料の金額の合計額　Ⓒ 30,000 円

地震保険料控除額
Ⓑの金額 2,000 円（最高50,000円） + （最高15,000円）Ⓒの金額（Ⓒの金額が10,000円を超える場合は、Ⓒ × 1/2+5,000円）※ 15,000 円 = 17,000 円（最高50,000円）

◎この申告書の記載に当たっては、裏面の説明をお読みください。

平成18年12月31日までに契約した長期損害保険等（旧長期損害保険という）も対象。

地震保険と旧長期損害保険を区別して計算する。両方ある場合は、各控除額の合計額は5万円を超えていないか。

社会保険の種類	保険料支払先の名称	保険料を負担することになっている人 氏名 / あなたとの続柄	あなたが本年中に支払った保険料の金額
			円

合　計　（控除額）　円

国民年金および国民年金基金のみ証明書の添付が必要。

中途採用者の場合、国民年金保険料や国民健康保険料を払っていないか。

種　類　あなたが本年中に支払った掛金の金額 円

本人が親族分を負担した場合は、それも含めているか。

令和4年度　生命保険料控除証明書（一般・介護医療用）
ご契約者　佐藤 誠　様

適用制度：新生命保険料控除＊証明日までのお払込額を以下に証明いたします。

証券番号	イ 9999999999	保険種類	介護
ご契約日	平成26年 9月 4日	保険期間 20年	払込方法 年払

保険金等受取人

区 分	保険料（A）	配当金等（B）	証明額（A−B）
一 般	0円	0円	0円
介護医療	40,000円	0円	40,000円

【ご参考】ご申告額は以下のとおりです。　（払込継続中）

区 分	年間保険料（イ）	年間配当金等（ロ）	ご申告額（イ−ロ）
一 般	0円	0円	0円
介護医療	40,000円	0円	40,000円

適用制度：＊＊＊＊＊＊＊＊証明日までのお払込額を以下に証明いたします。

証券番号	＊＊＊＊＊＊＊＊	保険種類	＊＊＊＊＊
ご契約日	＊＊年＊＊月＊＊日	保険期間 ＊＊＊	払込方法 ＊＊

保険金等受取人

区 分	保険料（A）	配当金等（B）	証明額（A−B）
一 般	＊＊＊＊＊＊＊＊ 円	＊＊＊＊＊＊＊＊ 円	＊＊＊＊＊＊＊＊ 円
介護医療	＊＊＊＊＊＊＊＊ 円	＊＊＊＊＊＊＊＊ 円	＊＊＊＊＊＊＊＊ 円

【ご参考】ご申告額は以下のとおりです。　（払込継続中）

区 分	年間保険料（イ）	年間配当金等（ロ）	ご申告額（イ−ロ）
一 般	＊＊＊＊＊＊＊＊ 円	＊＊＊＊＊＊＊＊ 円	＊＊＊＊＊＊＊＊ 円
介護医療	＊＊＊＊＊＊＊＊ 円	＊＊＊＊＊＊＊＊ 円	＊＊＊＊＊＊＊＊ 円

証明日　令和4年10月13日　名古屋生命保険株式会社

個人型確定拠出年金（iDeCo、イデコ）は、本人が支払ったものか。給与天引き分を入れていないか。

生命保険料控除証明書のサンプル

Section

04-5 | 年末調整⑤基礎控除申告書兼配偶者控除等申告書兼所得金額調整控除申告書の作成

本人と配偶者の両方の合計所得金額の確認が必要なんだ。

ここだけ
Check!

- ☑ 配偶者控除と配偶者特別控除はいずれか1つのみ。
- ☑ 本人の合計所得金額が2500万円以下であれば、基礎控除申告書に記載します。
- ☑ 本人の自社における給与収入が850万円以下であれば、所得金額調整控除申告書の記載は不要です。

配偶者に配慮する配偶者控除等

　生計を一にする配偶者の合計所得金額（→ P.219）が**48万円以下**の場合は配偶者控除が適用され、**48万円超133万円以下**の場合は配偶者特別控除が適用されます。両方が同一年に適用されることはありません。

　また、平成30年度分からは本人の合計所得金額が900万円以下、900万円超950万円以下、950万円超1,000万円以下のいずれに該当するかにより控除額が変わり、1,000万円を超える場合には、配偶者控除と配偶者特別控除の適用はいずれも受けられません。

それぞれの控除額を計算する

　配偶者控除等申告書とは、従業員（役員を含む）が配偶者控除または配偶者特別控除を受けるために会社に提出する書類です。本人の合計所得金額が1,000万円以下で、配偶者の合計所得金額が133万円以下の場合、それぞれの合計所得金額に応じた所得控除を受けることができます。最終の給与支払日の10日前までに内容を確認します。

　基礎控除申告書とは、従業員（役員を含む）が基礎控除を受けるために会社に提出する書類です。合計所得金額が高額になると、控除額が下がります。

　所得金額調整控除申告書とは、従業員（役員を含む）が所得金額調整控除を受けるために会社に提出する書類です。①自社の給与収入が850万円超で、かつ②この申告書に記載の4要件の1つ以上に該当する者に、「（給与収入－850万円）×10%（最高15万円）」（給与収入は1000万円を限度）が控除されます。

配偶者控除と配偶者特別控除

本人と配偶者の所得に応じて控除額が減っていきます。

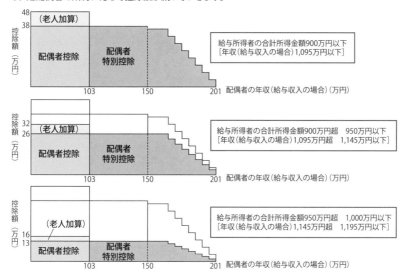

基礎控除申告書兼配偶者控除等申告書兼所得金額調整控除申告書

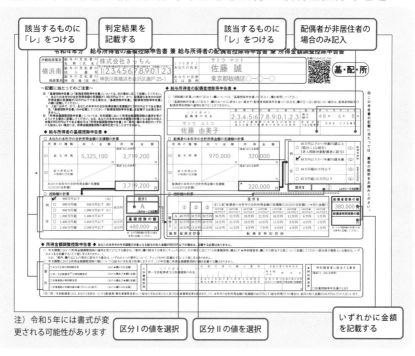

注）令和5年には書式が変更される可能性があります

memo ▶ 配偶者控除等申告書は源泉控除対象配偶者に該当していた配偶者も提出が必要です。

Section

04-6 年末調整⑥ 源泉徴収簿の作成

源泉徴収簿は所得税を計算するための書類なんだ。

ここだけ Check!
- ☑ 控除対象扶養親族の合計人数を確認する。
- ☑ 老人扶養親族、同居老親等、障害者などの該当者を確認する。

 毎月の給与の記録から年末調整の計算までを行う源泉徴収簿

　源泉徴収簿とは、月々の給与支払額、社会保険料、所得税の合計額を計算し、それらに従業員（役員含む）の各種所得控除を加味して所得金額を求め、最終的に所得税を計算するための書類です。用紙は国税庁ホームページからダウンロードできます。毎月給与を支給するごとに必要事項を記載しておけば、年末調整時に右側にある「**年末調整**」欄で所得税が計算できます。最終の給与支払日の5日前までに作成します。

年末調整の計算では早見表を活用しよう

　源泉徴収簿の⑱欄（扶養控除額及び障害者等の控除額の合計額）を記入する際、控除対象扶養親族の人数を扶養控除等申告書で確認し、「**扶養控除額及び障害者等の控除額の合計表の早見表**」（以下「早見表」）①の該当する控除額を求めます。次に、早見表②イからトまでに該当する人数分の控除額の合計を求めます。①と②の合計が源泉徴収簿⑱欄の金額となります（→P.231）。

　年末調整の手続きが一段落してから、1月払いの給与支払いまでに、翌年分の扶養控除等申告書にもとづき翌年分の源泉徴収簿の「**扶養控除等の申告**」欄の記入を済ませます。この記入にもとづき、翌年分の毎月の給与に対する所得税を計算するための扶養親族等の数を数えます。

「扶養控除等の申告」欄が正しく記載できていれば早見表②の計算も早くできるのだ。

令和 5 年分 年末調整のための算出所得税額の速算表（年税額速算表）

課税給与所得金額 (A)	税率 (B)	控除額 (C)	税額 =（A）×（B）-（C）
1,950,000 円以下	5%	—	(A) × 5%
1,950,000 円超 3,300,000 円以下	10%	97,500 円	(A) × 10% - 97,500 円
3,300,000 円超 6,950,000 円以下	20%	427,500 円	(A) × 20% - 427,500 円
6,950,000 円超 9,000,000 円以下	23%	636,000 円	(A) × 23% - 636,000 円
9,000,000 円超 18,000,000 円以下	33%	1,536,000 円	(A) × 33% - 1,536,000 円
18,000,000 円超 18,050,000 円以下	40%	2,796,000 円	(A) × 40% - 2,796,000 円

課税給与所得金額に 1,000 円未満の端数があるときは、これを切り捨てます。
課税給与所得金額が 18,050,000 円を超える場合は、年末調整の対象とはなりません。

令和 5 年分 扶養控除額及び障害者等の控除額の合計額の早見表

まず控除対象扶養親族の人数に応じた控除額を確認し、本人や同一生計配偶者を含め障害者や特定扶養親族などがいればその分控除額に加算します。

①控除対象扶養親族の数に応じた控除額			
人数	控除額	人数	控除額
なし	0 円	4 人	1,520,000 円
1 人	380,000 円	5 人	1,900,000 円
2 人	760,000 円	6 人	2,280,000 円
3 人	1,140,000 円	7 人以上	6 人を超える 1 人につき 380,000 円を 6 人の場合の金額に加えた金額

②障害者等がいる場合の控除額の加算額		
	イ 同居特別障害者に当たる人がいる場合	1 人につき 750,000 円
	ロ 同居特別障害者以外の特別障害者に当たる（人がいる）場合（本人を含む）	1 人につき 400,000 円
	ハ 一般の障害者、寡婦または勤労学生に当たる（人がいる）場合（本人を含む）	左の一に該当するとき 各 270,000 円
	ニ 所得者本人がひとり親に当たる場合	350,000 円
	ホ 同居老親等に当たる人がいる場合	1 人につき 200,000 円
	ヘ 特定扶養親族に当たる人がいる場合	1 人につき 250,000 円
	ト 同居老親等以外の老人扶養親族に当たる人がいる場合	1 人につき 100,000 円

●源泉徴収簿

甲欄 乙欄　所属　職名　住所　（郵便番号 173-0000）　東京都板橋区○−○−○

令和4年分　給与所得に対する源泉徴収簿

区分	月区分	支給月日	総支給金額	社会保険料等の控除額	社会保険料等控除後の給与等の金額	扶養親族等の数	算出税額	年末調整による過不足税額	差引徴収税額
給料・手当等	1	1 5	351,000 円	48,760 円	302,240	6 人	0 円	円	0 円
	2	2 5	360,000	54,680	305,320	6	0		0
	3	3 5	355,000	54,655	300,345	6	0		0
	4	4 5	398,000	54,852	343,148	6	380		380
	5	5 2	392,000	54,822	337,178	6	130		130
	6	6 5	403,000	54,877	348,123	6	620		620
	7	7 5	402,300	54,874	347,426	6	620		620
	8	8 3	390,700	54,816	335,884	6	130		130
	9	9 5	390,200	54,813	335,387	6	130		130
	10	10 5	404,100	62,951	341,149	6	380		380
	11	11 5	397,800	62,919	334,881	6	0		0
	12	12 5	401,000	62,935	338,065	6	260	△20,662	△20,402
	計		① 4,645,100	② 675,954	3,969,146		③ 2,650		
賞与等		3 3 25	320,000	48,589	271,411	6	(税率 2.042%) 5,542		5,542
		9 9 25	360,000	54,662	305,338	6	(税率 4.084%) 12,470		12,470
							(税率 %)		
							(税率 %)		
	計		④ 680,000	⑤ 103,251	576,749		⑥ 18,012		

> 月々は「給料・手当等」欄、「賞与等」欄、「扶養控除等の申告」欄を記載しておき、年末調整ではここを記入する。

> 「年末調整」欄の該当する番号の欄へ転記する。③④⑥欄も同じ。②と⑤は合計して、⑫欄へ転記する。

経理

人事

総務・他

●「扶養控除額及び障害者等の控除額の合計額」の計算例

　上記サンプルの源泉徴収簿の⑱欄では、P.220の家族構成を元に計算しています。

・早見表①の控除額：1,520,000円
　　控除対象扶養親族の数：4名（子2名、父、母）

・早見表②の控除額：1,400,000円
　　イ 同居特別障害者に当たる人がいる場合：（子1名）→750,000円
　　ホ 同居老親等に当たる人がいる場合：（父、母）→400,000円
　　ヘ 特定扶養親族に当たる人がいる場合：（子1名）→250,000円

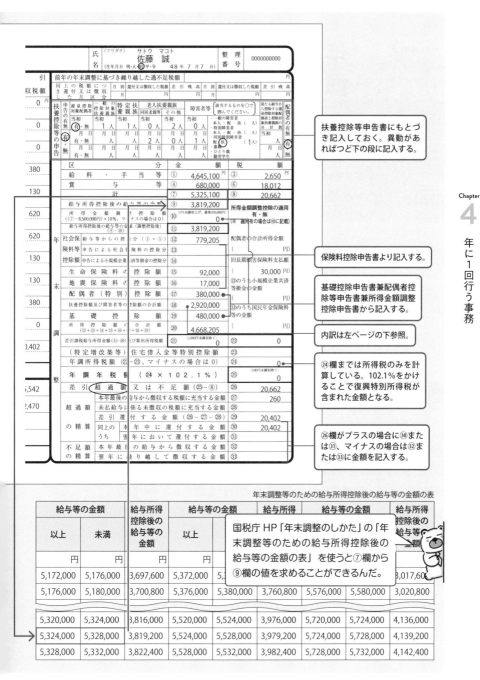

氏名	(フリガナ) サトウ マコト 佐藤 誠 (生年月日 明・大㋘平・令 48 年 7 月 7 日)		整理番号	0000000000

引
収税額

0 円

0

0

前年の年末調整に基づき繰り越した過不足税額 円

同上の税額につ月別差引又は徴収した税額差引残高月別差引又は徴収した税額差引残高		
き還付又は徴収月区分徴収した税額		
した月区分 円 円 円 円 円 円		

扶養控除等の申告	源泉控除対象配偶者	一般の控除対象扶養親族	特定扶養親族	老人扶養親族 同居老親等その他	障害者等	該当するものを○で囲んでください。	配偶者の有無

380

130

区 分		金 額	税 額
給 料 ・ 手 当 等	①	4,645,100 円	③ 2,650
賞 与 等	④	680,000	⑥ 18,012
計	⑦	5,325,100	⑧ 20,662

620

給与所得控除後の給与等の金額	⑨	3,819,200	所得金額調整控除の適用 有・無
所 得 金 額 調 整 控 除 額 ((⑦−8,500,000円)×10%、マイナスの場合は0)	⑩	(1円未満切上げ、最高150,000円) 0	(※ 適用がある場合は⑩に記載)
給与所得控除後の給与等の金額 (⑨−⑩)	⑪	3,819,200	

620

社会保険料等控除額	給与等からの分	⑫ (⑫＋⑭)	779,205	配偶者の合計所得金額 (円)
	申告による社会保険料の控除分	⑬		旧長期損害保険料支払額
	申告による小規模企業共済等掛金の控除分	⑭		30,000 円

130

生 命 保 険 料 の 控 除 額	⑮	92,000	⑫のうち小規模企業共済等掛金の金額

130

地 震 保 険 料 の 控 除 額	⑯	17,000	

130

配 偶 者 (特 別) 控 除 額	⑰	380,000	⑬のうち国民年金保険料等の金額 (円)

380

扶養控除額及び障害者等の控除額の合計額	⑱	2,920,000	

0

基 礎 控 除 額	⑲	480,000	

所得控除額の合計額 (⑫＋⑬＋⑭＋⑮＋⑯＋⑰＋⑱＋⑲)	⑳	4,668,205	

,402

差引課税給与所得金額(⑪−⑳)及び算出所得税額	㉑	(1,000円未満切捨て)	㉒ 0
(特定増改築等)住宅借入金等特別控除額	㉓		
年調所得税額(㉒−㉓、マイナスの場合は0)	㉔	0	

,542

年 調 年 税 額 (㉔ × 102.1%)	㉕	(100円未満切捨て) 0

,470

差 引 超 過 額 又 は 不 足 額 (㉕−⑧)	㉖	20,662
超過額の精算	本年最後の給与から徴収する税額に充当する金額	㉗ 260
	未払給与に係る未徴収の税額に充当する金額	㉘
	差引還付する金額 (㉖−㉗−㉘)	㉙ 20,402
	うち 本 年 中 に 還 付 す る 金 額	㉚ 20,402
	翌 年 に お い て 還 付 す る 金 額	㉛
不足額の精算	本年最後の給与から徴収する金額	㉜
	翌年に繰り越して徴収する金額	㉝

年末調整等のための給与所得控除後の給与等の金額の表

給与等の金額		給与所得控除後の給与等の金額	給与等の金額		給与所得控除後の給与等の金額	給与等の金額		給与所得控除後の給与等の金額
以上	未満		以上			以上	未満	
円	円	円	円					円
5,172,000	5,176,000	3,697,600	5,372,000					3,017,600
5,176,000	5,180,000	3,700,800	5,376,000	5,380,000	3,760,800	5,576,000	5,580,000	3,020,800
5,320,000	5,324,000	3,816,000	5,520,000	5,524,000	3,976,000	5,720,000	5,724,000	4,136,000
5,324,000	5,328,000	3,819,200	5,524,000	5,528,000	3,979,200	5,724,000	5,728,000	4,139,200
5,328,000	5,332,000	3,822,400	5,528,000	5,532,000	3,982,400	5,728,000	5,732,000	4,142,400

扶養控除等申告書にもとづき記入しておく。異動があればつど下の段に記入する。

保険料控除申告書より記入する。

基礎控除申告書兼配偶者控除等申告書兼所得金額調整控除申告書から記入する。

内訳は左ページの下参照。

㉔欄までは所得税のみを計算している。102.1%をかけることで復興特別所得税が含まれた金額となる。

㉖欄がプラスの場合に㉚または㉛、マイナスの場合は㉜または㉝に金額を記入する。

国税庁HP「年末調整のしかた」の「年末調整等のための給与所得控除後の給与等の金額の表」を使うと⑦欄から⑨欄の値を求めることができるんだ。

Section 04-7 年末調整⑦ 源泉徴収票の作成と納付

源泉徴収票は必ず本人に手渡すようにしよう。

ここだけ
Check!

- ☑ 源泉徴収票は取扱いに細心の注意をする。
- ☑ 年末調整による超過税額が多額であっても、本税欄がマイナスとはならない。
- ☑ 年末調整による納付も月々の納付書と同じものを使う。

 ## 年末調整の結果を本人と税務署に知らせる源泉徴収票

　源泉徴収票は、会社が従業員（役員含む）に対して1年間に支払った給与や正しい所得税その他の事項を記載する書類で、**必ず本人に渡します**。この書類には、支給額など個人的な情報が数多く含まれています。また、封入誤りなどにも注意します。最終の給与支払日の5日前までに作成します。

 ## 年末調整の納付は給与と同じ納付書で行う

　年末調整の納付書は、月々の税額を納付するもの（納期の特例の場合は納期特例分）と同じものを使います。ただし、年末調整の場合は、年末調整による不足税額欄と超過税額欄の記載があります。この欄には、**源泉徴収簿の「年末調整による過不足税額」欄の全従業員の合計金額**をそれぞれ記載します。ただし、年末調整による超過税額が多額で12月分で相殺しきれない場合は、「年末調整による超過税額」欄に年末調整による不足税額までの合計金額を記載し、「本税」欄は0円と記載します。この場合、納付書の摘要欄に「超過額○○円」と記載しておくと後で見返すことができ便利です。通常、翌年1月10日が納付の期限ですが、納期の特例の場合には1月20日となります。

源泉徴収票は税務署提出用はマイナンバーの記載をし、受給者交付用はマイナンバーの記載をしないので注意。

経理

人事

総務・他

●源泉徴収票

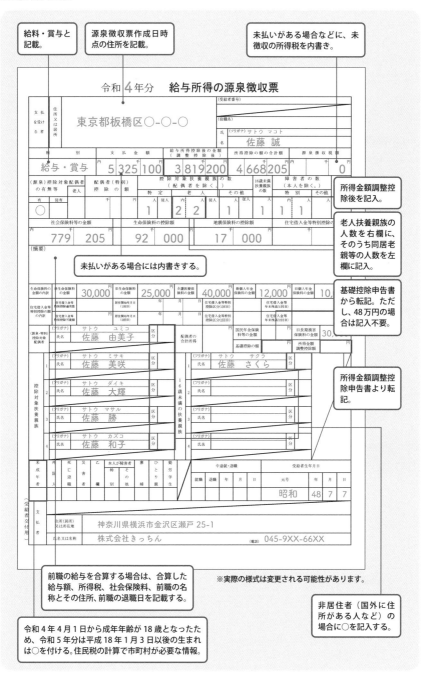

給料・賞与と記載。

源泉徴収票作成日時点の住所を記載。

未払いがある場合などに、未徴収の所得税を内書き。

令和 **4** 年分　　**給与所得の源泉徴収票**

支払を受ける者

住所又は居所

東京都板橋区○-○-○

（受給者番号）

（役職名）

氏名（フリガナ）サトウ　マコト
佐藤　誠

種別	支払金額	給与所得控除後の金額（調整控除後）	所得控除の額の合計額	源泉徴収税額
給与・賞与	内　5 325 100	3 819 200	4 668 205	内　　0

（源泉）控除対象配偶者の有無等　有　有従有　○

配偶者（特別）控除の額　老人

控除対象扶養親族の数（配偶者を除く。）　特定　1人　従人　老人　内 2人　従人　2人　その他　内 1人　従人　1人

16歳未満扶養親族の数　1

障害者の数（本人を除く。）　特別　内　1人　　その他　1人

所得金額調整控除後を記入。

老人扶養親族の人数を右欄に、そのうち同居老親等の人数を左欄に記入。

社会保険料等の金額	生命保険料の控除額	地震保険料の控除額	住宅借入金等特別控除の額
内　779 205	92 000	17 000	

（摘要）

未払いがある場合には内書きする。

基礎控除申告書から転記。ただし、48万円の場合は記入不要。

生命保険料の金額の内訳	新生命保険料の金額 30,000	旧生命保険料の金額 25,000	介護医療保険料の金額 40,000	新個人年金保険料の金額 12,000	旧個人年金保険料の金額 10,

住宅借入金等特別控除の額の内訳　住宅借入金等特別控除適用数　居住開始年月日（1回目）　年　　　住宅借入金等年末残高（1回目）

住宅借入金等特別控除区分(1回目)　居住開始年月日(2回目)　　住宅借入金等特別控除区分(2回目)　　住宅借入金等年末残高(2回目)

国民年金保険料等の金額

旧長期損害保険料の金額　30,

基礎控除の額

所得金額調整控除額

（源泉・特別）控除対象配偶者　氏名（フリガナ）サトウ　ユミコ　**佐藤　由美子**　区分

配偶者の合計所得

基礎控除申告書より転記。ただし、48万円の場合は記入不要。

控除対象扶養親族

1　氏名（フリガナ）サトウ　ミサキ　**佐藤　美咲**　区分
2　氏名（フリガナ）サトウ　ダイキ　**佐藤　大輝**　区分
3　氏名（フリガナ）サトウ　マサル　**佐藤　勝**　区分
4　氏名（フリガナ）サトウ　カズコ　**佐藤　和子**　区分

16歳未満の扶養親族

1　氏名（フリガナ）サトウ　サクラ　**佐藤　さくら**　区分
2　氏名（フリガナ）　　　　　区分
3　氏名（フリガナ）　　　　　区分
4　氏名（フリガナ）　　　　　区分

所得金額調整控除申告書より転記。

未成年者　外国人　死亡退職　災害者　乙欄　本人が障害者　特別　その他　寡婦　ひとり親　勤労学生

中途就・退職　就職　退職　年　月　日

受給者生年月日　元号　昭和　年 48　月 7　日 7

（受給者交付用）

支払者

住所（居所）又は所在地　**神奈川県横浜市金沢区瀬戸 25-1**

氏名又は名称　**株式会社きっちん**　　（電話）**045-9XX-66XX**

前職の給与を合算する場合は、合算した給与額、所得税、社会保険料、前職の名称とその住所、前職の退職日を記載する。

※実際の様式は変更される可能性があります。

令和 4 年 4 月 1 日から成年年齢が 18 歳となったため、令和 5 年分は平成 18 年 1 月 3 日以後の生まれは○を付ける。住民税の計算で市町村が必要な情報。

非居住者（国外に住所がある人など）の場合に○を記入する。

---

memo ＞ 1 月 10 日（20 日）が土日、国民の祝日の場合は、休み明けが納付期限となります。

扶養控除等申告書

住民税に関する事項（この欄は、地方税法第45条の3の2及び…返し）

	フリガナ 氏 名	個 額
16歳未満の扶養親族（平19.1.2以後生）	サトウ サクラ 佐藤 さくら	7.8.9(…)
1		
2		
3		

源泉徴収簿

所 得 控 除 額 の 合 計 額 （⑫＋⑬＋⑭＋⑮＋⑯＋⑰＋⑳）	⑳	4,668,205

源泉徴収簿

⑦－8,500,000円）×10%、マイナスの場合は0）	⑩	0
給与所得控除後の給与等の金額（調整控除後）（⑨－⑩）	⑪	3,819,200
会保 給与等からの控除分（②＋⑤）	⑫	779,205

源泉徴収簿

賞 与 等	④	680,000
計	⑦	5,325,100
給与所得控除後の給与等の金額	⑨	3,819,200

源泉徴収簿

源泉徴収簿

障害者等

該当するものを○で選んでください。

源泉徴収簿

令和 4 年分　給与所得の源泉徴収票

支払を受ける者　住所又は居所　東京都板橋区○-○-○

氏名（フリガナ）サトウ マコト　佐藤 誠

給与・賞与	5 325 100	3 819 200	4 668 205	0

社会保険料等の金額 779 205　生命保険料の控除額 92 000　地震保険料の控除額 17 000

（摘要）

源泉徴収簿

社会保険料等控除	給与等からの控除分（②＋⑤）	⑫	779,205
	申告による社会保険料の控除分	⑬	
	申告による小規模企業共済等掛金の控除分	⑭	
生命保険料の控除額		⑮	92,000
地震保険料の控除額		⑯	17,000
配偶者（特別）控除額		⑰	380,000

30,000　25,000　40,000　12,000　10,000

30,000

サトウ ユミコ　佐藤 由美子

保険料控除申告書

大阪生命	終身 20年 〃	25,000
A30,000		25,000
B25,000		25,000
名古屋生命	介護 20年 佐藤 佐藤由美子 妻	40,000
C40,000		30,000
福岡生命	確定年金 20年 佐藤 誠 本人 55.1.10	10,000
札幌生命	変額年金 佐藤 誠 55.1.10	12,000
D12,000		12,000
E10,000		10,000

佐藤 さくら

沢区瀬戸 25-1

045-9XX-66XX

昭和 48

保険料控除申告書

⑤のうち地震保険料の金額の合計額	⑱	2,000
⑤のうち旧長期損害保険料の金額の合計額	⑲	30,000
		2,000
		15,000
		17,000

源泉徴収簿

年 調 年 税 額 （㉔×102.1%）	㉕	0

経理

人事

総務・他

●給与所得・退職所得等の所得税徴収高計算書（納付書）

年末調整の対象者に限らず、
全社員の給与支払額と税額
の合計額を記載。

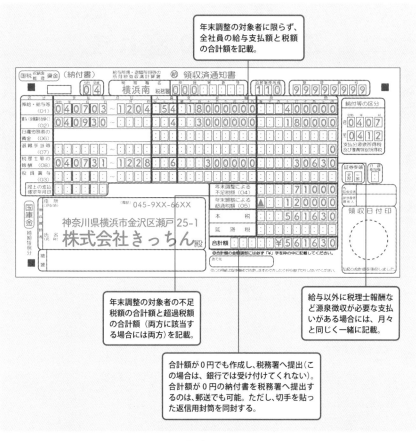

年末調整の対象者の不足
税額の合計額と超過税額
の合計額（両方に該当す
る場合には両方）を記載。

給与以外に税理士報酬な
ど源泉徴収が必要な支払
いがある場合には、月々
と同じく一緒に記載。

合計額が0円でも作成し、税務署へ提出（こ
の場合は、銀行では受け付けてくれない）。
合計額が0円の納付書を税務署へ提出す
るのは、郵送でも可能。ただし、切手を貼っ
た返信用封筒を同封する。

Column

年末調整のお知らせ

年末調整のお知らせ ^{DL} は、
対象となる従業員に対して
提出書類やスケジュールを
伝達する書類です。

Section 05 | 法定調書の流れを つかもう

法定調書は源泉徴収票や各種の支払調書など、税務署へ提出が義務付けられている資料なのだ。

●法定調書作成のスケジュール

1　総勘定元帳の印刷
1月20日まで

該当する支払いが含まれる科目の昨年1年間の総勘定元帳を印刷する

2　対象となる取引先のピックアップ
1月25日まで

該当する一定金額以上の取引先を、総勘定元帳から拾い出す

> P.238,240

3　支払調書の作成
1月28日まで

ピックアップした取引先分の支払調書を作成

> P.238,240

4　法定調書合計表の作成
1月28日まで

「給与所得の源泉徴収票等の法定調書合計表」を作成する

> P.244

5　税務署と市町村役場へ提出
1月31日まで

給与所得の源泉徴収票等の法定調書合計表などの書類を提出する

> P.248,250

経理

人事

総務・他

　法定調書とは、税務署へ提出が義務付けられている支払いなどに関する資料で、「給与所得の源泉徴収票」や「報酬、料金、契約金及び賞金の支払調書」など数十種類におよびます。本書では、多くの会社に関係するものに限定して解説します。

　作成のポイントは、各支払調書の**対象となる取引内容や金額の範囲**を事前によく確認・理解することと、支払調書への記載事項をエクセルなどに一度集計することです。請求書などから直接支払調書を作成しようとすると、集計もれが起きやすくなります。また、集計した表は翌年以降にも活かせます。

　源泉徴収票は税務署以外に従業員（役員を含む）へも必ず渡します。一方、支払

> **memo** みなし配当がある場合などは支払調書と同内容の通知書を作成の上、株主などに交付する義務があります。

法定調書作成の概要

- ☑ **対象**　役員報酬、給料手当、退職金、支払報酬、支払家賃、建物、土地、仲介手数料などの科目で処理されている支払い。
- ☑ **作成する書類**　給与所得の源泉徴収票等の法定調書合計表、各支払調書
- ☑ **確認する書類**　会計データ、賃金台帳、報酬に関する請求書など
- ☑ **書類の提出**　税務署、市町村役場

●支払調書

調書は税務署へ提出するのみで取引先に交付する義務はありません。

　支払調書の作成方法は、種類を問わず基本的にはほぼ同様です。作成する支払調書に関係する勘定科目の総勘定元帳から対象となる取引をピックアップし、金額を集計します。たとえば税理士やデザイナーなどに対する報酬に関する支払調書を作成する場合には、支払手数料や顧問料などの勘定科目を総勘定元帳で確認し、その中で年間支払総額が5万円超となるものを集計します。

　この集計を効率よく行うには次のようにします。会計データを入力する際には、取引先名が必ず登録されているはずです（→P.154）。そして会計ソフトにはたいていキーワードでの検索や絞込み機能があります。これらの機能を上手に活用すると取引先名ごとに素早く集計することができます。金額の集計の対象となる期間は前年の1月〜12月までです。

Section 05-1 | 法定調書① 報酬、料金、契約金及び賞金の支払調書

支払調書は個人だけでなく法人に対するものも作成するんだ。

ここだけCheck!
- ✔ 法人への支払いなど、源泉徴収をしないものも対象になります。
- ✔ 請求書や領収書が消費税抜きで記載されていれば、対象額は消費税抜きの金額で判定します。
- ✔ 原則として消費税込みの金額で記載します。

報酬、料金、契約金及び賞金の支払調書の対象

税理士報酬や講演料など対象となる支払いであれば、支払先は個人・法人を問いません。源泉徴収をする報酬や料金は個人に対する支払いに限られますが、支払調書を作成するのは源泉徴収が不要な**法人への支払いも含まれます**。

支払調書を作成するに当たって、下記の点に注意する必要があります。

- ・外交員、ホステスの報酬・料金は50万円を超えるものが対象
- ・一般的に行政書士への支払いは支払調書を作成する対象にならない（ただし、建築代理士の行う業務を依頼した場合は対象となる）
- ・司法書士へ支払った登録免許税や印紙税の金額は支払金額に含めない

支払調書のデータは総勘定元帳からピックアップする

該当する科目の総勘定元帳を前年1月1日から12月31日まで印刷し、支払先別に年間総額が右ページの表の年間支払総額の金額を超えるものを拾い出します。そして、拾い出した支払先ごとに支払調書を作成します。支払金額欄は原則として**消費税込み**の金額で記載します（消費税抜きで記載する場合は摘要欄に消費税額を別途記載します）。報酬や料金のほかに、旅費や材料費などを支払った場合には、その金額も含めて支払金額とします。また、義務ではありませんが、支払先から支払調書の請求がある場合には渡すことがあります。

法人への支払いや源泉徴収の限度額以下の支払いであっても、支払調書を提出する必要があるので注意。

経理　人事　総務・他

報酬、料金、契約金及び賞金の支払調書

原稿料、デザイン料、税理士報酬などと記載する。

請求書などをもとに記載する。

該当する勘定科目の例は、支払報酬、使用料、支払手数料、外交員報酬など。

令和4年分　報酬、料金、契約金及び賞金の支払調書

支払を受ける者	住所（居所）又は所在地	東京都新宿区高田馬場○－○－○			
	氏名又は名称	税務　太郎		個人番号又は法人番号 1 1 1 1 1 1 1 1 1 1 1 1	

区　分	細　目	支払金額	源泉徴収税額
税理士報酬	月次顧問業務	内 648 000	内 61 260
同上	決算申告業務	324 000	30 630

（摘要）

支払者	住所（居所）又は所在地	東京都新宿区北新宿 5-5-5	
	氏名又は名称	蔵吹倶株式会社 （電話）03-52xx-41xx	個人番号又は法人番号 2 3 4 5 6 7 8 9 0 1 2 3 4

整　理　欄	①	②

309

○個人番号又は法人番号「欄に個人番号（12桁）を記載する場合には、右詰で記載します。

原稿料は支払回数、税理士報酬は業務内容など、支払いの内容を簡潔に記載する。

金額自体は消費税込みで記載する。

源泉所得税と復興特別所得税の合計額を記載し、無い場合は「0」と記載する。

※支払いが確定した金額を記載するため、基本的に総勘定元帳に記載されている金額と同じです。ただし、前払費用や未払費用（→P.270）を計上している場合は、その分の金額がズレます。未払いがある場合には、「支払金額」欄にその金額を内書きし、「源泉徴収税額」欄に源泉徴収する予定の金額を内書きします。

報酬、料金、契約金及び賞金の支払調書の主な対象者

対象者	年間支払総額
外交員、バー・キャバレーなどのホステス・コンパニオンなど	50万円超
税理士、司法書士、公認会計士、弁護士、中小企業診断士、カメラマン、デザイナー、講師、通訳など	5万円超

請求書で消費税額が支払金額とは別に記載されている場合は、支払金額が対象額を超えるかどうかは、税抜き金額で判定します。消費税抜きの金額で対象額の判定をし、支払調書に税込み金額で記載して構いません。

※上記以外の対象者はmemo参照。

memo

報酬、料金、契約金及び賞金の支払調書の対象は、「源泉徴収のあらまし 第5報酬・料金等の源泉徴収事務」を参照。https://www.nta.go.jp/publication/pamph/gensen/aramashi2022/pdf/07.pdf

Section 05₋2 法定調書② 不動産に関する支払調書

不動産のさまざまな取引について支払調書が必要なんだ。

ここだけ Check!

☑ 不動産の賃貸借や売買などがあった場合に作成することになる。

☑ 法人に支払う不動産の使用料には、家賃や地代は含まれない。

☑ 家賃を不動産管理会社へ支払ってもオーナーが個人であれば個人への支払いとなる。

 ## 不動産に関する支払い（賃貸、購入）に対する支払調書

　法人が不動産を借りたり購入したりしたときなど、それらの支払いに関する支払調書を作成する必要があります。作成する支払調書には次の3種類があります。

- ・不動産の使用料等の支払調書［不動産を借りた場合］
- ・不動産等の譲受けの対価の支払調書［不動産を購入（交換や競売を含む）した場合］
- ・不動産等の売買又は貸付けのあっせん手数料の支払調書［不動産の売買または賃貸借に関してあっせんを受けた場合］

 ## 支払調書の作成方法

　いずれの支払調書も、関係する勘定科目の総勘定元帳を前年1月1日から12月31日まで印刷します。そのうち、支払先別に年間支払総額が一定の額を超えるものを拾い出して、支払先ごとに支払調書を作成します。支払金額欄は**原則として消費税込みの金額で記載**します。消費税抜きで記載することもできますが、その場合は摘要欄に消費税額を別途記載する必要があります。

「あっせん」とは、不動産の売買や賃貸借などで、売り手と買い手、貸し手と借り手などの間を取り持つことをいう。主に不動産業者が行うのだ。

経理

人事

総務・他

● 不動産の使用料等の支払調書

　「不動産の使用料等の支払調書」では、個人に対する地代や家賃、権利金や更新料、法人に対する権利金や更新料などの支払いを記載します。**支払先が法人の場合は、地代や家賃の記載は不要です。**

　関係する勘定科目は地代家賃や賃借料など、支払先別に**年間支払総額が15万円を超えるもの**となります。請求書で消費税額が支払金額とは別に記載されている場合は、支払金額が15万円を超えるかどうかは、税抜き金額で判定します。別に記載されていない場合は、税込み金額で判定します。家賃を不動産管理会社に支払っていても、あくまで不動産オーナーへの支払いとして、支払調書を作成します。その際、摘要欄には「不動産管理会社〇〇社へ支払い」と記載します。一時的に借りる催し物の会場費、看板代、建物壁面の広告代も含まれます。前払家賃（例　翌年1月分を当年12月に支払い）は、当年分（支払月）の支払調書に含めます。保証金のうち、毎年10％ずつ返還されないことになる場合などは、毎年10％が支払調書の対象となります。

> 該当する勘定科目の例は、地代家賃、賃借料、会場費、広告費など。

> 地代、家賃、権利金、礼金、更新料、名義書換料などと記載する。法人に対する支払いは、権利金、礼金、更新料、名義書換料などを記載し、地代や家賃は含めない。15万円の判定も同様。

> 請求書などをもとに記載する。

令和 4 年分　不動産の使用料等の支払調書

支払を受ける者	住所（居所）又は所在地	東京都世田谷区池尻〇ー〇ー〇				個人番号又は法人番号												
	氏名又は名称	家主 花子				2 2 2 2 2 2 2 2 2 2 2 2												

区分	物件の所在地	細目	計算の基礎	支払金額
家賃	新宿区北新宿 5-5-5	鉄筋5階建事務所	100m²　1～12月額120,000円	1 440 000
更新料	同上	同上	100m²　同上	120 000

(摘要)　不動産管理会社 ABC（株）へ支払い

をしつたせ者	住所（居所）又は所在地		支払確定年月日	あっせん手数料
	氏名又は名称		年 月 日	千　　　円
	個人番号又は法人番号			

支払者	住所（居所）又は所在地	東京都新宿区北新宿 5-5-5		個人番号又は法人番号												
	氏名又は名称	蔵吹倶株式会社（電話）03-52xx-41xx		2 3 4 5 6 7 8 9 0 1 2 3 4												

整理欄	①	②	

313

> 個人番号又は法人番号の欄に個人番号（12桁）を記載する場合には、右詰で記載します。

> 土地の場合は宅地、田、畑などの地目を、建物の場合は構造と用途を記載する。

> 前年度の賃借期間、月額など単位当たり賃料、戸数、面積などを記載する。

> 金額は消費税込みで記載する。支払いが確定した金額（未払いも含む）を記載するため、基本的に総勘定元帳に記載されている金額と同じ。

「不動産等の譲受けの対価の支払調書」は、土地や建物の購入などの支払いに関して作成します。関係する勘定科目は土地、建物など、支払先別に**年間支払総額が100万円を超えるもの**となります。売買契約書で消費税額が支払金額とは別に記載されている場合は、支払金額が100万円を超えるかどうかは、税抜き金額で判定します。別に記載されていない場合は、税込み金額で判定します。

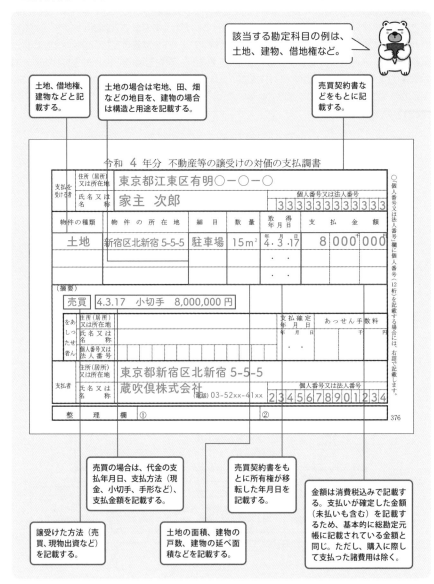

該当する勘定科目の例は、土地、建物、借地権など。

土地、借地権、建物などと記載する。

土地の場合は宅地、田、畑などの地目を、建物の場合は構造と用途を記載する。

売買契約書などをもとに記載する。

令和 4 年分 不動産等の譲受けの対価の支払調書

支払を受ける者
住所（居所）又は所在地　東京都江東区有明○ー○ー○
氏名又は名称　家主 次郎
個人番号又は法人番号　3333333333333

物件の種類	物件の所在地	細目	数量	取得年月日	支払金額
土地	新宿区北新宿 5-5-5	駐車場	15m²	4・3・17	8 000 000
				・・	
				・・	

（摘要）　売買　4.3.17　小切手　8,000,000 円

をあっせんした者
住所（居所）又は所在地
氏名又は名称
個人番号又は法人番号
支払確定年月日　・・
あっせん手数料　千　円

支払者
住所（居所）又は所在地　東京都新宿区北新宿 5-5-5
氏名又は名称　蔵吹倶株式会社（電話）03-52xx-41xx
個人番号又は法人番号　234567890 1234

整理欄　①　②　376

○個人番号又は法人番号「欄に個人番号（12桁）を記載する場合には、右詰で記載します。

売買の場合は、代金の支払年月日、支払方法（現金、小切手、手形など）、支払金額を記載する。

売買契約書をもとに所有権が移転した年月日を記載する。

金額は消費税込みで記載する。支払いが確定した金額（未払いも含む）を記載するため、基本的に総勘定元帳に記載されている金額と同じ。ただし、購入に際して支払った諸費用は除く。

譲受けた方法（売買、現物出資など）を記載する。

土地の面積、建物の戸数、建物の延べ面積などを記載する。

経理

人事

総務・他

● 不動産等の売買又は貸付けのあっせん手数料の支払調書

「不動産等の売買又は貸付けのあっせん手数料の支払調書」は、土地や建物の売買や貸付けに際して支払った、あっせん手数料に関して作成します。関係する勘定科目は支払手数料、土地、建物など、支払先別に**年間支払総額が15万円を超えるもの**となります。請求書で消費税額が支払金額とは別に記載されている場合は、支払金額が15万円を超えるかどうかは、税抜き金額で判定します。別に記載されていない場合は、税込み金額で判定します。

なお、不動産の使用料等の支払調書や不動産等の譲受けの対価の支払調書の（摘要）の所定の欄にあっせんをした者などの記載をした場合には、この支払調書の作成は省略できます。

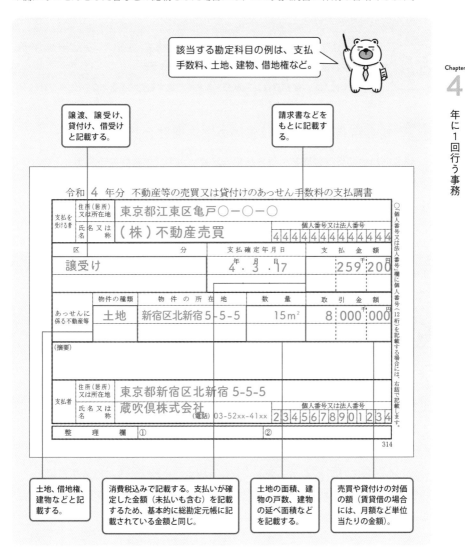

該当する勘定科目の例は、支払手数料、土地、建物、借地権など。

譲渡、譲受け、貸付け、借受けと記載する。

請求書などをもとに記載する。

令和 4 年分　不動産等の売買又は貸付けのあっせん手数料の支払調書

| 支払を受ける者 | 住所(居所)又は所在地 | 東京都江東区亀戸○-○-○ | | | |
| | 氏名又は名称 | (株)不動産売買 | 個人番号又は法人番号 4444444444444 | | |

| 区　　分 | 支払確定年月日 | 支払金額 |
| 譲受け | 4 . 3 . 17 | 259 200 円 |

| あっせんに係る不動産等 | 物件の種類 | 物件の所在地 | 数量 | 取引金額 |
| | 土地 | 新宿区北新宿5-5-5 | 15m² | 8 000 000 円 |

(摘要)

| 支払者 | 住所(居所)又は所在地 | 東京都新宿区北新宿5-5-5 | | |
| | 氏名又は名称 | 蔵吹倶株式会社　(電話)03-52xx-41xx | 個人番号又は法人番号 2345678901234 | |

| 整理欄 | ① | ② |

○個人番号又は法人番号欄に個人番号（12桁）を記載する場合には、右詰で記載します。

314

土地、借地権、建物などと記載する。

消費税込みで記載する。支払いが確定した金額（未払いも含む）を記載するため、基本的に総勘定元帳に記載されている金額と同じ。

土地の面積、建物の戸数、建物の延べ面積などを記載する。

売買や貸付けの対価の額（賃貸借の場合には、月額など単位当たりの金額）。

memo あっせん手数料は土地や建物などの取得価額に含まれることがあるので、土地や建物などの勘定科目を忘れずに確認するようにします。

頻度：年1回　　締切：毎年1月末

Section 05-3 法定調書③ 給与所得の源泉徴収票等の法定調書合計表

役員報酬、給料、報酬、家賃などの支払調書の対象となる支払いをまとめた書類なのだ。

ここだけ Check!

- ☑ 法定調書合計表は源泉徴収票や支払調書を税務署に提出しない分も含めて記載する。
- ☑ 支払金額欄には支払いの確定した金額を記載する。
- ☑ 中途入社の従業員は、前職分を含めて記載するところと含めないところがある。

経理

人事

総務・他

給与所得の源泉徴収票等の法定調書合計表とは

給与所得の源泉徴収票等の法定調書合計表（以下、「法定調書合計表」）とは、役員報酬、給料手当、退職金、報酬、家賃、仲介手数料の支払いや建物・土地などの購入について、前年1年間の支払金額を記載して税務署へ提出する書類です。

法定調書合計表には、各支払いのうち源泉徴収票や支払調書を税務署へ提出する分だけではなく、支払金額が一定金額以下などで提出しないものも集計して記載します。作成後、個別の源泉徴収票や支払調書と一緒に提出します。

勘定科目の金額と支払金額とのズレに注意しよう

会計データは、正しい利益の計算のため前払費用や未払費用の計上をします。しかし、法定調書合計表の各支払金額欄は「**支払いの確定した金額**」を記載します。支払いの確定した金額には、契約などで支払期限が過ぎたにもかかわらず支払っていないもの（未払金）は含まれますが、まだ支払期限前ではあっても当期分の費用として計上するもの（**未払費用**）は含まれません。たとえば、翌年1月25日に当年12月分の報酬を支払う場合、会計データには未払費用として計上しますが支払期限前のため支払金額欄には含めません。同様に、前払金は含まれますが、前払費用は含まれません。

集計対象期間が事業年度ではなく暦年（1月1日から12月31日）、支払金額が「支払いの確定した金額」であることに注意しよう。

給与所得の源泉徴収票等の法定調書合計表

会社が1年間に支払った給与や報酬などの合計額を記載したものです。

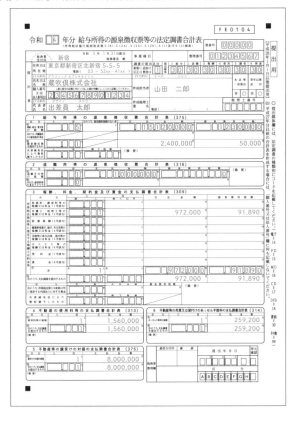

支払金額欄と源泉徴収税額欄

中途入社の従業員の前職分の給与の扱いに注意します。

　法定調書合計表の「1 給与所得の源泉徴収票合計表」の「Ⓐ 俸給、給与、賞与等の総額」の「支払金額」と「源泉徴収税額」欄の記載にあたっては、下のような簡単な表を作成すると整理しやすくなります。

対象者	支払金額	源泉徴収税額
中途入社以外		
中途入社	※1	※2
合計		

※1 前職分は除き自社分のみ集計する。
※2 自社の源泉徴収票に記載した金額（①）から、前職分の源泉徴収票に記載してある金額（②）を差引いた金額（①≦②の場合は0円）。

●提出者欄等の作成

前年度の年を記載する。

「1」と記載する。当初提出後、訂正などする場合には該当する番号を記載。

源泉所得税の納付書に記載してある「税務署番号」とは異なる。税務署から送られてきた場合は通常プレプリントされているが、無い場合には税務署に確認すること。

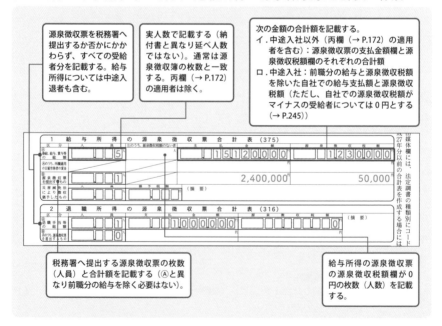

令和 4 年分 給与所得の源泉徴収票等の法定調書合計表

紙で提出する場合には、「30」と記載する。

翌年は用紙を送付してもらわない場合は、〇を付ける。

記載不要。

●給与所得の源泉徴収票合計表と退職所得の源泉徴収票合計表の作成

源泉徴収票を税務署へ提出するか否かにかかわらず、すべての受給者分を記載する。給与所得については中途入退社者も含む。

実人数で記載する（納付書と異なり延べ人数ではない）。通常は源泉徴収簿の枚数と一致する。丙欄（→ P.172）の適用者は除く。

次の金額の合計額を記載する。
イ．中途入社以外（丙欄 → P.172）の適用者を含む）：源泉徴収票の支払金額欄と源泉徴収税額欄のそれぞれの合計額
ロ．中途入社：前職分の給与と源泉徴収税額を除いた自社での給与支払額と源泉徴収税額（ただし、自社での源泉徴収税額がマイナスの受給者については 0 円とする（→ P.245））

税務署へ提出する源泉徴収票の枚数（人員）と合計額を記載する（Ⓐと異なり前職分の給与を除く必要はない）。

給与所得の源泉徴収票の源泉徴収税額欄が 0 円の枚数（人数）を記載する。

経理

人事

総務・他

---

memo ▷ 実人数とは従業員の頭数です。たとえば、実人数が 5 人で 6 か月給与を支給した場合の延べ人数は 30 人となります。

● 報酬、料金、契約金及び賞金の支払調書合計表

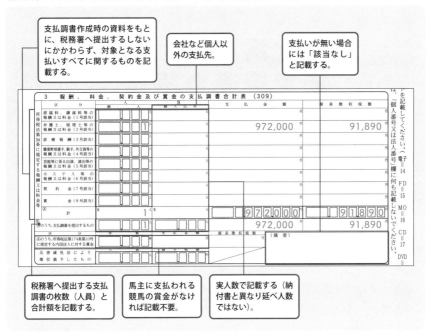

支払調書作成時の資料をもとに、税務署へ提出するしないにかかわらず、対象となる支払いすべてに関するものを記載する。

会社など個人以外の支払先。

支払いが無い場合には「該当なし」と記載する。

税務署へ提出する支払調書の枚数（人員）と合計額を記載する。

馬主に支払われる競馬の賞金がなければ記載不要。

実人数で記載する（納付書と異なり延べ人数ではない）。

● 不動産関連の支払調書合計表

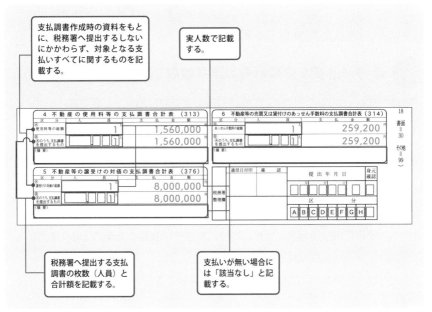

支払調書作成時の資料をもとに、税務署へ提出するしないにかかわらず、対象となる支払いすべてに関するものを記載する。

実人数で記載する。

税務署へ提出する支払調書の枚数（人員）と合計額を記載する。

支払いが無い場合には「該当なし」と記載する。

業務をくわしく知ろう

| 頻度：年1回 | 締切：毎年1月末 |

Section 05-4
法定調書④
法定調書の提出

> 法定調書は税務署に提出するのだ。

ここだけ Check!

- ☑ 法定調書合計表には源泉徴収票や支払調書を添えて提出する。
- ☑ 退職所得の源泉徴収票・特別徴収票は税務署のほかに市町村へも提出する。
- ☑ 退職所得の源泉徴収票・特別徴収票は役員のみ提出する。

法定調書合計表の提出と添付が必要な給与所得の源泉徴収票

給与所得の源泉徴収票等の法定調書合計表（以下、「法定調書合計表」）を提出する際は、作成した各支払調書（P.238からP.243参照）のほかに、給与所得の源泉徴収票と退職所得の源泉徴収票・特別徴収票も添付します。**提出期限は1月31日**（土日の場合は休み明けの月曜日）です。

法定調書合計表に添付する給与所得の源泉徴収票は、従業員（役員含む）の区分に応じて支払金額で判定します。

添付が必要な退職所得の源泉徴収票・特別徴収票

役員へ支払った退職金に関しても法定調書合計表に添付が必要です。一方、**従業員分は不要**です。また、死亡に伴い支払った退職金（→P.326）に関しては役員であっても添付不要です。

退職所得の源泉徴収票・特別徴収票（→P.329）は、税務署へ提出する源泉徴収票と市町村へ提出する特別徴収票が1枚になったものです。市町村へ提出するものも税務署と同じく**役員へ支払ったものが対象**となります。ただし、市町村への提出期限は退職後1か月以内で、提出先は**支給した年の1月1日現在**に役員の住所がある市町村となります。

本人へは退職後1か月以内に役員に限らず全員に渡します。

> 法定調書合計表に記載した「源泉徴収票を提出するもの」欄の人員数と添付する源泉徴収票や支払調書の枚数は一致するのだ。

経理

人事

総務・他

248

● 法定調書合計表に添付する給与所得の源泉徴収票

年末調整の有無、役員従業員の別で提出範囲が異なります。

従業員等の区分			提出範囲 （支給金額）
年末調整を したもの	取締役[※1]、監査役、相談役、顧問など		年 150 万円超
	従業員		年 500 万円超[※2]
年末調整を しなかったもの	扶養控除等申告書 を提出した者	退職者 など	取締役[※1]、監査役、 相談役、顧問など	年 50 万円超
		従業員	年 250 万円超
	給与支払額が年 2000 万円超		全員
	扶養控除等申告書を提出しなかった者（乙欄、丙欄）		年 50 万円超

※1 使用人兼務役員（例 取締役営業部長）の場合、使用人分と役員分の合計の給与額で判定します。
※2 弁護士などへ給料として支払う場合には年 250 万円超

● 提出先などのまとめ

提出先などをまとめると次のとおりです。

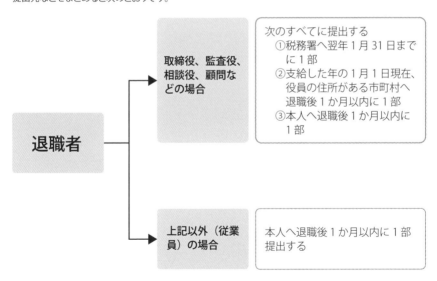

退職者

取締役、監査役、相談役、顧問などの場合

次のすべてに提出する
　①税務署へ翌年 1 月 31 日までに 1 部
　②支給した年の 1 月 1 日現在、役員の住所がある市町村へ退職後 1 か月以内に 1 部
　③本人へ退職後 1 か月以内に 1 部

上記以外（従業員）の場合

本人へ退職後 1 か月以内に 1 部提出する

---

memo ＞ 死亡に伴い 100 万円を超える退職金を支払う場合には、退職手当等受給者別支払調書の提出が必要になることがあります。

Section

05.-5

法定調書⑤
給与支払報告書の作成

給与支払報告書は総括表と一緒
に市町村ごとに提出するのだ。

ここだけ
Check!

✓ 提出先は提出する年の1月1日時点で住所のある市町村になる。

✓ 提出する市町村ごとに給与支払報告書総括表をつける。

 ## 給与支払報告書は給与の源泉徴収票の内容を市町村に伝えるもの

　給与支払報告書の書式と内容は、給与所得の源泉徴収票とほぼ同じです。税務署で給与所得の源泉徴収票の用紙をもらってくると、複写用紙になっています。**給与支払報告書は役員を含むすべての従業員分を1月31日までに提出**します。ただし、退職者で支払金額が30万円以下の従業員に関しては提出不要です。

　提出先は、提出する年の1月1日（中途退職者は退職日）時点の従業員の住所のある市町村になります。提出する書類は、従業員別に給与支払報告書1枚ずつと、提出先の市町村ごとに給与支払報告書総括表1枚です。

 ## 給与支払報告書総括表は各市町村から入手する

　給与支払報告書総括表は前年11月中旬から12月中旬ごろに、各市町村から郵送されます。郵送されてこなかった場合には、問い合わせれば郵送してくれます。または、全市町村共通のものもあるので、インターネットや近くの役所で入手してそれで作成することもできます。

経理

人事

総務・他

●給与支払報告書総括表

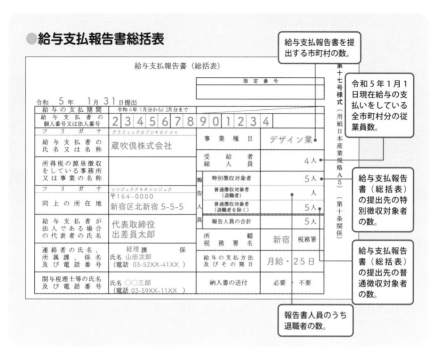

給与支払報告書を提出する市町村の数。

令和5年1月1日現在給与の支払いをしている全市町村分の従業員数。

給与支払報告書（総括表）の提出先の特別徴収対象者の数。

給与支払報告書（総括表）の提出先の普通徴収対象者の数。

報告書人員のうち退職者の数。

●提出書類のまとめ方のイメージ

提出先ごとに総括表をつけて提出します。

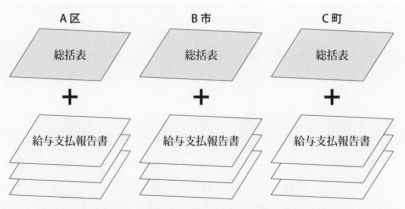

❶すべての従業員分の給与支払報告書を、市町村別に分けます。
❷提出する市町村ごとに、給与支払報告書総括表を作成します。
❸給与支払報告書総括表と給与支払報告書をクリップでとめて、各市町村へ郵送または持参します（eLTAXを使い電子申請も可能）。

> memo

退職所得の特別徴収票はその支給した年の1月1日現在の住所のある市町村ですが、給与支払報告書は提出する年の1月1日現在の住所のある市町村になります。

Section 06 | 償却資産申告の流れをつかもう

償却資産税は減価償却資産にかかる税金なのだ。

● 償却資産申告のスケジュール

1 固定資産台帳の追加・修正・削除
1月20日まで

1月1日までに取得や除売却した資産を固定資産台帳へ登録する

2 償却資産のピックアップ
1月25日まで

固定資産台帳に登録されている資産のうち、償却資産をピックアップする

3 種類別明細書の作成
1月25日まで

償却資産の明細書を作成する

4 償却資産申告書の作成・申告
1月31日まで

償却資産申告書を作成し、市町村役場へ申告

5 償却資産税の納付
納税通知書記載の期限まで

送られてくる納税通知書を元に償却資産税を納付

経理

人事

総務・他

　償却資産とは基本的に**建物以外の減価償却資産**を指します。無形固定資産や少額減価償却資産、一括償却資産、繰延資産などは対象外となります。

　償却資産税は会社が持っている償却資産に課税されます。申告は資産の所在地の市町村役場へ行い、申告期限は1月31日です。複数の市町村に償却資産を所有している場合には、各市町村に所有している償却資産をその市町村ごとに申告します。市町村役場は償却資産申告書にもとづいて税額の計算を行います。税率は一般的に1.4%です。

　課税標準額（対象資産の評価額の合計額）が150万円未満であれば償却資産税は

償却資産申告の概要

- ☑ **作成する書類** 固定資産台帳、償却資産申告書
- ☑ **確認する書類** 請求書、納品書など
- ☑ **申告先** 償却資産の所在する各市町村役場
- ☑ **作業の時期** 毎年1月1日から1月31日まで

● 償却資産申告書

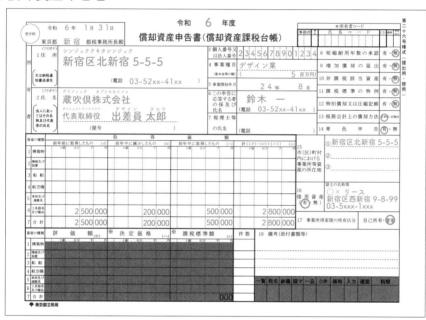

課税されません（150万円未満でも申告は必要。150万円未満か否かの判断は市町村ごと、東京23区と大阪市、横浜市などの指定都市は区ごとに行う）。納付は申告後に送られてくる納税通知書で行います。東京都の場合、6月ごろに納税通知書が送付され、6月、9月、12月、翌年2月の計4回に分けて納付します。前年以前に申告したデータは各市町村で把握しているため、償却資産申告書では毎年増加した資産または減少した資産のみを申告します。

> 納税の際には納税通知書のほかに口座振替も利用できるよ。

memo > 評価額とは取得価額から減価償却額を差引いたいわゆる帳簿価額です。ただし、市町村役場で行う減価償却費の計算方法は会社で行っている方法と異なります。

資産の所在する市町村役場または都税事務所へ提出する。東京都の場合、法人事業税申告書の提出先と異なることがある。

令和

償却資産申告書

受付印	令和 6 年 1 月 31 日
	東京都 新宿 都税事務所長殿

所有者

	（フリガナ）	シンジュククキタシンジュク
1 住 所 又は納税通知書送達先		新宿区北新宿 5-5-5 （電話 03-52xx-41xx

	（フリガナ）	グラフィック　カブシキカイシャ
2 氏 名 法人にあってはその名称及び代表者の氏名		蔵吹倶株式会社 ダイヒョウトリシマリヤク　　デザイン　　タロウ 代表取締役　　出差員 太郎 （屋号　　　　　　　　　）

取得価額であり帳簿価額ではないため注意。種類別明細書（増加資産・全資産用）、種類別明細書（減少資産用）から転記。

資産の種類	取　　　得　　　価			
	前年前に取得したもの（イ）		前年中に減少したもの（ロ）	前年中に
1 構築物				
2 機械及び装置				
3 船舶				
4 航空機				
5 車両及び運搬具				
6 工具器具及び備品	2 500 000		200 000	
7 合計	2 500 000		200 000	

資産の種類	評 価 額 （ホ）	※ 決 定 価 格 （ヘ）	※ 課税
1 構築物			

● 欄 8 ～ 14 の記入方法

項目	記入方法
短縮耐用年数の承認 増加償却の届出	法人税で耐用年数の短縮や増加償却を適用し、償却資産税でも所定の届書を提出していれば「有」、通常は「無」
非課税該当資産 課税標準の特例	償却資産の種類によっては償却資産税が非課税とされたり軽減されるものがあり、非課税申告書や特例届出書を提出していれば「有」、通常は「無」
特別償却又は 圧縮記帳	法人税で適用を受けていれば「有」、償却資産税ではこれらの適用が無いため、種類別明細書は適用が無い金額を使用する
税務会計上の 償却方法	通常は「定率法」を選択、償却方法の届出書で定額法を選択していれば「定額法」
青色申告	法人税で青色申告書を提出していれば「有」、提出していなければ「無」

経理

人事

総務・他

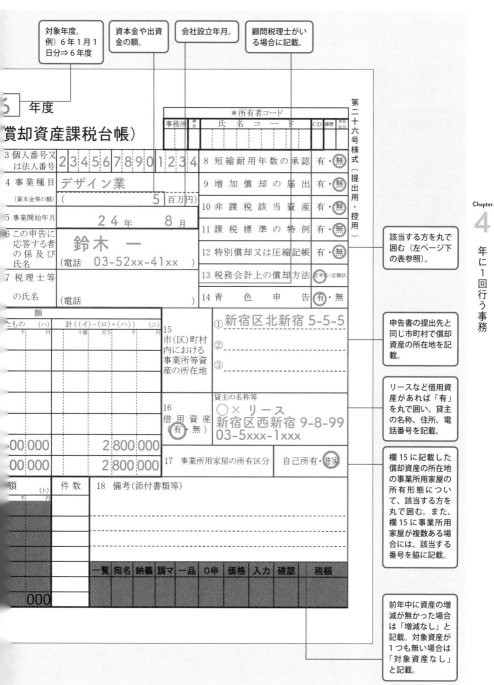

対象年度。
例）6年1月1
日分⇒6年度

資本金や出資
金の額。

会社設立年月。

顧問税理士がい
る場合に記載。

6 年度

（償却資産課税台帳）

		*所有者コード				
事務所	備法	氏　名　コ　ー　ド		CD	課歴	申告区分

3 個人番号又は法人番号	2 3 4 5 6 7 8 9 0 1 2 3 4	8 短縮耐用年数の承認	有・無
4 事業種目	デザイン業	9 増加償却の届出	有・無
（資本金等の額）	（　　　　　5 百万円）	10 非課税該当資産	有・無
5 事業開始年月	2 4 年　　8 月	11 課税標準の特例	有・無
6 この申告に応答する者の係及び氏名	鈴木　一 （電話　03-52xx-41xx　）	12 特別償却又は圧縮記帳	有・無
7 税理士等の氏名	（電話　　　　　　　）	13 税務会計上の償却方法	定率法・定額法
		14 青　色　申　告	有・無

該当する方を丸で
囲む（左ページ下
の表参照）。

額		
こもの（ハ）	計（（イ）-（ロ）+（ハ））（ニ）	
	千　円	十億　百万　千　円

15 市（区）町村内における事業所等資産の所在地	① 新宿区北新宿 5-5-5 ② ③

申告書の提出先と
同じ市町村で償却
資産の所在地を記
載。

	貸主の名称等
16 借用資産（有・無）	○×リース 新宿区西新宿 9-8-99 03-5xxx-1xxx

リースなど借用資
産があれば「有」
を丸で囲み、貸主
の名称、住所、電
話番号を記載。

00:000	2:800:000	
00:000	2:800:000	17 事業所用家屋の所有区分　自己所有・借家

欄15に記載した
償却資産の所在地
の事業所用家屋の
所有形態につい
て、該当する方を
丸で囲む。また、
欄15に事業所用
家屋が複数ある場
合には、該当する
番号を脇に記載。

額（ト）	件数	18 備考（添付書類等）
千　円		

一覧	宛名	納義	調マ	一品	O申	価格	入力	確認	税額

000

前年中に資産の増
減が無かった場合
は「増減なし」と
記載。対象資産が
1つも無い場合は
「対象資産なし」
と記載。

memo ＞ 所有権移転外リース資産の場合には、貸手側が償却資産申告を行うので、借手側は申告不要です。

● 種類別明細書

翌年にはここで記載した名称で「種類別明細書（減少資産用）」にプリントされてきます。後でわかりやすいように、たとえばパソコンは商品名も記載します。

行番号	資産コード	資産の種類	資産の名称等	数量	取得年月 年号	年	月
			所有者の氏名又は名称　蔵吹倶株式会社		令和		6
					種類別明細書（増		
01		6	デスクトップパソコン（DELL）	2	5	5	4
02					5		
03					5		
04					5		
05					5		
06					5		
07					5		
08					5		
09					5		
10					5		
11					5		

資産の種類に応じて決められた番号を記載します。

固定資産台帳どおりに記載します。

経理

行番号	異動区分 1 減少 3 修正	*資産コード	資産の種類	資産の名称等
		所有者の氏名又は名称　蔵吹倶株式会社		令和 種類別明細書
01	1・③		6	デスクトップパソコン（A社製）
02	1・3		6	応接セット一式
03	1・3		6	複合機（B社製）
04	1・3		6	ノートパソコン（A社製）
05	1・3			
06	1・3			
07	1・3			
08	1・3			
09	1・3			
10	1・3			
11	1・3			

行番号単位で資産がすべて減少した場合には「1」、一部の資産が減少した場合には「3」を記載します。
また、名称や取得価額などを修正したい場合には「3」を記載します。

人事

総務・他

> **memo**　税制改正により耐用年数が変更された場合、過去に申告した償却資産について自動的に市町村で新しい耐用年数へ更新することはありません。種類別明細書（減少資産用）で耐用年数変更を記載します。

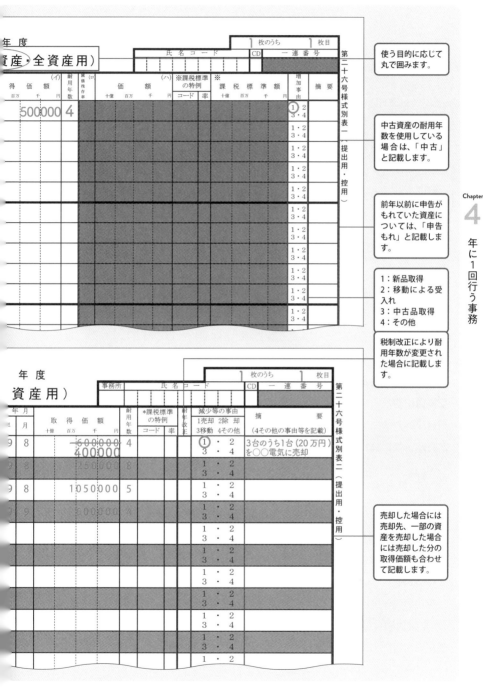

使う目的に応じて丸で囲みます。

中古資産の耐用年数を使用している場合は、「中古」と記載します。

前年以前に申告がもれていた資産については、「申告もれ」と記載します。

1：新品取得
2：移動による受入
3：中古品取得
4：その他

税制改正により耐用年数が変更された場合に記載します。

売却した場合には売却先、一部の資産を売却した場合には売却した分の取得価額も合わせて記載します。

memo ＞ 税制改正による耐用年数の変更は、直近では平成20年にありました。

257

業務をくわしく知ろう

頻度：年1回　締切：毎年1月末

Section
06-1 償却資産申告①
償却資産申告書の作成

資産の中には償却資産に該当するものと該当しないものがあり、区別する必要があるのだ。

ここだけ
Check!

- ☑ 対象資産を確認する。
- ☑ 30万円未満の減価償却資産を忘れない。
- ☑ 申告は資産の所在地の市町村ごと。

原則として建物以外の減価償却資産が償却資産となる

　償却資産とは基本的に建物以外の減価償却資産を指します。ただし、無形固定資産や少額減価償却資産、一括償却資産、繰延資産などは対象外となります。一方で、借りた店舗に行う**内装工事**は会計上は建物として計上しますが、償却資産の対象となります。

　なお、**中小企業には取得価額が30万円未満の減価償却資産を取得時に全額を経費に**する（中小少額減価償却資産）ことが認められていますが、これは償却資産の対象になります。貸借対照表には固定資産として計上しませんが、固定資産台帳に登録する点に注意が必要です。

資産の取得や売却などを洗い出してもれが無いように

　償却資産申告は**1月1日時点の償却資産**が対象です。申告書の作成では、前期の決算で使用した固定資産台帳のほかに有形固定資産の各科目、消耗品費、固定資産売却損益の元帳などを期首から確認し、資産の取得や売却などの有無を調べます。

　償却資産に関する相談先や**償却資産申告書の提出先は、法人事業税・住民税（市町村民税）の所轄とは異なります**。基本は償却資産がある市町村ですが、償却資産専門の集中処理センターを設置していることもあります。所轄から送付される「申告の手引き」で確認します。

経理

人事

総務・他

258

償却資産の対象と対象外

●決算書

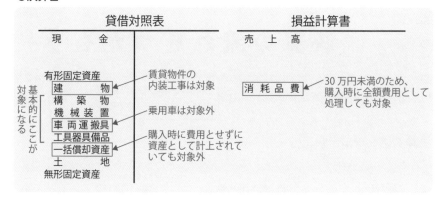

●資産の種類など

資産の種類	該当	例示
無形固定資産	×	ソフトウェアなど
自動車税や軽自動車税がかかっているもの	×	乗用車、フォークリフトなど
少額減価償却資産	×	取得価額が10万円未満などで取得時に全額費用で処理したもの
一括償却資産	×	取得価額が20万円未満の減価償却資産で、3年間で費用にするように法人税の申告をしたもの
所有権移転外リース資産（借手側）	×	リースで借りたパソコンなど
繰延資産	×	創立費、開業費など
遊休資産、未稼働資産	○	一時的に稼働を停止しているもの、購入したがまだ使用していないもの
書画骨董	×	ただし減価償却をするものは対象

●償却方法

−：償却資産の対象外　　○：償却資産の対象

償却方法 ＼ 取得価額	10万円未満	10万円以上20万円未満	20万円以上30万円未満
少額減価償却資産（→ P.110）	−		
一括減価償却資産（→ P.110）	−	−	
中小少額減価償却資産（→ P.110）		○	○
通常の減価償却	○	○	○

一括償却資産として3年で減価償却する以外に、中小少額減価償却資産として取得時に全額減価償却することもできます。一括償却資産として処理すれば償却資産税はかかりません。

> **memo** ＞ 法人税で認められる圧縮記帳、特別償却、割増償却はありません。

Section 07 | 決算の流れをつかもう

決算は短期間での作業なので
スケジューリングが重要だ。

決算のスケジュール

1 決算準備
期末前1か月間

当期の利益見込みを上司と擦合わせ、仮払金・仮受金の精算、税理士との打合わせ、決算作業の洗出しとスケジュールリングほか

> P.262

2 期末日の作業
期末日

金種票や棚卸表などを作成する

> P.262

3 決算作業
期末日後4週間ぐらい

残高の確認、減価償却など決算処理を行い、決算書を作成する

> P.262～277

4 株主総会準備
法律で定められた日まで

監査役の監査、取締役会の承認、株主総会招集通知の発送などを行う

> P.286,290,292

5 株主総会の開催
株主総会日

事業報告と各種決議を行い、株主総会議事録を作成する

> P.286

6 申告書の提出・納付
期末日後2か月以内

株主総会で決算書の承認がされた後、申告書を提出・納付をする

> P.282,284

経理

人事

総務・他

　会社は決められた期間（事業年度。通常は1年間）における業績を書類にまとめ、株主総会（→P.286）を開催し、作成した書類をもとに株主へ業績の報告と承認をもとめ、そこで承認された内容にもとづき法人税などの税金の申告を行います。この書類を作成する一連の作業を決算といいます。

　決算で作成する書類のうち各勘定科目の「金額」に関して記載するものを**計算書類**と呼び、**貸借対照表や損益計算書、株主資本等変動計算書、個別注記表**から構成されます（これらの書類は「決算書」とも呼ばれます）。計算書類の作成では、日々の取引を単に処理するだけではなく、減価償却や経過勘定の計上など決算に特有の

memo 有形固定資産、無形固定資産などの明細を記載した附属明細書という書類も計算書類と合わせて作成します。しかし、法人税申告書につける必要はありません。

決算の概要

- ☐ **作業** 残高の確認、減価償却、経過勘定の処理、外貨換算、税金引当など
- ☐ **作成する書類** 貸借対照表、損益計算書、株主資本等変動計算書、個別注記表、事業報告、附属明細書など
- ☐ **確認する書類** 残高証明書、固定資産台帳、請求書など

●計算書類と事業報告

一般的に決算書と言われるもの以外にも、会社が作成する書類があります。

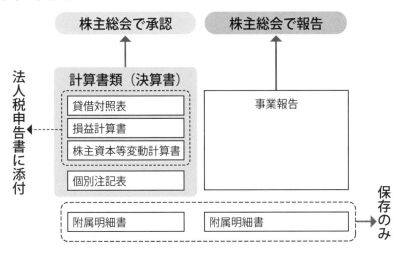

処理が必要で、それらの処理を正しく行う必要があります。

作成した計算書類は株主総会で株主の承認をとる必要があります。そして承認を受けた計算書類（個別注記表は不要）を法人税申告書につけて税務署へ提出し、同時に法人税の納付をします。

以上のことを通常は2か月以内に行うため、事前のスケジューリングが大切になります。多少の前後はあっても、絶対に守らなければならない期限（株主総会日、取締役会日など）に注意しながら進めていく必要があります。

多くの場合、最終的な計算書類や税金の申告書の作成などの決算のまとめは、顧問の会計事務所に依頼します。本書では会計事務所と共同して処理をスムーズに進めていく上で必要な事項を中心として解説します。

> **memo** 会社に監査役がいれば監査役から監査報告の提出、取締役会があれば計算書類などの承認の処理が株主総会の前に必要です。

Section 07-1
決算①
さまざまな残高の確認

現金、預金、売掛金、買掛金など残高を確認する科目はたくさんあるのだ。

ここだけ Check!

- ✅ すべての場所にある現金を数える。預金は残高証明書を取るのが基本。
- ✅ 売掛金や買掛金は異常な残高が無いか確認する。
- ✅ 可能ならば仮払金などは期末日までに精算を済ませておく。

決算は期末日時点の残高を確認するところからはじまる

下記のポイントをチェックして、**残高が正しいかどうかを確認**します。

①期末時点の現金を数え、金種票を作成します。

②預金は期末日現在の残高証明書を銀行に発行してもらいます。

③売掛金、買掛金は補助残高一覧表を確認します。

④棚卸表にもとづき洗い替えの仕訳をおこします。

⑤借入金は返済予定表どおりか確認します。

⑥仮払金などについても、処理のもれなどが無いか残高の内訳を確認します。

残高が不一致な場合には原因を調べよう

確認した期末時点の残高と会計データが一致しない場合は、**実際の期末時点の残高**に会計データを合わせるのが基本です。この時には、機械的に差額を調整するのではなく、まずは差額が出ている理由を検討します。たとえば、借入金の会計データの残高が返済予定表とずれている場合、利息まで元本の返済としていないか、返済予定表が変更されていないかなどの原因が考えられます。

逆に、会計データを正しいものとすることもあります。たとえば、期末付近で振出した小切手を取引先が銀行へ取立てに出していないために残高証明書の金額が会計データよりも多いケースです。取引先が取立てを忘れなければ、期末後（翌期）に小切手の金額が引出されます。小切手がすでに取引先に渡っている場合は、会計データが正しいものとして修正を行いません。

経理

人事

総務・他

● 現金の残高確認

　会社にはいろいろなところに現金があるので、それらをもれなく数える必要があります。現金を数えた後に、金種票（→P.64）を作成します。お金を数えた結果をあえて金種票という書類に記録することにより、残高の信憑性を高める効果があります。会社には現金が金庫やレジなどさまざまな場所にありますが、金種票はその現金の場所ごとに作成します。

現金の場所	注意点
金庫	比較的多額の現金が保管されている。金額を確認する際は、可能であれば上司などに立会ってもらうこと。万が一、現金の一部が紛失していたとしても自分にあらぬ疑いをかけられないためでもある。
手提げ金庫	日々の小口現金として常に増減する。金種票を作成したときは、その時刻も一緒に記録しておくこと。その後、その日のうちにお金の出入りがあったらその分の残高も増減したものとして考える。
レジ	日々、一定額を残して銀行口座へ預けている場合（→P.64）には、決算でも特別なことは必要ない。そうでない場合には、決算時に金額を数える。
外国通貨	日本円と同じく金種票を作成する。日本円への換算については、P.274を参照。

● 現金・預金の残高が会計データと不一致な場合

　現金と預金の期末日の残高が確認できたら、会計データと一致しているか確認します。不一致があった場合には、原因を追究して会計データを修正します。

現金の残高不一致

どうしても現金の残高が合わない場合には、現金過不足（→P.65）として会計データを修正します。

小切手の未取立て

小切手の発行時に当座預金を減らす仕訳をしますが、取引先がその小切手を銀行に持込むまでは当座預金の口座残高は減らないため、残高証明書と一致しなくなります。その際は、会計データはそのまま修正をせず銀行勘定照合表（→P.74）を作成しておきます。

小切手の未渡し

小切手を振出した際に、当座預金を減らす会計データを入力したが、期末時点では取引先に渡されていないことがあります。このときは、当座預金を戻すように会計データを修正します。

　基本は、口座を開設している銀行へ期末日（申込日ではありません）の残高証明書を発行してもらいます。残高証明書は指定した日の預金や借入金などの残高を銀行が証明した書類で、期末日の1～2週間前までに支店の窓口に銀行印、通帳、手数料（1部数百円ほど）などを持参して申込みます（取引店舗に相談すれば即日発行してくれるケースもあります）。

　口座が普通預金だけであれば、手数料と手間を考え、期末日をまたぐ記帳をした通帳で確認することも行われています。この場合、動きの少ない口座だと、期末日をまたぐ記帳がされないために期末日後に記帳をしたことがわからない欠点があります。その場合、担当者が記帳した日付けを通帳に記入しておきます。

〒236-00XX
神奈川県横浜市金沢区瀬戸 25-1

株式会社きっちん
代表取締役　厨房　花子　様

令和 5 年 4 月 8 日
○○ 信用金庫
○○ 支店

電話 03-0000-0000

残 高 証 明 書

令和 5 年 4 月 8 日作成

株式会社きっちん　様

令和 5 年 3 月末現在における貴殿（貴社）ご名義の
下記勘定残高につき相違ないことを証明いたします。

科　目	金　額	備　考	
合計金額		¥4,302,213*	
当座預金	2,472,110	(他券	0)
普通預金	350,103	(他券	0)
定期預金	1,480,000	(他券	0)
			以下余白

本証明書には利息、損害金は含みません。

○○ 信用金庫
○○ 支店

　当座借越契約を銀行と結んでいる場合に、当座預金残高を超えて小切手などを振出したときは、当座預金の残高がマイナスとなります。その場合には、当座預金はゼロ円とし、短期借入金として入力します。

経
理

人
事

総
務
・
他

● 売掛金の残高確認

　期末時点の売掛金補助残高一覧表を会計ソフトから印刷し、売掛管理表（→P.86）と照合することとそれぞれ何月分の売掛金が残っているか確認します。

売掛金補助残高一覧

補助科目	前月繰越	当月借方	当月貸方	当月残高
A社	1,200,000	13,000,000	11,900,000	2,300,000
B社	0	6,500,000	6,000,000	500,000
C社	800,000	4,900,000	5,000,000	700,000
D社	750,000	2,600,000	2,500,000	850,000
E社	0	3,000,000	3,000,000	0
F社	500,000	6,290,000	6,120,000	670,000
G社	300,000	2,220,000	570,000	1,950,000
H社	50,000	600,000	600,000	50,000
合計	3,600,000	39,110,000	35,690,000	7,020,000

回収サイトから見た売掛金残高確認

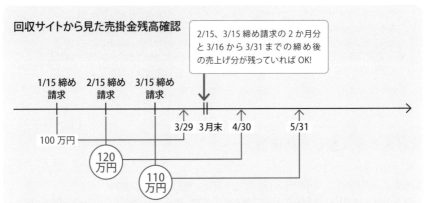

2/15、3/15 締め請求の 2 か月分と 3/16 から 3/31 までの締め後の売上げ分が残っていれば OK!

❶回収サイトとずれている場合には、まず日々の処理に間違いが無いか確認します。よくあるのが、取引先を間違って入力した、現金売上と間違った、買掛金と相殺されていたが担当者から連絡が来ていない、値引き・割戻し・返品の処理もれ、振込手数料の負担の処理誤りなどが挙げられます。

❷日々の処理が間違っていなければ、担当者へ請求書控えをもとにまだ回収できていない旨を伝え、回収見込みの有無、もしくは売上が取消されていないか、値引きがされていないかなどを確認します（いきなり取引先に電話してはいけません）。

❸上記確認後、売上げの取消しや値引きなど会計データを実態に合わせるように修正します。

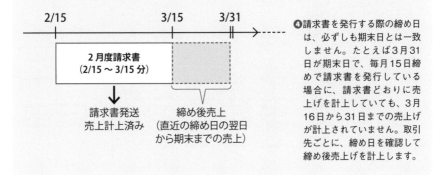

❹請求書を発行する際の締め日は、必ずしも期末日とは一致しません。たとえば3月31日が期末日で、毎月15日締めで請求書を発行している場合に、請求書どおりに売上げを計上していても、3月16日から31日までの売上げが計上されていません。取引先ごとに、締め日を確認して締め後売上げを計上します。

買掛金の残高確認

　期末時点の買掛金補助残高一覧表を会計ソフトから印刷し、買掛管理表（→P.94）と照合することとそれぞれ何月分の買掛金が残っているか確認します。

異常な買掛金残高

❶支払いサイトとずれている場合には、まず日々の処理に間違いが無いか確認します。よくあるのが、取引先を間違って入力した、現金仕入れと間違った、売掛金と相殺されていたことなどが挙げられます。

❷日々の処理が間違っていなければ、担当者へ仕入れが取消されていないか、値引きをしていないかなどを確認します。

❸上記確認後、仕入れの取消しや値引きなど会計データを実態に合わせるように修正します。

締め後仕入れの計上

受領した請求書の締め日は、必ずしも期末日とは一致しません。たとえば3月31日が期末日で、毎月25日締めで翌月に請求書を受領している場合に、請求書どおりに仕入れを計上しているときは、3月26日から31日までの仕入れが計上されていません。取引先ごとに、締め日を確認して締め後仕入れを計上します。

貸付金と借入金の残高確認

　貸付金は金銭消費貸借契約書などで、返済期日を確認します。返済期日を過ぎているにもかかわらず回収できていない場合には、担当者などに理由を確認します。

　借入金は金銭消費貸借契約書や返済予定表などで、返済期日や期末日の残額を確認します。

証書貸付返済予定表

回次	約定返済日	毎回のご返済額			計算期間		残高	備考
			うち割賦元金	うち利息額	月数	日数		
1	2023-10-24	118,038	112,000	6,038		29	3,888,000	
2	2023-11-25	118,274	112,000	6,274		31	3,776,000	
3	2023-12-25	117,896	112,000	5,896		30	3,664,000	
4	2024-01-25	117,912	112,000	5,912		31	3,552,000	
5	2024-02-25	117,731	112,000	5,731		31	3,440,000	
6	2024-03-25	117,013	112,000	5,013		28	3,328,000	
7	2024-04-26	117,370	112,000	5,370		31	3,216,000	
8	2024-05-25	117,022	112,000	5,022		30	3,104,000	
9	2024-06-25	117,008	112,000	5,008		31	2,992,000	
10	2024-07-26	116,672	112,000	4,672		30	2,880,000	
11	2024-08-25	116,647	112,000	4,647		31	2,768,000	
12	2024-09-25	116,466	112,000	4,466		31	2,656,000	
13	2024-10-25	116,147	112,000	4,147		30	2,544,000	
14	2024-11-25	116,105	112,000	4,105		31	2,432,000	
15	2024-12-24	115,797	112,000	3,797		30	2,320,000	
16	2025-01-25	115,743	112,000	3,743		31	2,208,000	
17	2025-02-25	115,563	112,000	3,563		31	2,096,000	
18	2025-03-25	115,164	112,000	3,164		29	1,984,000	
19	2025-04-25	115,201	112,000	3,201		31	1,872,000	
20	2025-05-24	114,923	112,000	2,923		30	1,760,000	
21	2025-06-24	114,840	112,000	2,840		31	1,648,000	
22	2025-07-25	114,573	112,000	2,573		30	1,536,000	
23	2025-08-24	114,478	112,000	2,478		31	1,424,000	
24	2025-09-26	114,297	112,000	2,297		31	1,312,000	
25	2025-10-24	114,048	112,000	2,048		30	1,200,000	

当期の支払利息 51,704円

期末借入残高

● 棚卸資産の洗替え

期末日に作成した棚卸表にもとづき、棚卸資産の洗替えの仕訳（→P.157）をします。

① （借方）期首商品棚卸高 10,000,000　（貸方）商品　10,000,000

残高試算表の
商品の金額
（洗替え前）

② （借方）商品　8,000,000　（貸方）期末商品棚卸高 8,000,000

残高試算表の
商品の金額
（洗替え後）

損益計算書		
売上高	150,000,000	
期首商品棚卸高	10,000,000	①の仕訳
当期商品仕入高	100,000,000	②の仕訳
合計	110,000,000	
期末商品棚卸高	8,000,000　102,000,000	当期実際に売れた分
売上総利益	48,000,000	

　①の仕訳は、前期から繰越されてきた商品を損益計算書の仕入れに加えています。②の仕訳は、翌期に繰越す商品を損益計算書の仕入れから差引いています。これらの仕訳により、当期に実際に売れた分の商品が損益計算書に経費として計上されます。

● その他の科目の残高確認

　未収金、未払金、前渡金その他の科目についても、会計データを確認して、計上もれや過大計上などが無いか確認します。ここは税務調査でも必ずチェックされます。従業員への仮払いなど期末までに精算できるものはできるだけ精算しておくと、残高を確認する手間が減ります。

Section
07-2

決算② 減価償却と 繰延資産の処理

期中に取得したり、除却した資産をもれなく登録し、償却するんだ。

ここだけ
Check!

- ☑ 新規取得資産、除売却資産が正しく固定資産台帳に反映されているか確認する。
- ☑ 新たに取得した資産は、減価償却費を月割りする。
- ☑ 会計データが固定資産台帳と一致していることを必ず確認する。

減価償却資産の登録・除売却もれを確認し減価償却する

　当期**新たに取得**した資産がもれなく固定資産台帳に登録されているか確認します。また、固定資産台帳に登録されている資産のうち、期末までに**除却や売却**がされているものの**登録もれ**が無いか確認します。

　減価償却費は基本的には減価償却限度額で計上します。ただし、会社の方針によっては減価償却限度額より少ない金額を減価償却費として処理することがあるため、不明な場合は上司に確認します。減価償却は、基本的に帳簿価額が1円（備忘価額）になるまで行いますが、一括償却資産や30万円未満の資産（→P.110）は、帳簿価額が0円になるまで（つまり全額）減価償却します。

　当期の減価償却費の金額を会計データへ入力後、各資産の帳簿価額、減価償却費が**固定資産台帳と一致**していることを必ず確認します。

繰延資産は0円まで償却する

長期前払費用と繰延資産も減価償却資産と同じ流れで償却費を計上します。

- ・賃借期間で按分した事務所の賃借時の礼金が償却費に計上されているか。
- ・事務所の解約で礼金の一部が返金されたとき、返金されない分が償却費に計上されているか。
- ・帳簿価額が0円になるまで（つまり全額）償却します。
- ・繰延資産には間接控除形式がなく、毎期償却した分だけ繰延資産の金額を減らします（→P.130）。

●固定資産台帳の確認

貸借対照表や損益計算書とは必ず照合
して一致していることを確認します。

当期取得した資産が計上されているか。

当期除却した資産が処理されているか。

貸借対照表の該当の科目の当期残高と同じ額。

固定資産台帳 兼 減価償却計算表

当期取得した資産が月割りされているか。

損益計算書の固定資産除却損の当期残高と同じ額。

損益計算書の減価償却費の当期残高と同じ額。

●減価償却資産と繰延資産の比較

減価償却資産と繰延資産は似ているようでいて異なります。

	減価償却資産（→ P.106）	繰延資産（→ P.128）
固定資産台帳の登録	新規取得、除却や売却にもれが無いか確認する	支払日に全額を費用で処理する場合、登録不要。それ以外は登録する。
期中取得分	取得してから期末までの期間分の償却費を計上する	基本的に支払日から期末までの期間分の償却費を計上する。
償却可能限度額	取得価額－1円※1	全額
償却方法	定額法、定率法など	所定の期間に渡る月割り計算または任意償却
貸借対照表の表示方法	直接控除形式または間接控除形式	直接控除形式のみ

※1 一括償却資産や30万円未満の資産、無形固定資産は全額

月割りした減価償却費（償却費）に1円未満の端数があるときは、切り捨てるのだ。
（例）500,000 × 0.2 × 4か月÷ 12か月＝ 33,333.333 ⇒ 33,333 円

memo ＞除却とは、資産が不要となったため、産業廃棄物処理業者などに依頼し処分することです。

Section 07-3 | 決算③ 経過勘定の処理

4つの経過勘定を正しく使い分けるのが重要なんだ。

ここだけ Check!
- ☑ 一定期間に渡り提供されるサービスが対象になる。
- ☑ 短期の前払費用は間違いやすいため要件を正確に理解する。
- ☑ 消費税込みで計上する。

経理

期をまたぐサービスに関する4つの経過勘定

経過勘定とは、一定期間継続して行われるサービスの提供に関して、収益や費用を入出金時に計上するのではなく、**その提供を受けたときに**収益や費用に計上するために使用する勘定です。

経過勘定科目には、継続してサービス提供を受けている場合に使用するものとして**前払費用**と**未払費用**、継続してサービス提供をする場合に使用するものとして**未収収益**と**前受収益**の計4つがあります。

経過勘定の洗出しと会計処理

経過勘定を洗出すには、まず前期末の決算書の経過勘定の内容を確認します。当期も同じく取引が継続していれば当期も同様に処理します。また、当期新たに始まった継続して行われるサービスがあれば契約書などにもとづき、いつまでの収益や費用の支払いなのかを確認し、経過勘定として計上する金額を計算します。

また、前期の決算で経過勘定で計上された金額は当期の決算で**全額経費もしくは収益に振替え、改めて当期分を経過勘定として計上**します。

なお、会社が消費税を税込み税抜きいずれで処理をしていても、経過勘定で計上する金額は**消費税込み**です。

前払費用、未払費用、未収収益、前受収益は「費用」や「収益」となっているけど、すべて資産や負債の科目なのだ。

● 継続してサービス提供を受けている場合に使う経過勘定

4つの経過勘定は似ていてわかりにくいですが、まずは自社が支払う側か受取る側かで整理すると理解しやすいです。

勘定科目	内容	具体例
未払費用	当期に提供を受けたサービスをその支払い前に当期の費用として計上する。	未払賃借料、未払給与、未払社会保険料、未払利息
前払費用	支払い済みの対価のうち来期に提供を受けるサービスに対する費用を当期から除くときに使う。	前払賃借料、前払利息、前払保険料

● 継続してサービス提供をする場合に使う経過勘定

勘定科目	内容	具体例
未収収益	当期に提供したサービスをその入金前に当期の収益として計上する。	未収利息、未収賃貸料
前受収益	入金済みの対価のうち来期に提供するサービスに対する収益を当期から除くときに使う。	前受利息、前受賃貸料

4

年に1回行う事務

● 経過勘定の仕訳例

当期の経過勘定の計上の例

（例）3月決算の会社でソフトウェアの使用料36万円（期間：3月から2年間）を
3月中に支払った。

⇒ 36万円×1か月/24か月＝1万5千円（当期3月分）

36万円－1万5千円＝34万5千円

《支払日》（借方）賃借料　　　360,000　　（貸方）現金預金　360,000
《決算日》（借方）前払費用　345,000　　（貸方）賃借料　　345,000

前期の計上額の処理の例

《前期末》（借方）前払費用　345,000　　（貸方）賃借料　　345,000
《当期末》（借方）賃借料　　345,000　　（貸方）前払費用　345,000
　　　　　↑前期末に計上した金額の取崩し

　　　　　（借方）前払費用　165,000　　（貸方）賃借料　　165,000
　　　　　↑当期分の計上

memo ▷ 経過勘定では、一定期間継続してという条件があります。たとえば通常は継続しない写真撮影料などは対象となりません。

● 4つの経過勘定の使い分け

サービス提供が当期分か来期分か、支払日が
前払いか後払いか意識して確認します。

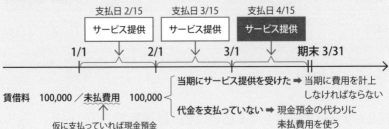

未払費用　撮影機材のレンタル料10万円（期間：3月1日～3月31日）を4月15日に支払う。

支払日 2/15　　支払日 3/15　　支払日 4/15

賃借料　100,000／未払費用　100,000

仮に支払っていれば現金預金

当期にサービス提供を受けた ➡ 当期に費用を計上
しなければならない

代金を支払っていない ➡ 現金預金の代わりに
未払費用を使う

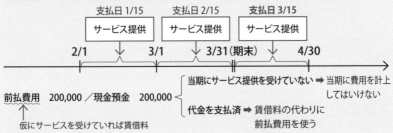

前払費用　事務所の家賃20万円（期間：4月1日～4月30日）を3月15日に支払った。

支払日 1/15　　支払日 2/15　　支払日 3/15

前払費用　200,000／現金預金　200,000

仮にサービスを受けていれば賃借料

当期にサービス提供を受けていない ➡ 当期に費用を計上
してはいけない

代金を支払済 ➡ 賃借料の代わりに
前払費用を使う

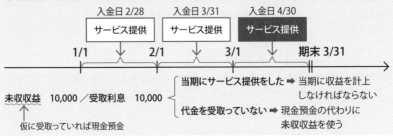

未収収益　従業員への貸付金の利息1万円（期間：3月1日～3月31日）を4月30日に受取る。

入金日 2/28　　入金日 3/31　　入金日 4/30

未収収益　10,000／受取利息　10,000

仮に受取っていれば現金預金

当期にサービス提供をした ➡ 当期に収益を計上
しなければならない

代金を受取っていない ➡ 現金預金の代わりに
未収収益を使う

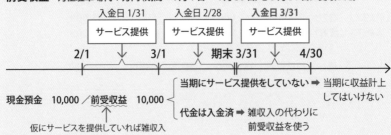

前受収益　月極駐車場代1万円（期間：4月1日～4月30日）を3月31日に受取った。

入金日 1/31　　入金日 2/28　　入金日 3/31

現金預金　10,000／前受収益　10,000

仮にサービスを提供していれば雑収入

当期にサービス提供をしていない ➡ 当期に収益計上
してはいけない

代金は入金済 ➡ 雑収入の代わりに
前受収益を使う

> **memo**　経過勘定では、サービスの提供に関するものが対象となるため保険料や家賃などは対象ですが、雑誌の定期購読料などは物の購入のため対象となりません。

経理

人事

総務・他

● 短期の前払費用

　支払日から1年以内にサービスが提供される場合には、上記の原則とは異なり、その支払日に全額を経費とすることができます。これを短期の前払費用といいます。ただし、毎期その処理を継続することと、その支払いと紐付きの収益がないことにも注意が必要です。消費税はその支払日に課税仕入れにします。

注意点	ダメな例
支払日から1年以内	3月決算の会社が、翌期5月1日から1年分の賃借料を3月中に支払う。⇒サービス提供期間は1年間だが支払日から1年以内ではないため原則どおり前払費用に計上する。
毎期その処理を継続する	当期は利益が出たので全額経費とするが、来期は前払費用として計上する。⇒期により処理方法が変わり継続していないため当期分を全額経費としたのは認められない。
その支払いと紐付きの収益がない	借入金の支払利息をその支払日に全額経費とするが、その借入金で株へ投資し配当金を受取っている。⇒支払利息の計上時期が受取配当金の計上時期よりも前倒しになるケースまでは認められない。

● 未払金、前払金、未収金、前受金（経過勘定との違い）

経過勘定はあくまで継続的なサービス提供に関するものです。

勘定科目	経過勘定との違い	例示
未払金	一定期間継続するサービス提供以外の取引に関するもの ↓ ・物の売買 ・スポットでのサービス提供	有形固定資産の購入代金、写真撮影料の支払いなど 注意 仕入先からの購入は買掛金を使う。
前払金		商品や材料の購入代金など
未収金		有形固定資産の売却代金、スクラップの売却代金など 注意 得意先への販売は売掛金を使う。
前受金		商品の納入代金、工事請負代金など

一定期間継続するサービス提供以外の取引とは？

	一定期間継続する取引	スポットでの取引
サービス提供	経過勘定	未払金、前払金、未収金、前受金
物の売買		

memo ＞ 会社の取引規模などからみて対象となる支払額が大きい場合は、短期の前払費用として認められないことがあります。重要性の有無は一概に言えないため、顧問税理士などに相談します。

Section
07-4

決算④ 外貨建資産・負債の評価替えの処理

外貨で支払われる資産や負債を為替の変動に応じて見直す作業なのだ。

ここだけ
Check!

- ✅ 期末換算が必要なものと不要なものを確認する。
- ✅ 為替レートは原則として主要取引銀行のTTMによる。
- ✅ 決算日が休日などで為替レートが無い場合は決算日前の直近のレートによる。

外貨で支払いが行われる資産と負債を表す

外貨建資産・負債とは、外国通貨、外貨預金、外貨建有価証券、外貨建債権・債務など日本円ではなく**外貨で支払いが行われる資産や負債**のことです。決算時の処理において、次の外貨建資産・負債は期末における為替相場（対顧客直物電信売買相場の仲値：TTM）で再計算（これを期末換算という）し、それ以外の外貨建資産・負債は期末換算は不要で期中に処理した金額のままとします。「外貨建資産等の期末換算方法等の届出」をしていれば、それに従います。

・外国通貨
・外貨預金のうち満期日が期末から1年以内のもの
・外貨建資産・負債のうち支払期限が期末から1年以内のもの

一度選んだ為替レートは理由なく変更できない

評価替えに使用する為替レートは、原則として会社の**主要取引銀行の公表するもの**を使用します。入手できない場合などには別の銀行などが公表する為替レートを使用しても構いません。ただし、1度選んだ為替レートは合理的な理由もなく変更はできません。また、決算日が休日で、決算日に為替レートが無い場合には**決算日前**のうち最も近いのものを使用します。

期末から1年以内とは、期末が3月31日の場合、翌日の4月1日から1年を経過した日（翌年4月1日）の前日（翌年3月31日）までのことだ。

● 外貨建資産・負債の説明と例示

外貨で支払いが行われるものを外貨建資産・負債といいます。

種類	説明と例示
外国通貨	外国の紙幣や硬貨(1ドル札、25セント硬貨など)
外貨預金	銀行(日本の銀行を含む)に外国通貨で預けた預金(ドル預金など)
外貨建有価証券	外国通貨で償還、払戻しなどを受ける有価証券(国債、社債、株式など)
外貨建債権	外国通貨で支払いを受ける金銭債権(売掛金、貸付金など)
外貨建債務	外国通貨で支払いをする金銭債務(買掛金、借入金など)

● 外貨建資産・負債の評価替えの注意点

為替レートは必ず期末以前のものを使用します。

決算日が休日

決算日前のうち最も近いのものを使用します。
(例) **3月29日　120円** ○
　　　　30日　　無し
　　　　31日　　無し
　　4月 1日　119円 ×
たとえ決算日により近いもの(4月1日119円)があっても必ず決算日前のもので最も近いもの
(3月29日120円)を使います。

特定の科目の処理

前渡金、前受金	**未収収益、未払費用**	**前払費用、前受収益**
すでに代金の受払(の一部)が済んでいるものであり、基本的には来期以降に資産や売上に振替えられるだけのものであり**期末換算は不要**です。	いずれも期末時点では代金の受払いが無いが当期の収益・費用を計上するために使われる科目(→ P.270)です。必ずしも外貨建債権・債務とは言えませんが、代金の受払いはこれからのため、準ずるものとして**期末換算をします**。	いずれも期末時点で代金の受払いをしたが当期の収益・費用から除くために使われる科目(→ P.270)で代金の受払いが済んでおり、基本的には来期に収益や費用に振替えられるだけのものであり**期末換算は不要**です。

memo　銀行で円を外貨に替える際に使われる相場を対顧客直物電信売相場(TTS)、逆に外貨を円に替える際の相場を対顧客直物電信買相場(TTB)といいます。両者の平均が対顧客直物電信売買相場の仲値(TTM)です。

275

決算⑤
税金の引当て

決算で定まった税金の額を計上するのだ。

ここだけ Check!

✅ 税金の種類は多いが勘定科目は同じものが多い。

✅ 中間納付をしている場合、年間税額から中間納付額を差引いたものが期末での未払法人税等や未払消費税等として計上される。

税金の未払いは決算時には未払法人税等に計上する

当期の法人税、法人事業税・住民税（都道府県民税および市町村民税）は来期に納付を行いますが、決算では**当期の費用**として計上します。税金の計算は、顧問税理士が計算しその結果を納付税額一覧表などで受取ることが多いと思います。納付税額一覧表とは、会社が納付する各種税金を一覧にした表で、申告書作成ソフトウェアにより様式が多少異なります。税金の種類ごとに使用する勘定科目は右ページの表のとおりです。

納付税額一覧表で各種税金の納税額を把握する

右ページの納付税額一覧表では、申告納付額の列にある合計欄1,874,600円が期末における未払法人税等の計上額になります。中間納付額と合わせて、年間税額の列にある合計欄3,059,030円が当期における**法人税、住民税及び事業税**の計上額になります。申告納付額の列にある消費税欄2,357,400円が期末における**未払消費税等**の計上額になります。税抜経理の場合に仮払消費税と仮受消費税を精算したときに生じる差額は**雑損失もしくは雑収入で計上**します。

翌期に実際に納付する金額が決算時に計上した未払法人税等や未払消費税等と異なることがあります。その場合には、未払法人税等の差額は法人税、住民税及び事業税で、未払消費税等の差額は税抜経理では雑収入または雑損失、税込経理では租税公課で処理します。

経理

人事

総務・他

●税金の種類と勘定科目

いろいろな種類の税金がありますが、勘定科目は3つまたは4つとなります。

種類		借方／損益計算書	貸方／貸借対照表
法人税		法人税、住民税及び事業税 （「法人税等」という科目も使われる）	未払法人税等
地方法人税			
事業税			
特別法人事業税			
住民税	都道府県民税		
	市町村民税		
消費税		（税抜）　— （税込）租税公課	未払消費税等

●納付税額一覧表

毎年申告書と照らし合わせてみると、だんだん見方がわかるようになります。

たくさんの数字が出てくるのでとっつきにくいけど、毎期の各申告書と突き合わせるとわかってくるんだ。

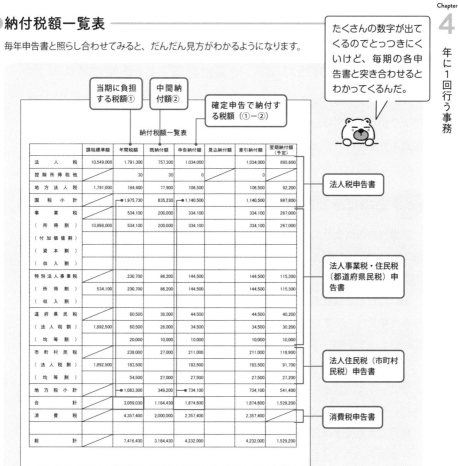

memo ＞ 会社によっては法人税、住民税及び事業税の代わりに租税公課で処理することもあります。

Section 07-6 決算⑥ 決算書の見方

決算書とは会社の財政状態と経営成績を表す一連の書類のことなんだ。

ここだけ Check!
- ✓ 貸借対照表も損益計算書も前期と比べて増減の理由を確認する。
- ✓ 損益計算書は前期と比べて売上高の伸びと、営業利益率の変化の理由を確認する。
- ✓ 株主資本等変動計算書は純資産の部と一致する。

決算書は貸借対照表、損益計算書などから構成される

決算書は、法律により計算書類、財務諸表などと呼ばれその範囲も多少異なりますが、ここでは会社法にいう計算書類として**貸借対照表、損益計算書、株主資本等変動計算書、個別注記表**をいいます。なお、貸借対照表はB/S（Balance Sheet）、損益計算書はP/L（Profit and Loss Statement ）とも呼ばれます。

B/Sは会社の財政状態、P/Lは経営成績を示す

貸借対照表は会社の財政状態を表すものと言われます。左側に資産の部、右側に負債の部と純資産の部があります。前期と比べて勘定ごとに増減の理由や内訳を確認します。

損益計算書は会社の経営成績を表すものと言われます。売上高などの収益から販売費及び一般管理費などの費用を差引いて利益を計算していますが、その利益を売上総利益、営業利益、経常利益、税引前当期純利益、当期純利益の5つに分けているところに特徴があります。前期と比べて、売上高が何パーセント増減したか、営業利益率が何パーセント増減したか、そしてその主な理由を確認します。

株主資本等変動計算書は貸借対照表に記載される純資産の部の各項目の期首から期末までの増減を記載するものです。個別注記表とは会計処理の方法や会社の状況をよりよく知るための情報を記載したものです。

貸借対照表や損益計算書を「読む」には前期と比べるのが基本。

●貸借対照表

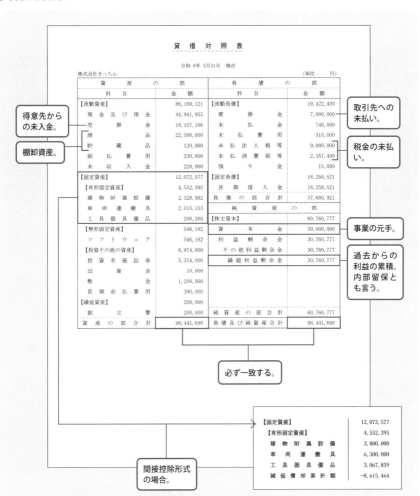

貸　借　対　照　表

令和 6年 3月31日　現在

株式会社きっちん　　　　　　　　　　　　　　　　　　　　　　　　　　　（単位：　円）

資　　産　　の　　部		負　　債　　の　　部	
科　　目	金　　額	科　　目	金　　額
【流動資産】	86,169,121	【流動負債】	19,422,400
現 金 及 び 預 金	44,941,955	買 　 掛 　 金	7,000,000
売 　 掛 　 金	18,157,166	未 　 払 　 金	740,000
商 　 　 　 品	22,500,000	未 払 費 用	310,000
貯 　 蔵 　 品	120,000	未 払 法 人 税 等	9,000,000
前 払 費 用	230,000	未 払 消 費 税 等	2,357,400
未 収 入 金	220,000	預 　 り 　 金	15,000
【固定資産】	12,072,577	【固定負債】	18,258,521
【有形固定資産】	4,552,395	長 期 借 入 金	18,258,521
建 物 附 属 設 備	2,328,982	負 債 の 部 合 計	37,680,921
車 両 運 搬 具	2,015,153	純　資　産　の　部	
工 具 器 具 備 品	208,260	【株主資本】	60,760,777
【無形固定資産】	546,182	資 　 本 　 金	30,000,000
ソ フ ト ウ ェ ア	546,182	利 益 剰 余 金	30,760,777
【投資その他の資産】	6,974,000	そ の 他 利 益 剰 余 金	30,760,777
投 資 有 価 証 券	5,374,000	繰 越 利 益 剰 余 金	30,760,777
出 　 資 　 金	10,000		
敷 　 　 　 金	1,200,000		
長 期 前 払 費 用	390,000		
【繰延資産】	200,000		
創 　 立 　 費	200,000	純 資 産 の 部 合 計	60,760,777
資 産 の 部 合 計	98,441,698	負債及び純資産合計	98,441,698

得意先から
の未入金。

棚卸資産。

取引先への
未払い。

税金の未払
い。

事業の元手。

過去からの
利益の累積。
内部留保と
も言う。

必ず一致する。

【固定資産】	12,072,577
【有形固定資産】	4,552,395
建 物 附 属 設 備	3,800,000
車 両 運 搬 具	6,300,000
工 具 器 具 備 品	3,067,859
減 価 償 却 累 計 額	-8,615,464

間接控除形式
の場合。

貸借貸借表の注意すべき状態

資本の欠損

赤字が続き、事業の元手となる資本金など
を食いつぶしている状態を指す。すぐに倒
産するわけではないが、そのまま赤字を続
けていれば、いずれ元手をすべて食いつぶ
して債務超過になる。

債務超過

負債の部の金額が資産の部の金額を超えて
いること。会社が換金できるものをすべて現
金化しても負債を返済できない状態。実際
には、資産に計上されていない資産もある
ため一概には言えないものの、会社として
は危機的状態にある。

● 損益計算書

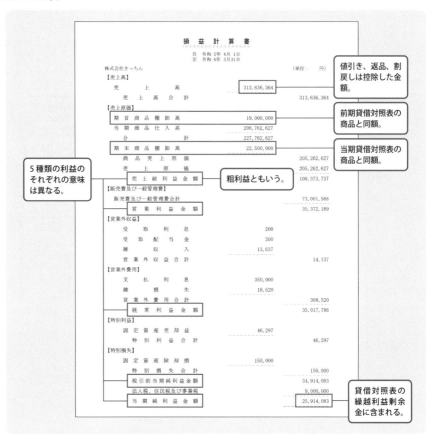

損　益　計　算　書

自　令和 5年 4月 1日
至　令和 6年 3月31日

株式会社きっちん　　　　　　　　　　　　　　　　　　（単位：　円）

【売上高】
売　　上　　高　　　　　　　　　　313,636,364
売　上　高　合　計　　　　　　　　　　　　　　313,636,364

値引き、返品、割戻しは控除した金額。

【売上原価】
期首商品棚卸高　　　　　　　　　　　19,000,000
当期商品仕入高　　　　　　　　　　208,762,627
合　　　　　計　　　　　　　　　　227,762,627

前期貸借対照表の商品と同額。

期末商品棚卸高　　　　　　　　　　　22,500,000
商　品　売　上　原　価　　　　　　205,262,627
売　上　原　価　　　　　　　　　　205,262,627

当期貸借対照表の商品と同額。

売　上　総　利　益　金　額　　　　　　　　　108,373,737

5種類の利益のそれぞれの意味は異なる。

粗利益ともいう。

【販売費及び一般管理費】
販売費及び一般管理費合計　　　　　　73,001,568
営　業　利　益　金　額　　　　　　　　　　　35,372,169

【営業外収益】
受　　取　　利　　息　　　　　　　　　　　200
受　　取　　配　　当　　金　　　　　　　　300
雑　　　収　　　入　　　　　　　　　　13,637
営　業　外　収　益　合　計　　　　　　　　　　14,137

【営業外費用】
支　　払　　利　　息　　　　　　　　350,000
雑　　　損　　　失　　　　　　　　　18,520
営　業　外　費　用　合　計　　　　　　　　　368,520
経　常　利　益　金　額　　　　　　　　　　35,017,786

【特別利益】
固　定　資　産　売　却　益　　　　　46,297
特　別　利　益　合　計　　　　　　　　　　46,297

【特別損失】
固　定　資　産　除　却　損　　　　150,000
特　別　損　失　合　計　　　　　　　　　　150,000
税引前当期純利益金額　　　　　　　　　　　34,914,083
法人税、住民税及び事業税　　　　　9,000,000
当　期　純　利　益　金　額　　　　　　　　25,914,083

貸借対照表の繰越利益剰余金に含まれる。

● 損益計算書で知っておきたい5つの利益のポイント

種類	ポイント
売上総利益金額	売上総利益率（＝売上総利益金額÷売上高）を把握し、大きく変動した場合にその理由を確認する。また、通常赤字で販売することは無いため、売上総利益金額がマイナスだと期中の仕訳や決算が間違っている可能性がある。
営業利益金額	前期より増加（減少）した場合、売上高の増加（減少）、売上総利益率の増加（減少）、販売費及び一般管理費の減少（増加）が考えられる。これらの原因のいずれか、もしくはいくつかの組合せを分析しておく。
経常利益金額	営業利益金額がマイナスでも営業外収益のために経常利益金額がプラスになることもある。
税引前当期純利益金額	税金を負担する前の利益金額。ただし、固定資産税や印紙税などは販売費及び一般管理費の中に含まれてすでに負担されている。
当期純利益金額	当期の最終的な利益で、貸借対照表の繰越利益剰余金に累積していく。

memo ▷ 「誤謬の訂正に関する注記」は過年度遡及会計基準を適用して過去の間違いを訂正した場合に必要。「過年度遡及会計基準」は会計方針や表示方法、過去の間違いを過去の決算書にさかのぼって修正するための取扱い。

●株主資本等変動計算書

　貸借対照表の純資産の部と同じ区分で記載し、期首純資産の部の金額、当期の変動事由および変動金額、期末純資産の部の金額を記載して、純資産の部の変動を明らかにします（株主資本等変動計算書は純資産の項目を縦に並べる様式もある）。変動事由として当期純利益金額のほか、期中の仕訳に純資産の部の勘定科目に関するものがあれば、その仕訳を確認して記載します。

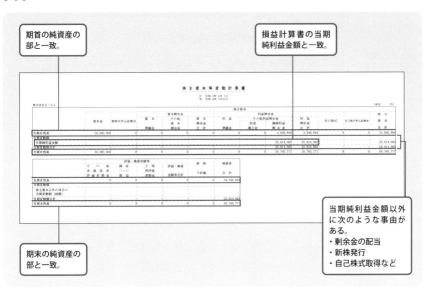

期首の純資産の部と一致。

損益計算書の当期純利益金額と一致。

期末の純資産の部と一致。

当期純利益金額以外に次のような事由がある。
・剰余金の配当
・新株発行
・自己株式取得など

●個別注記表

　個別注記表にはさまざまな注記項目がありますが、①会計監査人（監査法人や公認会計士が就任する）を置かない会社かつ②株式譲渡制限（memo参照）のある会社は、次の事項のみで構いません。

重要な会計方針に関する事項
会計方針の変更に関する注記
表示方法の変更に関する注記
誤謬の訂正に関する注記（左ページ memo 参照）
株主資本等変動計算書に関する注記
その他の注記

memo ▷ 株式譲渡制限のある会社とは、会社の発行する株式すべてについて、その譲渡にあたり取締役会や株主総会などの事前の承認を求める定めがある会社のこと。定款や登記事項証明書で確認できます。

Section
07-7

決算⑦
法人税申告書のポイント

申告書は税務署に提出するのだ。

ここだけ
Check!

- ☑ 申告書の提出により税額が確定する。
- ☑ 申告書を期限内に提出しないとペナルティーがある。
- ☑ 郵送の場、発信日付印の日が提出日とみなされる。

法人税申告書の提出は期限を厳守する

　決算書などにもとづき当期の税金を計算した結果を申告書に記載して税務署（法人税の場合）へ提出します。そのほかにも消費税申告書や法人事業税・住民税（都道府県民税および市町村民税）申告書なども提出します。これらの書類を提出することで納税額が確定するため、申告書の提出は非常に大切な手続きとなります。

　原則として提出期限は期末から2か月以内ですが、その日が土日祝日の場合はその休み明けの日が期限となります。最近では、e-Taxで送信することが多いですが、郵便により提出した法人税申告書については、**通信日付印により表示された日が提出日**とみなされます（これを発信主義といいます）。申告書の提出が期限に間に合わなかった場合、最高で本来納める税額の20％が上乗せされることもあります。

法人税の申告書別表1（1）で最低限知っておきたいこと

- **決算確定日とは株主総会で決算が承認された日**を記載します。
- 配当金の効力が生じた日は株主総会議事録に記載されます。ちなみに、基準日とは異なります。
- 納付する税額は、法人税が15欄に地方法人税が40欄に記載されます。
- 翌期へ繰越す欠損金額は27欄に記載されます。
- 納付と申告書の提出は期限内であればいずれが先でも問題はありません。

経理

人事

総務・他

●別表1（1）

　通常は法人税申告書というと税務署へ提出する製本した1セットすべてを指しますが、正式にはその表紙とされる別表1（1）のことで、その他の書類は明細書であり申告書の添付書類という位置付けになります。

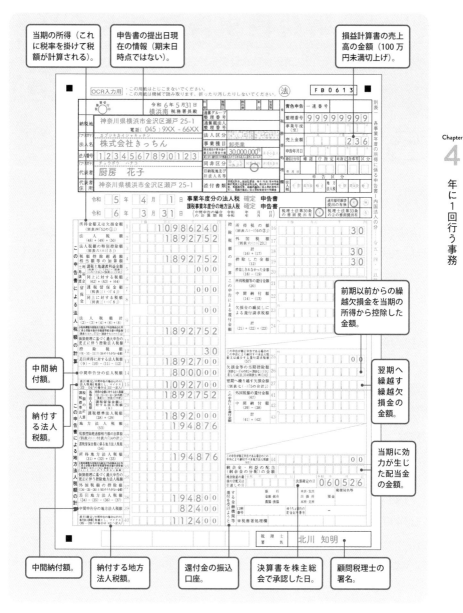

- 当期の所得（これに税率を掛けて税額が計算される）。
- 申告書の提出日現在の情報（期末日時点ではない）。
- 損益計算書の売上高の金額（100万円未満切上げ）。
- 前期以前からの繰越欠損金を当期の所得から控除した金額。
- 翌期へ繰越す繰越欠損金の金額。
- 当期に効力が生じた配当金の金額。
- 中間納付額。
- 納付する法人税額。
- 中間納付額。
- 納付する地方法人税額。
- 還付金の振込口座。
- 決算書を株主総会で承認した日。
- 顧問税理士の署名。

memo　適用額明細書：租税特別措置法にもとづく特例（30万円未満の資産を全額経費とする特例など）を受ける場合に作成・添付が義務付けられている。

Section 07-8 決算⑧ 消費税申告書のポイント

消費税は会計データさえしっかりしていれば、
会計事務所にお任せできるのだ。

ここだけ
Check! —

- ✔ 取引ごとに課税10％、非課税、軽減8％などを会計ソフトに入力する。
- ✔ 前期の消費税額に応じて中間申告と納付がある。
- ✔ 一般的に消費税と言われるものは、消費税と地方消費税に分かれる。

消費税のしくみとその処理

消費税は原則として、**国内におけるすべての商品の販売やサービスの提供**に対してかかります。ただし、利息の受取りや土地の販売など消費税がかからないものもあります（**非課税取引**）。また、国外での取引は消費税の対象となりません（**対象外取引**）。消費税の税率は10％です（飲食料品や継続購読契約の新聞は8％、消費税改正の2019年10月以前に契約し継続している取引の一部は経過措置として、引き続き8％が適用されるものもあります）。

日々の作業では、消費税がかかる取引とかからない取引を請求書や領収書などで確認し、課税10％、非課税、軽減8％など会計ソフトに入力します。日々の作業が正しく処理されれば、決算時に法人税とは違い特別な作業は不要です。

中間申告と納付

前期の消費税（地方消費税を除く。消費税申告書の差引き税額⑨欄）が48万円を超える場合、その金額に応じて期の途中で申告と納付をします。48万円超400万円以下の場合は半年（年1回）で、400万円超4,800万円以下の場合は4か月ごと（年3回）に、4,800万円超の場合は毎月（年11回）です。これらは中間申告といい、中間申告の用紙と納付書は税務署から会社に郵送されてくるので、それを使って申告と納付をします。

基準期間の課税売上高が5,000万円以下の場合は、簡易課税制度が受けられます。消費税の計算方法が異なり、申告書の様式も上記とは違います。

経理

人事

総務・他

消費税申告書

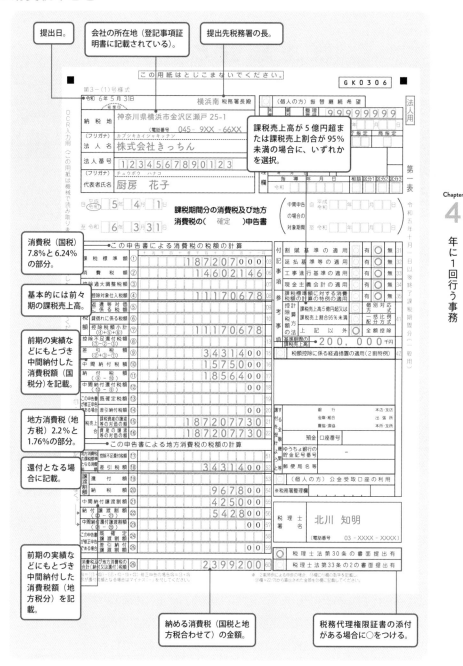

- 提出日。
- 会社の所在地（登記事項証明書に記載されている）。
- 提出先税務署の長。
- 課税売上高が5億円超または課税売上割合が95%未満の場合に、いずれかを選択。
- 消費税（国税）7.8%と6.24%の部分。
- 基本的には前々期の課税売上高。
- 前期の実績などにもとづき中間納付した消費税額（国税分）を記載。
- 地方消費税（地方税）2.2%と1.76%の部分。
- 還付となる場合に記載。
- 前期の実績などにもとづき中間納付した消費税額（地方税分）を記載。
- 納める消費税（国税と地方税合わせて）の金額。
- 税務代理権限証書の添付がある場合に○をつける。

この用紙はとじこまないでください。

GK0306

第3-(1)号様式

● 令和 6 年 5 月 31 日　横浜南 税務署長殿

納税地　神奈川県横浜市金沢区瀬戸 25-1
（電話番号　045 - 9XX - 66XX）

（フリガナ）　カブシキカイシャキッチン
法 人 名　株式会社 きっちん

法人番号　1 2 3 4 5 6 7 8 9 0 1 2 3

（フリガナ）　チュウボウ　ハナコ
代表者氏名　厨房 花子

自 平成　5 年 4 月 1 日
至 令和　6 年 3 月 31 日

課税期間分の消費税及び地方消費税の（ 確定 ）申告書

（個人の方）振替継続希望
整理番号　9 9 9 9 9 9 9 9

法人用

第一表

Chapter 4

年に1回行う事務

この申告書による消費税の税額の計算

課税標準額 ①	1 8 7 2 0 7 0 0 0
消費税額 ②	1 4 6 0 2 1 4 6
控除過大調整税額 ③	
控除税額 控除対象仕入税額 ④	1 1 1 7 0 6 7 8
返還等対価に係る税額 ⑤	
貸倒れに係る税額 ⑥	
控除税額小計（④＋⑤＋⑥）⑦	1 1 1 7 0 6 7 8
控除不足還付税額（⑦-②-③）⑧	
差引税額（②＋③-⑦）⑨	3 4 3 1 4 0 0
中間納付税額 ⑩	1 5 7 5 0 0 0
納付税額（⑨-⑩）⑪	1 8 5 6 4 0 0
中間納付還付税額（⑩-⑨）⑫	0 0
既確定税額 ⑬	
差引納付税額 ⑭	0 0
課税資産の譲渡等の対価の額 ⑮	1 8 7 2 0 7 7 3 0
資産の譲渡等の対価の額 ⑯	1 8 7 2 0 7 7 3 0

この申告書による地方消費税の税額の計算

控除不足還付税額 ⑰	
差引税額 ⑱	3 4 3 1 4 0 0
譲渡割額 還付額 ⑲	
納税額 ⑳	9 6 7 8 0 0
中間納付譲渡割額 ㉑	4 2 5 0 0 0
納付譲渡割額（⑳-㉑）㉒	5 4 2 8 0 0
中間納付還付譲渡割額 ㉓	0 0
既確定譲渡割額 ㉔	
差引納付譲渡割額 ㉕	0 0
消費税及び地方消費税の合計（納付又は還付）税額 ㉖	2 3 9 9 2 0 0

付記事項参考事項
- 割賦基準の適用　有 ○ 無
- 延払基準等の適用　有 ○ 無
- 工事進行基準の適用　有 ○ 無
- 現金主義会計の適用　有 ○ 無
- 課税標準額に対する消費税額の計算の特例の適用　有 ○ 無
- 控除税額の計算方法　課税売上高5億円超又は課税売上割合95%未満　個別対応方式／一括比例配分方式　上記以外　全額控除
- 基準期間の課税売上高　● 2 0 0, 0 0 0 千円
- 税額控除に係る経過措置の適用（2割特例）

税理士署名　北川 知明
（電話番号　03 - XXXX - XXXX）

○ 税理士法第30条の書面提出有
税理士法第33条の2の書面提出有

---

memo　消費税率は次のように推移しています。平成元年4月〜（3%）、平成9年4月〜（5%）、平成26年4月〜（8%）、令和元年10月〜（10%）。

Section 08 | 株主総会と 株主総会議事録

株主総会が行われたら、必ず議事録を作成するんだ。

ここだけ Check!

- ✓ 決議内容により決議の要件が異なる。
- ✓ 株主総会を開催したら株主総会議事録を必ず作成する。
- ✓ 株主総会議事録に代表者印を押しておく。

株主総会は会社の最高意思決定機関

株主総会は、**株主をメンバーとする会社の最高意思決定機関**です。毎年1回は事業年度終了後に定時株主総会を開催しなければならず、それ以外でも必要があればいつでも招集できます。株主総会の一連のスケジュールは、取締役会の有無など会社の機関設計により異なります。また、株主総会での決議方法は3種類あり、その議案の重要度に応じて決議の要件が異なります。

種類	決議の要件	決議内容
普通決議	①議決権の過半数を有する株主が出席 ②①の株主の議決権の過半数	下記以外
特別決議	①議決権の過半数を有する株主が出席 ②①の株主の議決権の2/3以上	定款変更、資本金の額の減少、現物出資、組織再編、解散など
特殊決議	総株主の半数以上であって、総株主の議決権の4分の3以上	全部の株式の株式譲渡制限を設置する定款変更など

株主総会では議事録の作成が必須になる

株主総会を開催したら必ず**株主総会議事録**^{DL}を作成する必要があります。作成は通常代表取締役が行います。法的には議事録に出席取締役の押印は必要ありません。しかし、株主総会議事録は大切な書類で最終的に確定したものを明確にするためにも代表取締役は代表者印を押した方がよいでしょう。

定款で押印することを定めている場合や登記手続き上、押印が必要な場合もあるのだ。

経理

人事

総務・他

● 株主総会のスケジュール

決算日から2か月や3か月以内に株主総会を開催するのが一般的です。取締役会や監査役がなければその分の手続きは不要です。

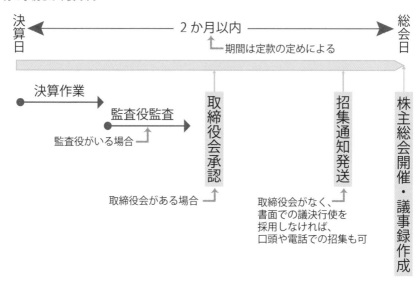

● 株主総会に必要な資料

株主総会で決議するものと報告するだけのものなどがあります。

書類名	解説
事業報告	事業活動の概況を記載。株主総会の報告事項（→ P.289）
附属明細書	事業報告の附属明細書
計算書類 　貸借対照表 　損益計算書 　株主資本等変動計算書 　個別注記表	いわゆる決算書で、株主総会の決議事項となる
附属明細書	計算書類の附属明細書
監査報告	監査役がいなければ不要
取締役会議事録	株主総会前に計算書類などの承認をしたもの。取締役会がなければ不要

memo ▷ 普通決議、特別決議、特殊決議の決議要件は定款の定めにより上記とは異なる取決めも可能です。

●株主総会議事録の作成

　株主総会議事録^{DL}は、**株主総会での議事の経過を記録**するために作成します。その記載事項は法律で細かく決められていますが、基本的には既存のひな形をもとに自社に合わせて作成することになります。必ず記載する事項には、報告事項としての事業報告と決議事項としての計算書類の承認があります。その他よくあるのは、新たな役員の選任や役員報酬の改定です。

　株主総会議事録には、原則として代表者印を押印します。

第 28 期定時株主総会議事録

　令和 6 年 5 月 27 日（月曜日）午前 10 時、神奈川県横浜市金沢区瀬戸 25-1 当社本店において、第 28 期定時株主総会を開催した。

　定刻、定款の定めに従い、代表取締役社長 厨房花子 は議長として議長席に着き開会を宣し、下記のとおり議決権を行使することができる株主の議決権の過半数を有する株主が出席したので、本総会は適法に成立した旨を報告した後、議事に入った。

株　　主　　総　　数	2 名
発　行　済　株　式　総　数	5,000 株
議決権を行使することができる株主数	2 名
そ　　の　　議　　決　　権　　数	5,000 個
出席株主数（委任状による出席を含む。）	2 名
そ　　の　　議　　決　　権　　数	5,000 個

本総会に出席した取締役

　代表取締役社長　　厨房　花子
　取締役　　　　　　厨房　一郎

報告事項　第 28 期（令和 5 年 4 月 1 日から令和 6 年 3 月 31 日まで）事業報告の件

　議長から第 28 期の事業内容につき、提出された事業報告に基づき詳細な報告があった。

　議長は以上をもって報告事項の終了を宣し、次に決議事項である議案の審議に入った。

決議事項

　第 1 号議案　第 28 期（令和 5 年 4 月 1 日から令和 6 年 3 月 31 日まで）計算書類承認の件

　議長は上記議案を上程し、別添の貸借対照表、損益計算書、株主資本等変動計算書及び個別注記表を提出し、その内容につき概要の説明を行った。審議を求めたところ、出席株主の全員が賛成した。

　第 2 号議案　取締役の報酬額改定の件

　議長から、取締役の報酬額について、取締役については年額 2,000 万円以内に改定することとし、具体的な金額については代表取締役社長に一任することとし、株主総会の承認を得たい旨をはかったところ出席株主の全員が賛成した。

した旨を述べ、午前 11 時閉会を宣し

とするため、代表取締役社長 厨房花子

月 27 日

議務担当代表取締役社長　厨房花

> **memo**　公開会社（株式譲渡制限会社以外の会社）の場合は株主総会招集通知の発送期限は開催の 2 週間前です。それ以外の会社は基本的に 1 週間前です。

事業報告の作成

　計算書類は会計データから作成するいわば「金額」に関する記載をしますが、ほかに事業報告という書類もあります。こちらは会社の主要な事業内容や当期における事業の経過・成果など**事業活動の概況を記載する**ものです。作成した事業報告は株主総会で株主に**報告**をします。

　また事業報告にも附属明細書がありますがこちらは株主に報告する義務はなく計算書類の附属明細書と同じく会社に保存するだけです。

　事業報告は具体的に記載する事項は特に決められておらず会社が状況に応じて記載することになること、附属明細書を含めいずれも法人税申告書に添付は不要なことから本書ではこちらについては説明を省略しています。

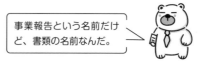

事業報告という名前だけど、書類の名前なんだ。

決算書などの保存

　株主総会議事録と申告書は、申告書ファイル（→P.25）に綴じて保存します。事業報告、計算書類、各附属明細書、監査報告、取締役会議事録は各事業年度ごとに株主総会議事録の次にファイルします。

　また、決算の過程で作成した、固定資産台帳や棚卸表などのうち法人税申告書の中に綴じこまなかった書類は、申告書の次にファイルします。その他の書類についてはP.27にしたがい整理し、段ボールに入れて保存します（→P.24）。

決算の過程で作成した書類も捨てずに保存する。棚卸表を作成するために実際に倉庫で手書きした書類なども保存するのだ。

memo

株主総会招集通知の発送期限の1週間前とは、通知の発信日付から開催日まで中7日必要になるということです。

09 | 取締役会と
取締役会議事録

取締役会が無い会社もあるんだ。

ここだけ
Check!

- ✅ 取締役会を設けるには最低3人の取締役が必要。
- ✅ 取締役会を設けると株主総会ではなく取締役会でなければ決議できない事項がある。
- ✅ 取締役会議事録は必ず作成しなければならない。

 ## 取締役会は取締役の職務の執行を監督する会社の機関

　取締役会は絶対に設けなければならないわけではありませんが、より厳しく会社の運営を管理・監督していくために設けられます。**取締役会は取締役の職務の執行を監督する会社の機関**です。取締役会を設けるには**取締役が3名以上必要**で、取締役会のある会社はその旨が登記事項証明書に記載されています。

 ## 取締役会を開催したら必ず取締役会議事録を作成する

　取締役会を設けると右ページの表の事項は必ず取締役会で決議しなければなりません。**取締役会の決議は、取締役の過半数が出席し、その過半数で行います**。仮に取締役が3人いる場合には2人以上が出席しなければ決議できません。また、決議事項に対して特別に利害関係のある取締役は除いて判定します。

　取締役会を開催したら必ず**取締役会議事録**^{DL}を作成する必要があります。作成は通常議長が行い、代表取締役は代表者印を押し、他の取締役は個人の認印を押します。取締役が2人以上いる会社で**取締役会を設けていない場合は、議案を取締役の過半数で決定**します。したがって、取締役が2人の場合は全員一致でなければ決定できません。

　取締役会のない会社の議事録は**取締役決定書**という形で作成します。

最もシンプルな会社のしくみは、株主総会と取締役の組合せなんだ。取締役会や監査役などは必要に応じて置かれるのだ。

● 取締役会の議決事項

取締役会を設置すると、下記の事項は取締役会で決議が必要です。

重要な財産の処分と譲受け
多額の借財
支配人その他の重要な使用人の選任と解任
支店その他の重要な組織の設置・変更・廃止
社債を引受けるものの募集に関する重要な事項として会社法施行規則で定める事項
取締役の職務の執行が法令と定款に適合することを確保するための体制その他株式会社の業務の適正を確保するために必要なものとして会社法施行規則で定める体制の整備
定款の規定にもとづく取締役や監査役などの責任軽減

● 取締役会議事録の例

責任の所在を明確にするため取締役の押印を必ずもらいます。

取締役会議事録

令和6年5月28日午前10時00分、当会社本店会議室において、取締役会を開催した。定刻に、代表取締役 厨房花子 は選ばれて議長席につき、開会を宣し、次のとおり定足数にたる取締役の出席があったので、本取締役会は適法に成立した旨を告げた。

        取 締 役 総 数   3名
        本日の出席取締役数   3名

        議　案　　　取締役給与額の改定について

議長から、取締役の月額給与額を次のとおり改定したい旨提案あり、議長がその賛否を諮ったところ、全員異議なくこれを決議した。
厨房 花子 代表取締役社長   60万円
厨房 一郎 取締役   50万円
厨房 次郎 取締役   40万円

以上をもって、本日の議事が終了したので、議長は午前10時30分閉会を宣した。以上の決議を明確にするため、本議事録を作成し、出席取締役全員が次に記名押印する。

        令和6年5月28日
        株式会社きっちん　取締役会

        議長　代表取締役　厨房 花子

            出席取締役　厨房 一 郎

            出席取締役　厨房 次 郎

memo ▷ 取締役の任期は原則2年（株式譲渡制限会社は定款に定めれば10年まで）。ここで言う2年は、選任後2年以内に終了する事業年度のうち最終の定時株主総会の終結の時までです（期末ではない。10年の場合も同じ）。

Section

10 | 監査役と監査報告

監査役は取締役のお目付け役なんだ。

ここだけ
Check!

- ☑ 監査役の監査には会計監査と業務監査がある。
- ☑ 監査役の任期は原則4年。
- ☑ 監査役の報酬は株主総会で決める。

監査役は取締役の職務執行のお目付役

　監査役は取締役の職務の執行を監査する会社の機関です。監査役の監査は**会計監査と業務監査**に分けられます。株式譲渡制限会社は定款に定めれば会計監査だけに限定することもできます。

　監査役の報酬、賞与、退職金は株主総会の普通決議で決めます。監査役は取締役の職務の執行を監査する立場から、取締役からの独立性を確保する必要があります。そのため、株主総会で株主により直接その報酬が決められます。

監査役の任期は原則4年だが10年まで延長可能

　監査役の**任期は原則4年**です。しかし、株式譲渡制限会社は定款に定めれば**10年まで伸ばす**ことができます。ここで言う4年（10年）というのは、監査役選任後4年（10年）以内に終了する事業年度のうち最終のものに関する定時株主総会の終結の時までとなります。期末とは一致しません。

　監査役は決算書などを監査した後、**監査報告**^{DL}**を作成**しなければなりません。

取締役の任期と監査役の任期をそろえるか、いずれかを倍の年数にすると役員変更登記が同時にでき登録免許税が節約できるのだ。

監査役の監査の範囲

監査役の業務には会計監査と業務監査があります。

監査の範囲	内容
会計監査	取締役が適正な財務情報を作成および開示しているかを監査する。
業務監査	取締役の職務執行が法令や定款に違反していないか、著しく不当な点は無いかを監査する。

監査役の任期

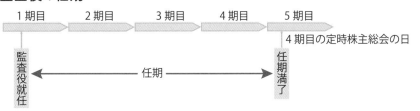

監査報告の例（会計監査に限定）

監査役は監査が終わったら監査報告書を作成します。

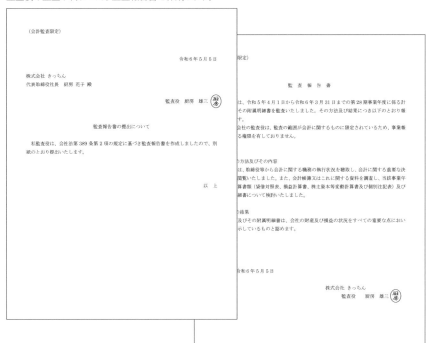

─── **Column** ───

電子申告の利用

●書類（データ）の整理方法

　e-Tax（国税電子申告・納税システム。イータックス）やeLTAX（地方税ポータルシステム。エルタックス）を使うと、申請書や届出書などを紙に印刷することなく、インターネットを使って提出できます。その場合、会社控えがデータで残ります。すると、紙の会社控えは基本情報ファイル（→ P.24）に、データの会社控えはパソコンのフォルダに残ることになり、2つに分かれてしまいます。会社控えが少ないうちは問題がないかもしれませんが、管理がしにくくなってきた場合には、下表のような一覧表 DL を作成しておき、印刷して基本情報ファイルの税務届出書申請書の表紙に綴じるか、データの会社控えを保存するフォルダに一緒に格納する方法もあります。

税務届出書申請書一覧

税務届出書申請書一覧

提出日	提出先	書類名	保存方法
2008年4月15日	新宿税務署	法人設立届	基本情報ファイル
2008年4月15日	新宿税務署	青色申告承認申請書	基本情報ファイル
2008年4月15日	新宿税務署	申告期限の延長の特例の申請書	基本情報ファイル
2008年4月15日	新宿都税事務所	法人設立届出書	基本情報ファイル
2008年4月15日	新宿都税事務所	申告書の提出期限の延長の処分等の届出書・承認等の申請書	基本情報ファイル
2022年8月30日	新宿税務署	適格請求書発行事業者の登録申請書	税務届出書申請書フォルダ
2022年9月6日	新宿税務署	適格請求書発行事業者の登録通知書	税務届出書申請書フォルダ

●ダイレクト納付の注意点

　e-TaxやeLTAXを利用している場合、事前に手続きをするとダイレクト納付を利用することができます。ダイレクト納付とは、事前に届け出た銀行口座から納税額を引き落としてくれる制度です。注意点としては、国税（法人税・消費税）と、地方税（法人事業税・住民税）でそれぞれダイレクト納付の手続きが必要な点と、利用できない銀行もあるため、事前にダイレクト納付に関するウェブサイトで自社が使う銀行が対応しているか確認が必要な点です。

発生のつど対応する
事務

頻度：　−

Section

01 | 社会保険の加入手続き

社長 1 人の会社でも加入義務があるのだ。

☑ すべての会社は社会保険に加入しなければならない。

☑ 期限が短いため他の手続きと同時並行して進めておく。

☑ 事前に本人からマイナンバーが確認できる書類もしくは基礎年金番号通知書を預かっておく。

 すべての法人に加入義務があり、通常は会社設立時に加入する

個人事業主や会社で**社会保険の適用対象とされる事業所（本社や支社など）を適用事業所**といいます。会社は社会保険の加入が強制されるため、会社の事業所は必ず適用事業所となります。そのため、通常は会社設立時の税務署への各種届出と社会保険の加入手続きを続けて行います。しかし、**提出期限が会社成立後 5 日以内**と短いため、間に合わないことも多く、手続き時に何月分から適用対象になるのか年金事務所に確認します。

健康保険と厚生年金保険はあわせて手続きを行い、**いずれの届出も年金事務所に提出**します。

 交付された「健康保険被保険者証」はすぐに従業員に引渡す

書類には会社の加入に関する「**健康保険・厚生年金保険新規適用届**」と、従業員（役員を含む）に関する「**健康保険・厚生年金保険被保険者資格取得届**」、「**健康保険被扶養者届・国民年金第 3 号被保険者関係届**」があります（従業員に関する届出書については P.310）。

健康保険・厚生年金保険新規適用届は、住所や名称など会社の基礎的な事項を記載して届出るもので、登記事項証明書、就業規則などをもとに記載します。

被保険者資格取得届の年金事務所への提出後、「**健康保険被保険者証**」が会社へ交付されます。交付後、すぐに従業員へ引渡します。

経理

人事

総務・他

社会保険の加入手続きの概要

☑	対象者	会社、役員、従業員、パート、アルバイト
☑	作成する書類	健康保険・厚生年金保険新規適用届、健康保険・厚生年金保険被保険者資格取得届、健康保険被扶養者届・国民年金第3号被保険者関係届
☑	提出先	年金事務所
☑	提出の期限	会社成立後5日以内（間に合わないときはできるだけ早く）

●加入手続き時の年金事務所への提出書類と提示書類

会社成立後、原則どおり加入する場合の書類です。遅れて加入する場合などには必要に応じて別途提示書類が求められます。

分類	書類
提出書類	健康保険・厚生年金保険新規適用届 健康保険・厚生年金保険被保険者資格取得届 健康保険被扶養者届・国民年金第3号被保険者関係届※ 登記事項証明書の原本（90日以内に発行されたもの） 法人番号が確認できる法人番号指定通知書などのコピー 保険料口座振替納付申出書（口座振替を希望する場合） ※被扶養者の収入を証明する書類の提出が必要なことがあります。
提示書類 （必要に応じて提示する書類）	賃金台帳（支払実績のない場合は雇用契約書など報酬を確認できるもの） 労働者名簿 出勤簿 源泉所得税の領収書（納付実績が無い場合は税務署に提出した給与支払事務所開設届控え）

各種届出書は日本年金機構のホームページに手続き別にまとまっていて、書式をダウンロードできるんだ。

▶各種届出書のダウンロード（**日本年金機構 http://www.nenkin.go.jp/**）
トップ＞申請・届出様式

---

memo 国民年金第3号被保険者とは、厚生年金保険や共済組合に加入している従業員に扶養されている20歳以上60歳未満の配偶者（年収が130万円未満の人）のことです。

● 健康保険厚生年金保険 新規適用届

事業の種類
事業所業態分類
票を確認。

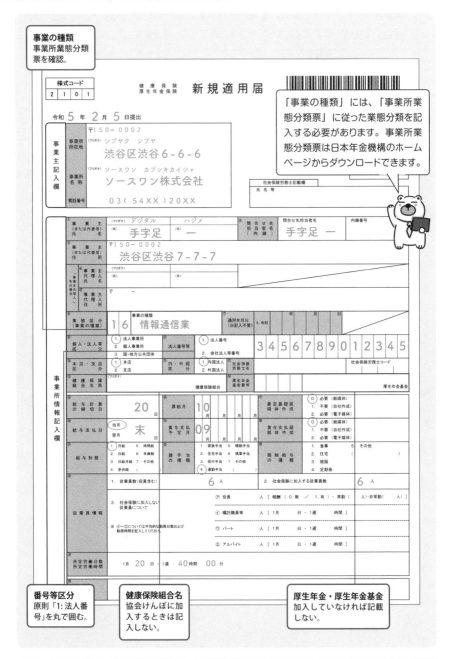

様式コード
2 1 0 1

健康保険
厚生年金保険　**新規適用届**

令和 5 年 2 月 5 日提出

事業主記入欄

〒150-0002
（フリガナ）シブヤク　シブヤ
渋谷区渋谷6-6-6
（フリガナ）ソースワン　カブシキカイシャ
ソースワン株式会社
電話番号　03（54XX）20XX

社会保険労務士記載欄
氏名等

「事業の種類」には、「事業所業態分類票」に従った業態分類を記入する必要があります。事業所業態分類票は日本年金機構のホームページからダウンロードできます。

事業主情報記入欄

事業主（または代表者）氏名　（フリガナ）デジタル　ハジメ　（氏）**手字足**　（名）一

問合せ先担当者名　**手字足 一**　内線番号

事業主（または代表者）住所　〒150-0002　**渋谷区渋谷7-7-7**

業態区分（事業の種類）　**16**　事業の種類　**情報通信業**　適用年月日（※記入不要）　令和　年　月　日

個人・法人等区分　1. 法人事業所　2. 個人事業所　3. 国・地方公共団体

法人番号等区分　1. 法人番号　2. 会社法人等番号　**3 4 5 6 7 8 9 0 1 2 3 4 5**

本店・支店区分　1. 本店　2. 支店　内・外国区分　1. 内国法人　2. 外国法人

給与計算の締切日　**20**日　算給月　**10**月　算定基礎届媒体作成　0. 必要（紙媒体）1. 不要（自社作成）2. 必要（電子媒体）

給与支払日　当月・翌月　**末**日　賞与支払予定月　**09**月　賞与支払届媒体作成　0. 必要（紙媒体）1. 不要（自社作成）2. 必要（電子媒体）

給与形態　1. 月給　2. 日給　3. 時間給　4. 年俸制　5. 歩合給

諸手当の種類　1. 家族手当　2. 住宅手当　3. 付加手当　4. 通勤手当　5. 精勤手当　6. 残業手当

現物給与の種類　1. 食事　2. 住宅　3. 被服　4. 定期券　5. その他

従業員数（役員含む）　**6**人　社会保険に加入する従業員数　**6**人

所定労働日数・所定労働時間　1月 **20**日・1週 **40**時間 **00**分

番号等区分
原則「1: 法人番号」を丸で囲む。

健康保険組合名
協会けんぽに加入するときは記入しない。

厚生年金・厚生年金基金
加入していなければ記載しない。

事業所態態分類票のダウンロード（日本年金機構 http://www.nenkin.go.jp/）
トップ＞年金の制度・手続き＞厚生年金保険＞健康保険・厚生年金保険の届書＞事業所関係届書＞事業所を設立し、健康保険・厚生年金保険の適用を受けようとするとき

経理

人事

総務・他

Column

社会保険の加入のしかた

　社会保険の加入のしかたにはその事業所が「強制適用事業所」か「任意適用事業所」かによって2種類があります。「強制適用事業所」とは、会社や従業員などの意思とは関係なく、社会保険への加入が義務となっている事業所のことです。「任意適用事業所」とは、日本年金機構の認可を受け社会保険に加入することができる事業所のことです。

　会社の場合は、役員や従業員の人数に関係なく、すべて強制適用事業所とされます。よく法人で従業員が5人未満であれば加入義務が無いようなことが言われたりしますが間違いです。5人未満で加入義務が無いのは、個人事業の場合に限ります。

Column

社会保険関係と労働保険関係の所轄の調べ方

● 社会保険関係

　本店所在地を管轄する年金事務所になります。

　　例　本店が東京都台東区→上野年金事務所

　　キーワード：年金事務所

　　日本年金機構HP＞年金のご相談（電話・窓口）＞全国の相談・手続き窓口

● 労働保険関係

(1) 労働基準監督署

　本店所在地を管轄する労働基準監督署になります。

　　例　本店が東京都台東区→上野労働基準監督署

　　キーワード（東京都の場合）：労働基準監督署 東京都 管轄

　　東京都労働局HP＞労働基準監督署＞労働基準監督署の管轄地域と所在地一覧

(2) ハローワーク

　本店所在地を管轄するハローワークになります。

　　例　本店が中央区の場合→ハローワーク飯田橋

　　キーワード（東京都の場合）：ハローワーク東京都 管轄

　　東京ハローワークHP＞ハローワーク一覧

　税金関係と登記関係の所轄については→ P.60。

Section
02 ｜ 労働保険の加入手続き

従業員がいる会社は加入済みのはず。

**ここだけ
Check!**
- ✔ 会社は従業員を採用すると労働保険の適用事業所となる。
- ✔ 労働保険（労災保険）関係は労働基準監督署へ、雇用保険関係はハローワークへ書類を提出する。

労働保険は従業員が1人でもいれば加入が必要

　労働保険の適用対象とされる**会社の事業所（本社や支社など）を適用事業所**といいます。会社は従業員（パートやアルバイトを含む）が1人でもいれば労働保険が強制され適用事業所となります。逆に社長1人の会社であれば加入する必要はありません。

　労働保険に加入するには**従業員の採用の日から10日以内**に、労働保険保険関係成立届に登記事項証明書のコピーを添付して**労働基準監督署へ提出**します。ここでの従業員は雇用保険の対象者（→P.54）か否かは問いません。

　また、これとは別に、**労働保険概算保険料申告書を従業員採用の日から50日以内に労働基準監督署に提出**します。確定保険料算定内訳欄の記載はせず、概算・増加概算保険料算定内訳欄のみ記載します（→P.208）。

雇用保険の加入は従業員を採用した日から10日以内に行う

　雇用保険に加入するには、雇用保険の対象者を**採用した日から10日以内**に登記事項証明書のコピーを添付して雇用保険適用事業所設置届を**ハローワークへ提出**します。その際、労働者名簿、出勤簿などの提示を求められることがありますので事前にハローワークへ確認します。また、従業員ごとに作成、提出する書類として雇用保険被保険者資格取得届があります（→P.313）。

労働保険には労災保険と雇用保険があって、従業員を採用すると労災保険が適用になることから、おおもとの労働保険の手続きが必要になるのだ。

経理

人事

総務・他

労働保険の加入手続きの概要

- ☑ **対象者** 会社、使用人兼務役員、従業員、パート、アルバイト
- ☑ **作成する書類** 労働保険保険関係成立届、労働保険概算保険料申告書、雇用保険適用事業所設置届、雇用保険被保険者資格取得届
- ☑ **提出先** 労働基準監督署、ハローワーク
- ☑ **提出の期限** 従業員などの採用の日から10日以内、翌月10日まで、50日以内など

● 提出書類の内容、提出期限、提出先

書類により労働基準監督署とハローワークに提出するものがあります

書類名	内容	提出期限	提出先
労働保険保険関係成立届	雇用により会社が労働保険の対象となったことを届出る。	従業員採用の日から10日以内	労働基準監督署
労働保険概算保険料申告書	会社が納める労働保険料の概算額を申告する。	従業員採用の日から50日以内	
雇用保険適用事業所設置届	雇用により会社が雇用保険の対象となったことを届出る。	従業員採用の日から10日以内	ハローワーク
雇用保険被保険者資格取得届	雇用保険の対象となる従業員を個別に届出る。	従業員採用の日の翌月10日まで	

● 労働保険の注意点

労働保険に未加入でいると

もしも期限が過ぎても労働保険に加入せずに労災事故が発生すると会社は遡って保険料を納めるだけでなく、労災保険給付に要した費用の全部または一部も合わせて納めなければなりません。

労災保険の特別加入

労災保険は原則として従業員が対象で社長は対象外です。ただし、中小企業の場合には労働保険事務組合へ事務を委託することで特別に加入が認められます。これを労災保険の特別加入と言います。

●労働保険保険関係成立届の書き方

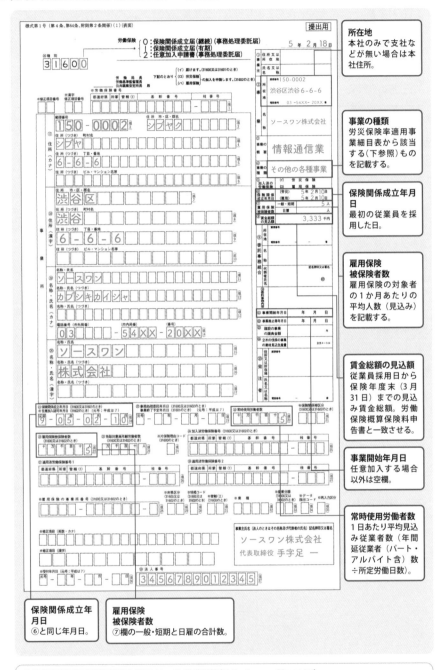

▶労災保険率適用事業細目表のダウンロード（厚生労働省 http://www.mhlw.go.jp/）
ホーム > 政策について > 分野別の政策一覧 > 雇用・労働 > 労働基準等

雇用保険適用事業所設置届（労働保険保険関係成立後に提出）

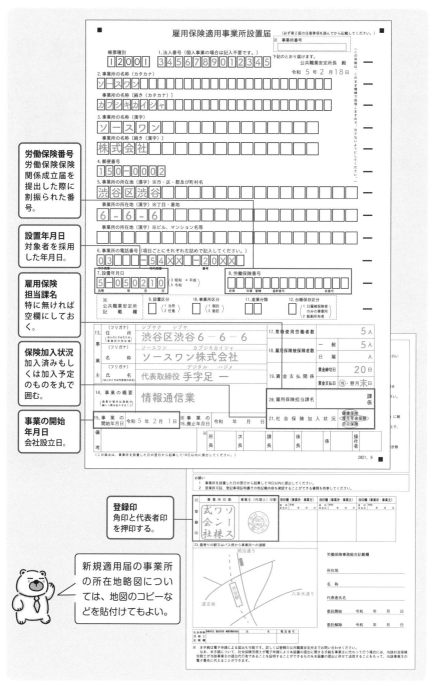

労働保険番号
労働保険保険関係成立を提出した際に割振られた番号。

設置年月日
対象者を採用した年月日。

雇用保険担当課名
特に無ければ空欄にしておく。

保険加入状況
加入済みもしくは加入予定のものを丸で囲む。

事業の開始年月日
会社設立日。

登録印
角印と代表者印を押印する。

新規適用届の事業所の所在地略図については、地図のコピーなどを貼付けてもよい。

Section
03 | 従業員を採用したときの流れをつかもう

従業員に対する手続き、年金事務所やハローワークなどへの手続きなど多岐にわたるのだ。

● 従業員を採用したときの事務手続きのスケジュール

1 労働条件の説明と身元保証書の受領
採用決定時

労働条件通知書の説明と身元保証書の受領

> P.306

2 前職の書類の受領
入社日

前職の源泉徴収票とマイナンバー確認書類などを預かる

> P.306

3 社会保険手続き
採用後5日以内

被保険者資格取得届などを年金事務所へ提出

> P.310

4 預かり書類の返却
手続き終了後直ちに

社会保険の手続き終了後、本人へ返却する

> P.310

5 雇用保険手続き
採用の翌月10日まで

被保険者資格取得届をハローワークに提出

> P.310

6 賃金台帳作成、扶養控除等申告書の受領
最初の給与支給日

残業代や変動手当の計算、社会保険や各種税金の計算の準備

> P.314

経理

人事

総務・他

　従業員を採用したときには、雇用契約に関する手続き、健康保険・厚生年金保険の加入、雇用保険の加入、住民税などの税金に関する手続きなど、さまざまな手続きを行う必要があります。

　手続きを進める中で、年金事務所やハローワークなどへ期限までに書類を提出することはもとより、従業員から必要な書類を取得することや本人に記載してもらうことなど必要な事項をもれなく進めることが大切になります。

　また、年金事務所などの社外への各種手続きを進めるほかにも、入館証の発行、

memo > 令和4年4月から、基礎年金番号通知書にかわりました。それ以前は年金手帳が発行されていました。

従業員を採用したときの事務手続きの概要

- **対象者** 新規採用者
- **作成する書類** 労働条件通知書、労働者名簿、健康保険・厚生年金保険被保険者資格取得届、健康保険被扶養者届・国民年金第3号被保険者関係届、雇用保険被保険者資格取得届、賃金台帳、出勤簿
- **提出先** 年金事務所、ハローワーク、市町村役場

●採用時の関係書類のイメージ

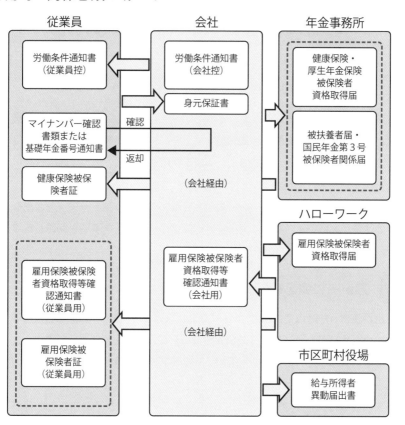

タイムカードの作成、給与計算ソフトへの登録など会社ごとにさまざまな手続きがありますので先に必要になるものから手際よく進めていきます。

> **memo** > マイナンバー確認書類（番号確認書類、身元確認書類）や基礎年金番号通知書などのコピーを受け取ることも可能です。

Section 03₋₁ 従業員の採用① 新規採用者に対する手続き

労働条件通知書の確認と
提出書類の受領がキモ。

ここだけ Check!

☑ 労働条件通知書および労働者名簿の作成は義務。

☑ 入社日に前職の源泉徴収票、マイナンバー確認書類（被扶養者分を含む）などを預かる。

労働条件通知書で労働条件の説明を行う

新規採用が決まった人に対して、勤務時間や給与金額といった**労働条件の重要なところをまとめた労働条件通知書**を使って、労働条件を説明します。労働条件通知書は同じものを2通作成し、1通を採用者に渡し、もう1通は会社に保管します。

なお、労働条件通知書は、一般労働者と日雇いでは使うフォーマットが異なるので注意が必要です。なお、労働条件通知書の明示すべき事項を網羅した雇用契約書を締結することで代えることも可能です。

万が一に備えるための身元保証書の取得も忘れずに

採用が決まった時点で採用者には、「**身元保証書**」、前職の「**源泉徴収票（甲欄のもの→P.314）**」と「**雇用保険被保険者証**」などを提出してもらいます。また、**マイナンバー**（→P.40）を利用する予定がある従業員については同時に取得します。

身元保証書は、採用者の親族などに採用者の身元が確かであることを保証してもらう書類です。会社としてはいくら面談をしても、当初は従業員のことを深く知り得ません。「身元保証書」^{DL}を提出してもらうことにより、万が一、会社が損害を受けた際に本人以外の者にも請求ができるようにしておきます。

また、入社が決定した時点で、労働者名簿を作成します。労働者名簿のひな形は上記の「労働者条件通知書」と同じホームページから入手できます。

経理

人事

総務・他

● 労働条件通知書

労働条件通知書で労働条件を明示する必要があります。下記の労働条件通知書は一般労働者用ですが、このほかにも短期労働者用のフォーマットもダウンロードできます。

労働基準法に触れる条件は無効となり、労働基準法並びに就業規則に定めるところとなる。

▶「労働条件通知書」のダウンロード（厚生労働省 http://www.mhlw.go.jp/）
ホーム＞政策について＞分野別の政策一覧＞雇用・労働＞労働基準＞主要様式ダウンロードコーナー

●労働者名簿

必要な事項だけのシンプルなものです。

様式第十九号（第五十三条関係）

労働者名簿

履歴	死亡 又は 退職		性別 男	
	事由（退職の場合はその解雇の理由をも含む。）	年月日	生年月日	氏名
			H2・7・13	浅井春馬
			従事する業務の種類	
			雇入れ年月日	住所
			R5・2・10	東京都練馬区大泉学園1-20-5

新規採用時に記入する。その後変更があればそのつど修正する。

常時30人未満の労働者を使用する事業では、従事する業務の種類欄の記入は不要。

●身元保証書

従業員が問題をおこしたときのための大切な書類です。

身 元 保 証 書

株式会社●●●●

代表取締役　●●　●●　様

　　　　　　　　本 人　　現 住 所

　　　　　　　　　　　　氏　　名　　　　　　　　　　㊞

　　　　　　　　　　　　生年月日　　　　　　年　　　月　　　日

　このたび、貴社において上記の者が採用されるにあたり、身元保証人として、本人が貴社の就業規則及び諸規則を遵守して、誠実に勤務することを保証いたします。

　万一、本人がこれに反して、故意又は重大な過失によって貴社に損害をおかけした場合は、上限 100 万円を限度として、本人と連帯してその損害を賠償する責任を負うことを確約します。

　なお、本身元保証期間は本日より 5 年間とします。

　令和　　　年　　　月　　　日

　　　　　身 元 保 証 人　　現 住 所

　　　　　　　　　　　　氏　　名　　　　　　　　　　　㊞

　　　　　　　　　　　　生年月日　　　　　　年　　　月　　　日

　　　　　　　　　　　　本人との関係

　　　　　　　　　　　　電話番号

※添付書類：身元保証人の印鑑登録証明書（原本）

> 押印は実印にしてもらう。

> 身元保証人には実印を押印してもらい、印鑑証明書を一緒に提出してもらおう。

Section

03₋₂ 従業員の採用② 社会保険と 雇用保険の加入手続き

特に社会保険は手続きの期限
が短いので注意するように。

ここだけ
Check! ―

☑ マイナンバーまたは基礎年金番号を確認する。

☑ 社会保険は採用日から5日以内に、雇用保険は採用の翌月10日までに手続きする。

☑ 社会保険の健康保険被保険者証、雇用保険の資格取得等確認通知書と被保険者証を忘れずに本人へ渡す。

社会保険の手続きは採用日から5日以内に年金事務所で行う

　社会保険の対象者（→P.54）を採用したときには、**採用日から5日以内に、「健康保険・厚生年金保険被保険者資格取得届」**と配偶者や子供を被扶養者とする場合は「健康保険被扶養者届」、配偶者を第3号被保険者とする場合は「国民年金第3号被保険者関係届」を年金事務所へ提出します。

　書類作成時は本人の**マイナンバー確認書類**または**基礎年金番号通知書**を預り（配偶者が被扶養者のときは配偶者の分も）、マイナンバーなどを確認します。提出後、「**健康保険被保険者証**」が会社に交付されたらすぐに本人に渡します。

雇用保険の手続きは採用の翌月10日までにハローワークで行う

　雇用保険の対象者（→P.54）を採用した時には、**採用の翌月10日までに「雇用保険被保険者資格取得届」をハローワークへ提出**します。原則として添付書類はありませんが、会社が成立後に初めて手続きをする場合は、採用者のうち新卒以外の人について「雇用保険被保険者証」（前職分）などを添付します（詳しくはハローワークに確認します）。

　提出すると、「**雇用保険被保険者資格取得等確認通知書**」（被保険者通知用および会社通知用）および「**雇用保険被保険者証**」が会社に交付されます。そして、「雇用保険被保険者資格取得等確認通知書」（被保険者通知用）および「雇用保険被保険者証」を本人へ渡します。

経理

人事

総務・他

memo 協会けんぽは、マイナンバーと基礎年金番号のいずれも手続き可。健保組合では、マイナンバーでの手続きが義務化も。

●健康保険・厚生年金保険被保険者資格取得届

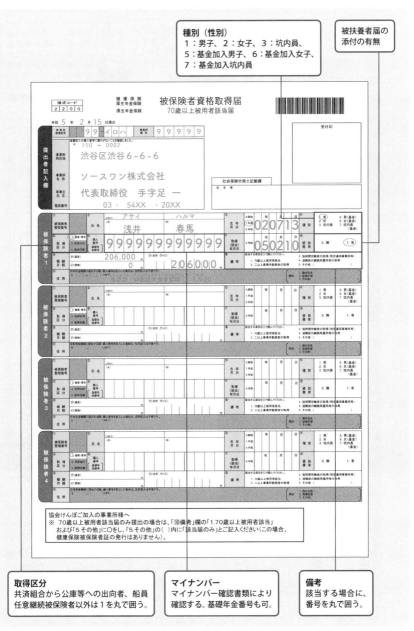

種別（性別）
1：男子、2：女子、3：坑内員、
5：基金加入男子、6：基金加入女子、
7：基金加入坑内員

被扶養者届の添付の有無

取得区分
共済組合から公庫等への出向者、船員
任意継続被保険者以外は1を丸で囲む。

マイナンバー
マイナンバー確認書類により
確認する。基礎年金番号も可。

備考
該当する場合に、
番号を丸で囲む。

▶「被保険者資格取得届」などのダウンロード（日本年金機構 http://www.nenkin.go.jp/）
トップ＞年金の制度・手続き＞厚生年金保険＞健康保険・厚生年金保険の届書＞被保険者資格の取得・喪失、被扶養者関係届書＞従業員を採用したとき

memo　基礎年金番号とは、年金加入記録を管理するための番号で、1人に1つ割り当てられています。年金
手帳または基礎年金番号通知書に記載されています。

●健康保険被扶養者届

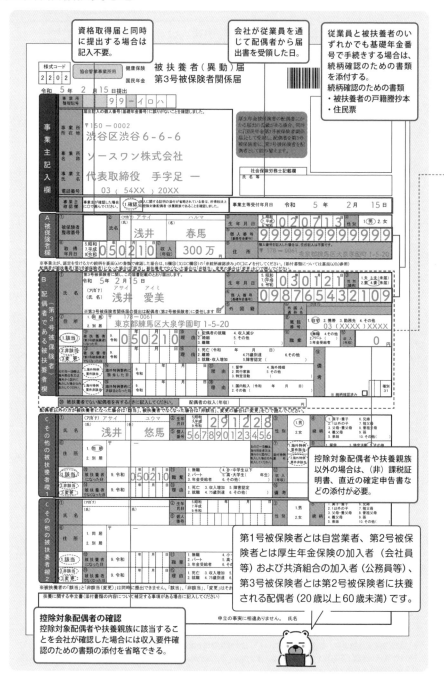

資格取得届と同時に提出する場合は記入不要。

会社が従業員を通じて配偶者から届出書を受領した日。

従業員と被扶養者のいずれかでも基礎年金番号で手続きする場合は、続柄確認のための書類を添付する。
続柄確認のための書類
・被扶養者の戸籍謄本抄本
・住民票

控除対象配偶者や扶養親族以外の場合は、（非）課税証明書、直近の確定申告書などの添付が必要。

第1号被保険者とは自営業者、第2号被保険者とは厚生年金保険の加入者（会社員等）および共済組合の加入者（公務員等）、第3号被保険者とは第2号被保険者に扶養される配偶者（20歳以上60歳未満）です。

控除対象配偶者の確認
控除対象配偶者や扶養親族に該当することを会社が確認した場合には収入要件確認のための書類の添付を省略できる。

経理

人事

総務・他

memo 採用者の基礎年金番号が確認できない場合は「基礎年金番号通知書再交付申請書」も合わせて提出が必要です。基礎年金番号の代わりにマイナンバーでも手続きできます。

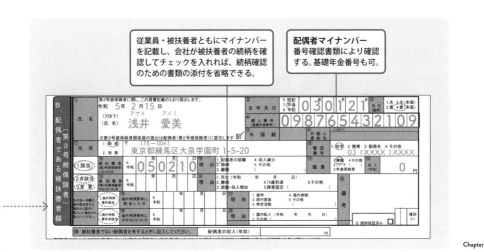

従業員・被扶養者ともにマイナンバーを記載し、会社が被扶養者の続柄を確認してチェックを入れれば、続柄確認のための書類の添付を省略できる。

配偶者マイナンバー
番号確認書類により確認する。基礎年金番号も可。

●雇用保険被保険者資格取得届

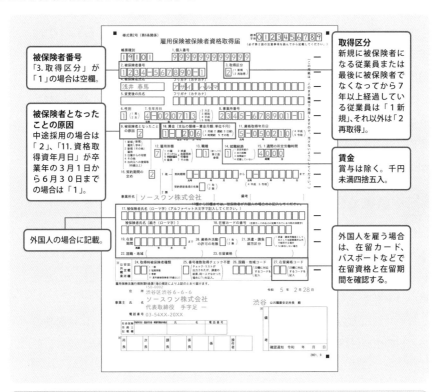

被保険者番号
「3. 取得区分」が「1」の場合は空欄。

被保険者となったことの原因
中途採用の場合は「2」、「11. 資格取得年月日」が卒業年の3月1日から6月30日までの場合は「1」。

外国人の場合に記載。

取得区分
新規に被保険者になる従業員または最後に被保険者でなくなってから7年以上経過している従業員は「1 新規」、それ以外は「2 再取得」。

賃金
賞与は除く。千円未満四捨五入。

外国人を雇う場合は、在留カード、パスポートなどで在留資格と在留期間を確認する。

▶「被保険者資格取得届」のダウンロード（ハローワークインターネットサービス https://www.hellowork.mhlw.go.jp/）
トップ（仕事をお探しの方）> 申請等をご利用の方へ > 帳票一覧

Section
03₋₃ 従業員の採用③ 所得税と住民税の手続き

中途入社の場合は前職の会社の納税を引き継ぐのだ。

ここだけ
Check!

- ☑ 前職で甲欄の適用を受けている場合、源泉徴収票を受取る。
- ☑ 住民税について、どのように納付しているか従業員に確認する。
- ☑ 給与所得者異動届出書を受取ったら、必要事項を記入して市町村役場へ提出する。

中途入社者は、前職の源泉徴収票などの受取りを忘れずに

入社の際に必要となる税金の手続きは、所得税と住民税に関するものです。転職者から入社時に、前職の会社から発行された**源泉徴収票や給与所得者異動届出書を受取ります**。前職が乙欄の適用であれば源泉徴収票は不要です。

所得税では、受取った源泉徴収票（→P.232）が甲欄である（乙欄に○が記載されていない）ことを確認します。自社でも甲欄で処理するのであれば「扶養控除等申告書」（→P.218）を渡して最初の給与計算日までに記入済のものを回収し、それを元に「源泉徴収簿」を作成します。

前職で住民税の特別徴収をしているかを確認する

住民税では、転職者の場合、前職の会社で住民税がどのように納付されているかを本人へ確認します。前職ですべて支払い済み（一括徴収）であったり、普通徴収として個人で納付している場合には、次の6月まで特に自社での特別徴収は不要で、住民税に関しては特に手続きは必要ありません。

なお、前職の会社を6月1日から12月31日の間に退職した場合には**前職の住民税の未納付額を転職先（自社）に引き継ぐ**ことがあります。その際は、前職の会社が作成した「給与所得者異動届出書」を本人から受取り、「給与所得者異動届出書」の自社で記入する箇所を埋め、本人の1月1日時点の住所のある市町村役場へ提出します。また、「給与所得者異動届出書」に記載された内容を確認して、給与を支給する際に未納付の特別徴収税額を控除します。

経理

人事

総務・他

●給与所得者異動届出書

退職時または退職後の住所。

自社で徴収する合計額。

前職で給与の支払いを受けなくなった年月日（退職日）。

特別徴収税額通知書に記載されている従業員ごとの宛名番号（マイナンバーではない）。

給与支払報告　に係る給与所得者異動届出書
特別徴収

第十八号様式（用紙日本産業規格Ａ４）（第十条関係）

練馬

市町村長殿

令和5年1月15日提出

自社で記入する部分。

前職で未納付の住民税を一括して徴収した場合や本人が納める普通徴収の場合に記載される。そのときは、この用紙は市町村役場へ提出され、自社には回ってこない。

自社で3月に支払う給与から、毎月1万円を控除。

前職の源泉徴収票が乙欄や丙欄のときは、本人が確定申告で使うので受取る必要はない。

Chapter

5

発生のつど対応する事務

memo ▷ 住民税の特別徴収をしている会社を退職する際には、残りを①本人が自分で納付する（普通徴収）、②退職時に一括して会社が徴収する（一括徴収）、③転職先に引継ぐ（特別徴収の継続）の3パターンがあります。

Section 04 従業員が退職したときの流れをつかもう

退職者と後々トラブルのないように慎重に進めることが大事。

●従業員が退職したときの事務手続きのスケジュール

1 退職届の受理など
退職決定時

後のトラブル防止のため、必ず書面で交わす

> P.318

2 社会保険の手続き
退職日から5日以内

被保険者資格喪失届に健康保険証を添付して年金事務所へ提出

> P.320

3 雇用保険の手続き
退職日から10日以内

被保険者資格喪失届などをハローワークに提出

> P.320

4 給与所得者異動届出書の作成・提出
退職の翌月10日まで

特別徴収税額の未徴収分の処理を本人に確認し、書類を作成、提出

> P.324

5 給与所得の源泉徴収票などの発送
退職後1か月以内

「給与所得の源泉徴収票」などを本人へ郵送

> P.324

経理

人事

総務・他

　従業員が退職するときにも、採用したときと同様に、退職に関する手続き、健康保険・厚生年金保険、雇用保険、住民税などの税金に関する手続きなど、さまざまな手続きを行う必要があります。

　従業員が退職する理由はさまざまであり、必ずしも円満な関係での退職とは限りません。退職日とは別にいつまで出社するのか、退職後の連絡先なども先に確認します。また、退職までにはいろいろな手続きが必要なため、本人に最初に概要を説明し協力してもらえるように依頼しておくことも大切になります。

> **memo** 健康保険資格喪失証明書：退職した従業員が国保に加入する際に利用する証明書として会社に発行を求められることがあります。

従業員が退職したときの事務手続きの概要

- ☑ **対象者** 　役員、従業員、パート、アルバイトなど
- ☑ **作成する書類** 　健康保険・厚生年金保険被保険者資格喪失届、雇用保険被保険者資格喪失届、雇用保険被保険者離職証明書、給与所得者異動届出書、給与所得の源泉徴収票、退職所得の源泉徴収票・特別徴収票
- ☑ **提出先** 　年金事務所、ハローワーク、市町村役場、本人

● 退職時の関係書類のイメージ

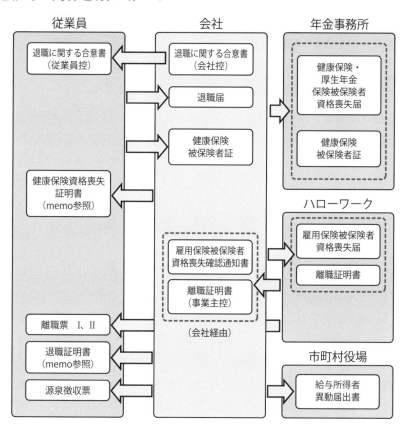

Chapter

5

発生のつど対応する事務

---

memo ： 退職証明書：退職した従業員から請求されれば、会社は発行する義務があります。https://jsite.mhlw.go.jp/nara-roudoukyoku/library/nara-roudoukyoku/03roudou/image/yousiki0401.pdf

Section 04-1 従業員の退職① 退職者に対する手続き

退職届は書面で必ずもらおう。

ここだけ Check!

- ☑ 退職届は必ず書面でやり取りする。
- ☑ 退職に関する合意書を締結する。
- ☑ 労働者名簿への記入と退職者用のインデックスへ書類一式を移動する。

 ## 退職届と退職に関する合意書のやり取りをする

　自己都合で退職する場合は**本人から退職届を提出**してもらいます。会社都合で解雇する場合は少なくとも30日前に解雇予告をするか、不足する日数分の解雇予告手当を支給する必要があります。解雇以外の会社都合（事業の縮小による人員整理など）でも30日前までに本人に通知するようにします。

　後々のトラブルを防止するために、書面での退職届の受取りと退職日までに本人と会社の間で話し合いを行い、**退職に関する合意書**^{DL}を締結します。

 ## 退職者に預けているものはもれなく回収する

　雇用期間中は従業員に対して、社員証、鍵、携帯電話その他の備品、未使用の名刺、取引先の名刺、通勤定期券（memo参照）その他さまざまなものを預けており、退職に際して返却してもらう必要があります。回収もれが無いように事前にリストを作成しておきます。

　給与の締日以外の中途退職の場合の給与は、就業規則などにもとづき、退職日までの日数に応じて基本給やその他の手当を按分計算して支給します。労働者名簿には、退職または解雇の場合はその年月日と理由、死亡した場合はその年月日と死亡原因を記載します。また、従業員ファイルの最後に**退職者用のインデックス**を作成し、その従業員に関する労働者名簿、労働条件通知書その他の書類一式を移動します。

経理

人事

総務・他

●退職に関する合意書

会社として機密保持やお互いに貸し借りが無いことなどを確認します。

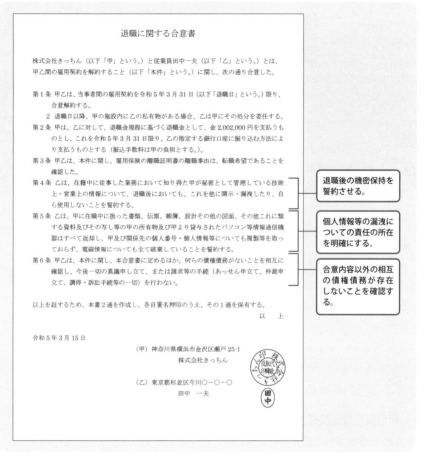

退職に関する合意書

株式会社きっちん（以下「甲」という。）と従業員田中一夫（以下「乙」という。）とは、甲乙間の雇用契約を解約すること（以下「本件」という。）に関し、次の通り合意した。

第1条　甲乙は、当事者間の雇用契約を令和5年3月31日（以下「退職日」という。）限り、合意解約する。

2　退職日以降、甲の施設内に乙の私有物がある場合、乙は甲にその処分を委任する。

第2条　甲は、乙に対して、退職金規程に基づく退職金として、金2,002,000円を支払うものとし、これを令和5年3月31日限り、乙の指定する銀行口座に振り込む方法により支払うものとする（振込手数料は甲の負担とする。）。

第3条　甲乙は、本件に関し、雇用保険の離職証明書の離職事由は、転職希望であることを確認した。

第4条　乙は、在職中に従事した業務において知り得た甲が秘密として管理している技術上・営業上の情報について、退職後においても、これを他に開示・漏洩したり、自ら使用しないことを誓約する。

第5条　乙は、甲に在職中に扱った書類、伝票、帳簿、設計その他の図面、その他これに類する資料及びその写し等の甲の所有物及び甲より貸与されたパソコン等情報通信機器はすべて返却し、甲及び関係先の個人番号・個人情報等についても複製を取っておらず、電磁情報についても全て破棄していることを誓約する。

第6条　甲乙は、本件に関し、本合意書に定めるほか、何らの債権債務がないことを相互に確認し、今後一切の異議申し立て、または請求等の手続（あっせん申立て、仲裁申立て、調停・訴訟手続等の一切）を行わない。

以上を証するため、本書2通を作成し、各自署名押印のうえ、その1通を保有する。

以　　上

令和5年3月15日

（甲）神奈川県横浜市金沢区瀬戸25-1
株式会社きっちん

（乙）東京都杉並区今川○-○-○
田中　一夫

> 退職後の機密保持を誓約させる。

> 個人情報等の漏洩についての責任の所在を明確にする。

> 合意内容以外の相互の債権債務が存在しないことを確認する。

●解雇予告が不要な者

例外的に解雇予告が必要ない者もいます。

❶ 試用期間中の者（14日間を超えて働くこととなった者を除く）

❷ 4か月以内の季節労働者や契約期間が2か月以内の者（その契約期間を超えて働くこととなった者を除く）

❸ 日雇労働者（1か月を超えて働くこととなった者を除く）

> memo　通勤定期券を支給している場合や通勤定期券を購入させている場合には、退職日に駅の窓口などで精算させ現金で回収し、帰りの通勤費は実費で現金で支給することも行われています。

Section 04-2 従業員の退職② 社会保険と雇用保険の喪失手続き

社会保険も雇用保険も退職日以降の処理となるのだ。

ここだけ Check!

- ☑ 月末退職の場合、社会保険料は2か月分徴収する。
- ☑ 離職票の要否を本人へ確認する。
- ☑ 離職票3点セットは本人にすぐに郵送する。

社会保険の喪失手続きは退職日から5日以内に行う

退職日またはそれ以降に**健康保険被保険者証（被扶養者分も）**を本人から回収します。退職者の「**健康保険・厚生年金保険被保険者資格喪失届**」を作成し、回収した健康保険被保険者証を添付して退職日から5日以内に年金事務所へ提出します。本人が健康保険被保険者証を紛失等している場合には、「健康保険被保険者証回収不能届」を代わりに提出します。

雇用保険の喪失手続きは退職日から10日以内に行う

「**雇用保険被保険者資格喪失届**」と「**雇用保険被保険者離職証明書**」（後者は本人の必要事項への記入と署名が必要）を作成します。離職証明書は在職中に本人へ要否を確認し不要の申出があれば作成不要です（本人が59歳以上のときは必ず作成）。資格喪失届には退職届のコピーなどの資格喪失の事実や資格喪失日と資格喪失の状況が確認できる書類、離職証明書には賃金台帳や労働者名簿、出勤簿など「離職の日以前の賃金支払状況等」欄が確認できる資料と退職届のコピーなど「離職理由」欄が確認できる資料を添付します。

退職日から10日以内に上記の資格喪失届と離職証明書をハローワークへ提出すると、原則として当日に①「**資格喪失確認通知書**」、②「**雇用保険被保険者離職証明書（事業主控）**」、③「**離職票−Ⅰ**」、④「**離職票−Ⅱ**」、⑤「**離職されたみなさまへ（パンフレット）**」が交付されます。③④⑤の3点は退職者の失業給付に必要なため本人へすぐに郵送します。

経理

人事

総務・他

健康保険・厚生年金保険被保険者資格喪失届

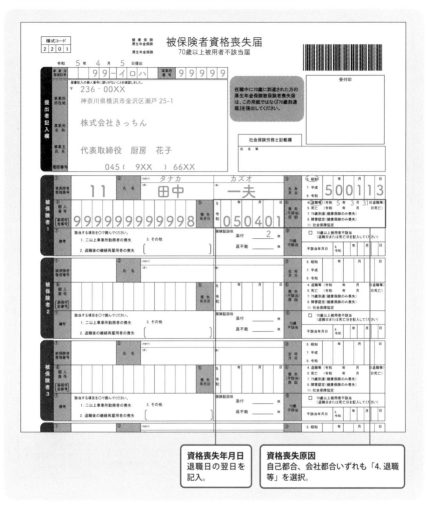

資格喪失年月日
退職日の翌日を記入。

資格喪失原因
自己都合、会社都合いずれも「4. 退職等」を選択。

退職月の給与からの社会保険料などを控除するときの注意

　資格喪失日は退職日の翌日となり、月末退職者については翌月1日が資格喪失日となります。月末に退職した場合、退職月分の社会保険料も控除する必要があり、退職月の給与から前月分と合わせて2か月分の社会保険料を徴収します。月末の退職以外は前月分の1か月分で問題ありません。控除する雇用保険料の計算は通常と同じです。

（注）会社によっては、翌月末に納付する社会保険料を当月払いの給与から差引くことがあり、その場合は退職月分1カ月を徴収することになります。

memo　解雇予告手当とは解雇予告が解雇の30日前の日よりも後になった場合に、その従業員へ支給される手当です。ちなみに、退職金と同様に、所得税と住所税の差引きが必要になります。

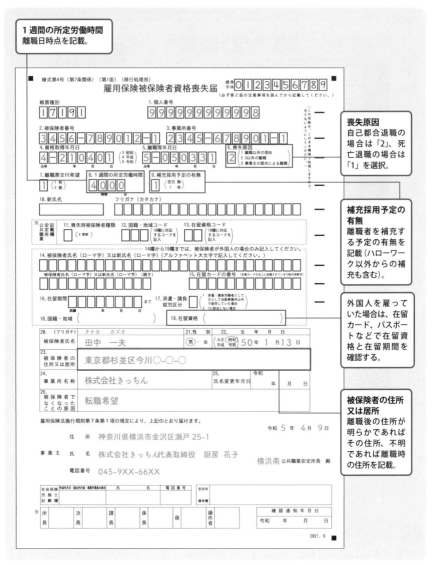

1週間の所定労働時間
離職日時点を記載。

喪失原因
自己都合退職の場合は「2」、死亡退職の場合は「1」を選択。

補充採用予定の有無
離職者を補充する予定の有無を記載（ハローワーク以外からの補充も含む）。

外国人を雇っていた場合は、在留カード、パスポートなどで在留資格と在留期間を確認する。

被保険者の住所又は居所
離職後の住所が明らかであればその住所、不明であれば離職時の住所を記載。

経理

人事

総務・他

memo 離職票-Ⅰ、Ⅱは、退職者が失業手当を受給するために必要になる書類。ハローワークが発行し、会社経由で退職者へ交付されます。

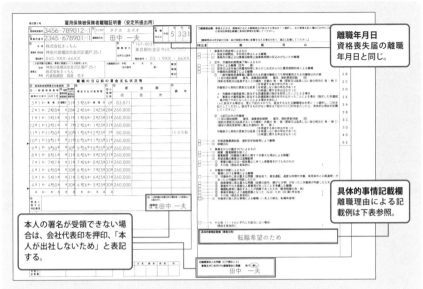

離職理由	具体的記載事項欄の例
4（1）解雇	令和○年○月○日に人員整理のため解雇したため（解雇予告日令和○年○月○日）
4（3）希望退職制度への応募	経営悪化に伴う人員整理の一環としての希望退職制度（令和○年○月に事業主より提示し、募集期間は3週間）があり、これに応じて離職
5（2）労働者の個人的な事情	○○病と令和○年○月○日に診断され、職務に耐えられず離職

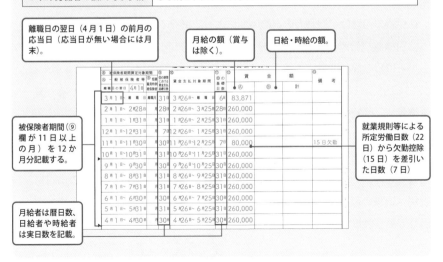

Section

04₋₃ | 従業員の退職③ 源泉徴収票の作成と住民税の手続き

退職者に源泉徴収票を送るのを忘れないように。

ここだけ Check!
- ☑ 住民税の特別徴収税額の未徴収分をどうするか退職者に確認する。
- ☑ 源泉徴収票を退職日以後1か月以内に本人へ渡す。
- ☑ 給与所得者異動届出書は本人に持たせる場合と市町村役場に提出する場合がある。

退職者の源泉徴収票を作成して、1か月以内に本人に送付する

退職者の所得税の処理については、源泉徴収簿を締切ったら、**源泉徴収票を作成**します。①源泉徴収簿にもとづき支払金額欄や源泉徴収税額欄、②扶養控除等申告書にもとづき本人に関する事項、配偶者や扶養親族の数や氏名などを記載します。作成したら退職日以後1か月以内に本人へ送付します。税務署へ提出する必要がある場合については、P.248参照。

住民税は退職の時期によって選択できる処理が異なる点に注意

住民税の処理は、退職者の退職時期によって選択できる処理が変わります。

特別徴収税額の未徴収分（退職月から5月分まで）については、1月1日から4月30日の間に退職する場合には、最後の給与や退職金から一括して差引き、6月1日から12月31日までに退職する場合には、①本人が自分で納付する（**普通徴収**）、②特別徴収税額を次の職場へ引継ぐ（**特別徴収の継続**）、③最後の給与や退職金から差引く（**一括徴収**）のいずれかを選択できます。

会社は退職者へ①から③のいずれにするかを確認の上、「**給与所得者異動届出書**」を作成し、①または③の場合は会社から1月1日現在の住所地の市町村役場へ退職の翌月10日までに提出し、②の場合は本人に渡して次の職場へ提出してもらいます。

退職日によっては特別徴収税額の継続ができないことがあるのだ。

経理

人事

総務・他

● 退職時の源泉徴収票の作成

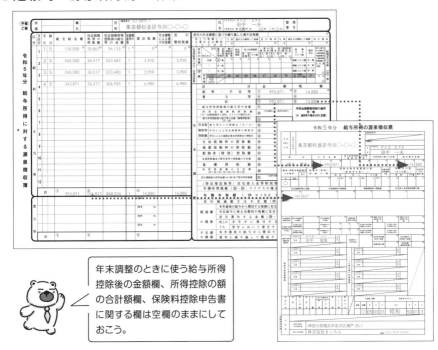

年末調整のときに使う給与所得
控除後の金額欄、所得控除の額
の合計額欄、保険料控除申告書
に関する欄は空欄のままにして
おこう。

● 給与所得者異動届出書

自社で未納の住民税の処理方法には3つあります。

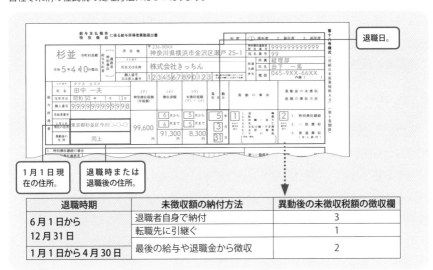

退職日。

1月1日現
在の住所。

退職時または
退職後の住所。

退職時期	未徴収額の納付方法	異動後の未徴収税額の徴収欄
6月1日から	退職者自身で納付	3
12月31日	転職先に引継ぐ	1
1月1日から4月30日	最後の給与や退職金から徴収	2

頻度：そのつど　　締切：退職後1か月以内

従業員の退職④　退職金に関する税金の手続き

「退職所得の受給に関する申告書」を提出した場合と提出しなかった場合で所得税は大きく違うので、必ず受領してから退職金を支給するようにしよう。

ここだけ
Check!

- ✓ 退職所得の受給に関する申告書を提出してもらう。
- ✓ 退職金がある場合には退職所得の源泉徴収票・特別徴収票も交付する。
- ✓ 死亡による退職の場合、退職金に所得税や住民税はかからない。

「退職所得の受給に関する申告書」を退職者から提出してもらう

　退職金を支給する場合は、本人より「**退職所得の受給に関する申告書**」を提出してもらいます。退職所得の受給に関する申告書を受取ったら、退職金から差引く所得税や住民税を計算します。計算後、退職所得の受給に関する申告書は会社で保管します。

　退職金の支給後、「**退職所得の源泉徴収票・特別徴収票**」を作成し、退職日以後1か月以内に本人へ送付します。従業員の場合は、「退職所得の源泉徴収票・特別徴収票」を税務署や市町村役場などに提出する必要はありません。役員の場合は提出が必要です。

　退職金の所得税と住民税の具体的な計算方法はP.328に掲載しています。

死亡による退職の場合の処理

　死亡による退職で死亡時にまだ支給期が到来していない給与（直前の給与の締め日から死亡日までの分）や退職金は、**所得税や住民税は非課税**で給与から差引く必要がなく、源泉徴収簿や源泉徴収票にも記載しません。一方で、死亡時に支給期到来済みで単に支給が遅れている給与は、通常どおりの給与として差引く所得税や住民税を計算し源泉徴収簿や源泉徴収票に記載します。

退職所得の受給に関する申告書

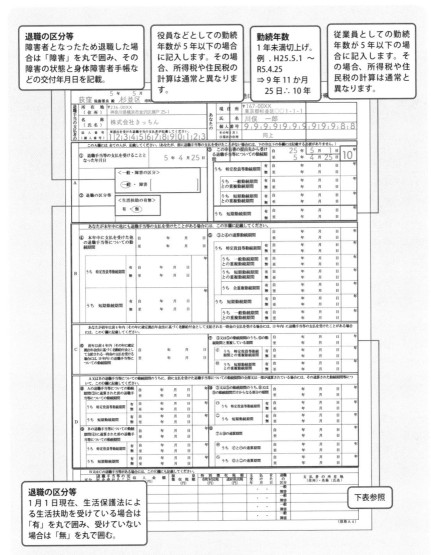

退職の区分等
障害者となったため退職した場合は「障害」を丸で囲み、その障害の状態と身体障害者手帳などの交付年月日を記載。

役員などとしての勤続年数が5年以下の場合に記入します。 その場合、所得税や住民税の計算は通常と異なります。

勤続年数
1年未満切上げ。
例．H25.5.1 ～
R5.4.25
⇒9年11か月
25日∴10年

従業員としての勤続年数が5年以下の場合に記入します。 その場合、所得税や住民税の計算は通常と異なります。

退職の区分等
1月1日現在、生活保護法による生活扶助を受けている場合は「有」を丸で囲み、受けていない場合は「無」を丸で囲む。

下表参照

B欄～D欄は次の場合に記載します。該当しなければ記載不要です。

記入欄	用途
B欄	今年中にすでに他の勤務先から退職金を支払われている場合.
C欄	前年以前4年内（一定の場合には19年内）に他の勤務先から退職金を支払われている場合
D欄	グループ会社など、他の勤務先の勤続期間を通算して退職金を支払う場合

memo 勤続期間が2年未満であっても、退職所得控除額80万円を控除できます。また、障害になったことが原因で退職する場合には、退職所得控除額に100万円が上乗せされます。

● 退職金に関する所得税と住民税の計算

所得税と住民税は計算式は同じで、税率が異なります。

（退職金額－退職所得控除額）÷2^{注}×税率　注意：千円未満切捨て

- **退職所得控除額**：退職所得の受給に関する申告書に記載のある勤続期間（1年未満切上げ）に40万円をかけて計算します。勤続期間が20年超の場合は、その超える期間には70万円をかけて計算します。
- **税率**：所得税は、下表の「退職所得の源泉徴収税額の速算表の税額欄」の算式に従い計算します。住民税は一律で市町村民税が6%、道府県民税が4%です。

課税退職所得金額 A	所得税率 B	控除額 C	税額 ＝（A×B－C）×102.1%
195万円以下	5%	—	（A×5%）×102.1%
195万円超　330万円以下	10%	97,500円	（A×10%－　97,500円）×102.1%
330万円超　695万円以下	20%	427,500円	（A×20%－　427,500円）×102.1%
695万円超　900万円以下	23%	636,000円	（A×23%－　636,000円）×102.1%
900万円超　1,800万円以下	33%	1,536,000円	（A×33%－1,536,000円）×102.1%
1,800万円超　4,000万円以下	40%	2,796,000円	（A×40%－2,796,000円）×102.1%
4,000万円超	45%	4,796,000円	（A×45%－4,796,000円）×102.1%

退職金1,850万円、勤続年数23年の場合の計算例

Step1. 退職所得控除額の計算：　40万円×20年＋70万円×3年＝1,010万円
Step2. 課税退職所得金額の計算：（1,850万円－1,010万円）÷2＝420万円$^{※1}$
Step3. 所得税の計算：　　　　　420万円×20%－42万7,500円 =41万2,500円
　　　　　　　　　　　　　　　41万2,500円×102.1%＝42万1,162円
　　　　　　　　　　　　　　　（円未満切捨て）
Step4. 市町村民税の計算：　　　420万円×6% =25万2,000円^{注2}
Step5. 道府県民税の計算：　　　420万円×4% =16万8,000円^{注2}
　注1：千円未満切捨て
　注2：100円未満切捨て

● 短期退職手当等

勤続年数（1年未満切上げ）が5年以下の従業員に支給する退職金を「短期退職手当等」といいます。通常の退職金とは異なり、次に掲げる区分に応じて計算します。「退職金額－退職所得控除額」が300万円以下のときは一般的な退職金と同じ計算となり、300万円を超えるときは300万円の超過分は2分の1できません。

(1)「退職金額－退職所得控除額」が300万円以下
　　（退職金額－退職所得控除額）÷2×税率…通常どおりの計算
(2)「退職金額－退職所得控除額」が300万円超
　　（150万円＋（退職金額－（300万円＋退職所得控除額）））×税率

memo ▷ 「退職所得の受給に関する申告書兼退職所得申告書」の提出が本人から会社にあった場合には、正しい所得税と住民税を控除するので本人の確定申告は不要です。

● 退職所得の源泉徴収票・特別徴収票

税務署へ提出する源泉徴収票と市町村役場へ提出する特別徴収票が一つになっています。

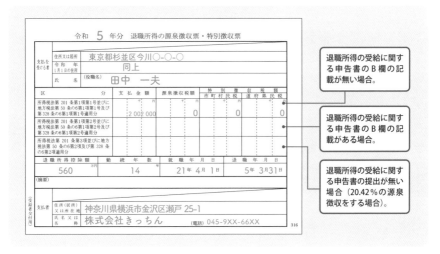

退職所得の受給に関する申告書のB欄の記載が無い場合。

退職所得の受給に関する申告書のB欄の記載がある場合。

退職所得の受給に関する申告書の提出が無い場合（20.42％の源泉徴収をする場合）。

● 給与・賞与・退職金の支給時に控除する項目

まずは通常の退職について理解します。死亡退職の場合は、所得税と住民税の取扱いに注意します。

	通常の給与	賞与	退職月の給与	退職金 （死亡以外）	支給期未 到来の給与 （死亡退職）	死亡退職金
社会保険	○	○	○※1	—	○※3	—
雇用保険	○	○	○	—	○	—
所得税	○	○	○※2	○	—※2	—※4
住民税	○	—	○※2	○	—※2	—※4

○…控除する、——…控除しない
※1：月末退職は2か月分
※2：死亡退職の場合で支給期未到来分は非課税（通常は遺族に相続税がかかる）
※3：死亡月の前月分、月末死亡の場合は2カ月分
※4：原則として所得税と住民税は非課税（通常は遺族に相続税がかかる）

Column

「退職所得の受給に関する申告書兼退職所得申告書」の提出が無い場合

　「退職所得の受給に関する申告書兼退職所得申告書」の提出が無い場合には、所得税は退職所得控除額などを考慮せずに一律で「退職金額」の20.42％を差引きます。この場合、本人が確定申告をすれば過大に差引かれた分は還付されます。住民税は、提出がなくても提出がある場合と計算方法は変わりません。

Section

05 ｜ 税 務 調 査 へ の 対 応

税務調査は数年に一度の割合
で入る。慌てずに対応しよう。

ここだけ
Check!

- ☑ 税務調査には任意調査と強制調査の2種類がある。
- ☑ 調査は通常2〜4日間で3年おきが多い。
- ☑ 事前通知の内容は焦らずにメモをとる。

税務調査には任意調査と強制調査がある

　税務調査とは、税務署や国税局の職員が、会社が正しく申告納税を行っているかを調査することです。税務調査には、会社が正しく申告納税しているか確認するための**任意調査**と、脱税が疑われる場合などに犯罪調査に準じた方法で行われる**強制調査**の2種類があります。任意調査は、任意とはいうものの調査官の質問に対して答えなかったり検査拒否をしたりすると罰を受けることがあります。強制調査は、任意調査より強い権限があり、裁判所の許可を得て臨検・捜索・差押えを行うこともできます（強制調査はマルサや査察ともいわれます）。ここでは一般的な税務調査である任意調査について取り上げます。

調査前に事前の連絡がある

　調査官が会社に来るのは、特に問題がなければ1日のこともあります。**通常は2〜4日ぐらい**となります。一般的には、事前に税務署から税務調査の通知が行われるので、調査の日時を調整します。調査の日までに事前の準備を行い、スムーズに調査が行われるようにします。

　税務署も限られた人員で調査を行うため、調査を行う対象会社をよく選んでいます。一般的に3年おきに調査が入る傾向にありますが、なかには10年以上調査がきていない会社もあります。逆に、「前回の調査で不明瞭な処理が多々あった」「決算の数字（売上高や経費など）が前期から大きく変動した」「多額の還付金が発生した」場合は短期間で調査が入る可能性が高いようです。

経理

人事

総務・他

税務調査のスケジュール

事前通知がある場合。事前通知が無い場合にはいきなり実地調査がはじまります。

調査の事前連絡は、事前に届出をしておけば、顧問税理士のみに連絡がいくようにすることができるのだ。

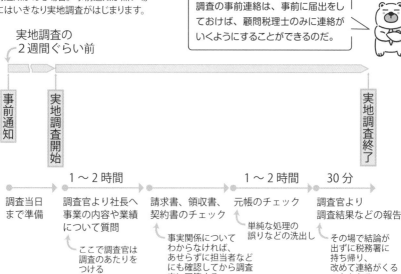

実地調査の
2週間ぐらい前

事前通知 → 実地調査開始 ・・・・・・・・・・・・・・ 実地調査終了

| 調査当日まで準備 | 1～2時間 調査官より社長へ事業の内容や業績について質問 | 請求書、領収書、契約書のチェック | 1～2時間 元帳のチェック | 30分 調査官より調査結果などの報告 |

ここで調査官は調査のあたりをつける

事実関係についてわからなければ、あせらずに担当者などにも確認してから調査官に回答する

単純な処理の誤りなどの洗出し

その場で結論が出ずに税務署に持ち帰り、改めて連絡がくることもある。

事前通知の注意点

　原則として、会社と顧問税理士（顧問税理士だけのこともあります）に事前通知事項の連絡があります。電話で連絡があれば、焦らずに内容を確認しながらメモをとります。その際、調査日の申し出があるので、最初に調査官の候補日を確認します。

事前通知事項	例
調査日時	5月25日午前10時開始など
調査を行う場所	会社本店など
調査の目的	申告書の記載内容の確認など
調査対象となる税金	法人税、消費税、源泉所得税、印紙税など
調査対象となる期間	前期以前3期分など
調査対象となる物件	総勘定元帳、請求書、領収書など
その他	会社名、会社所在地、調査官の氏名・所属など

　まず上司に、顧問税理士がいれば顧問税理士にもメモをもとに調査の連絡があったことを報告します。また、調査日について社内で調整をして調査官へ電話で連絡します。調査の内容によっては、事前通知が無い場合もあります。その場合は、調査官が来たらすぐに上司や社長に連絡します。

> memo
> 調査が来る可能性が低いのは「毎期赤字が続いている」「過去の調査で適切に処理がされていることが確認できた」といった場合です。

●事前準備の注意点

資料の準備

書類を整理し、調査で指摘を受けそうな事項があれば事実関係の整理をしておきます。たとえば、多額の特別損益を計上している場合、根拠となる契約書や請求書を見返したり、資料があまりない中で処理した事項があれば、取引の経緯などを当時の記録やメールなどで再確認したりします。調査当日は、次の書類は大抵見られるので、すぐに出せるように準備しておきます。

・総勘定元帳、法人税申告書、請求書や領収書（いずれも調査対象期間分）など

部屋の準備

調査当日に調査官が詰める部屋を用意します。部屋が用意されていないと、自社の従業員と机を並べて調査が始まってしまいます。

調査当日の準備

当日、経理担当者は調査の対応で通常の業務ができないこともあります。できる限り、調査当日の仕事は前倒しで処理しておきます。

●実施調査中の注意点

調査期間中は次のようなことに注意します。

① 調査初日は、調査官と簡単な挨拶の後、会社や事業の概要を社長や上司が説明します。最初は和やかな雰囲気で始まるため、あまり肩肘を張る必要はありません。なお、調査官にお茶は出しても構いませんが、昼食の用意は不要です。

② 調査官から各種書類の請求や事実確認があります。すぐに書類が見つからない場合には、探して提出する旨を伝えます。質問へどのように回答したらよいかわからない場合には、上司に相談し、必要に応じて上司から回答してもらいます。

③ 調査官も間違うことがあります。その点を非難することは、調査官が感情的になるだけなのでやめましょう。調査官が言うことを絶対に正しいと思いこむことなく、納得いかないことは、よく確認することが大切です。

④ 調査官が従業員に直接話を聞くことがあります。この際には経理担当者も必ず立会います。従業員は質問の意図がまったく理解できなかったり、慣れないことに緊張して事実と異なることを話したりする場合があるからです。

⑤ 会社内の書類だけでは調査が不十分なときには、取引先に反面調査に入ると説明がある場合があります。その場合には、上司に確認をとり取引先に反面調査が入る旨を連絡した方がよいでしょう。

⑥ 調査官が書類を持帰る場合があります。その際は預り証を渡されるので、書類が返却されるまで無くさないように保管します。

| 経理 |

| 人事 |

| 総務・他 |

memo ＞反面調査とは、会社の調査だけでは不十分な場合に、会社の取引先や銀行などに調査を行うことです。

●調査の終了段階の流れ

① 調査の結果、申告が間違っていたりもれていたりした場合には、その内容の説明があります。その際、誤りの内容、金額、理由をメモします。

② 誤りがあった場合には、正しく申告をし直す（修正申告する）ように勧められるので、対応を上司や社長へ確認します。

③ 上記②で修正申告をしない場合には、税務署に更正または決定をされます。

④ 調査の結果、特別に問題が無かった場合には、その旨が記載された書類（「更正決定等をすべきと認められない旨の通知書」）を受取ります。

「更正」とは調査した結果、申告書の内容に誤りが見つかったときに正しく直されること。「決定」とはもともと申告書の提出をしていない場合に、調査した結果にもとづき、申告書の内容が決定されること。

Column

税務調査には「お土産」は必要か?

　調査官は調査に入る以上、何らかの申告もれや誤りを見つけ出そうとします。調査が進むと、正しいとも誤りとも取れる事項が上がってきます。すると調査官から、それらの事項を自主的に会社が修正するように勧めてくることがあります。このような場合、いわゆる「お土産」を持たせるべきか否かという話になることがあります。「お土産」は必ずあげなければいけないものではありません。調査官の主張に納得がいくかどうか上司や顧問税理士とよく相談して対応すべきです。

---

memo ▷ 間違っていたりもれていた申告内容を会社が自主的に申告し直すことを「修正申告」、税務署が訂正することを「更正」、会社が申告自体をしていなかった場合に税務署が税額などを決めることを「決定」といいます。

登記事項証明書の入手

いくつか種類があるので、目的にあったものを取得しよう。

- ☑ 登記事項証明書には種類があるので、取得する際には注意する。
- ☑ 登記事項証明書は所轄以外の登記所でも取得できる。
- ☑ 登記が遅れると過料が科せられる可能性があるため、期限内に申請する。

登記した事項を法務局が証明する登記事項証明書

会社を設立すると会社の商号や代表取締役など所定の事項を登記所（各法務局や出張所など）へ申請し登記します。登記された事項に関して登記所が発行する証明書が**登記事項証明書**です。登記事項証明書は、最寄りの登記所へ行き備え付けられている登記事項証明書交付申請書（以下「申請書」という）に記載をして手数料を納めれば誰でも取得（証明書発行請求機が設置されている登記所では、その請求機で請求）することができます。銀行からの提出依頼があったときに自社のものを取得したり、新規取引先の信用調査をするときに他社のものを取得したりします。

登記事項証明書は3種類あり、用途によって使い分ける

登記事項証明書には、**現在事項証明書**、**履歴事項証明書**、**閉鎖事項証明書**の3種類があり、それぞれ登記事項のすべてが記載された**全部事項証明書**と、一部が記載された**一部事項証明書**があります。特に指定がなければ全部事項証明書で問題ありません。このほか、**代表者事項証明書**という、会社の代表者の住所・氏名が登記所に登録されていることの証明書があります。

なお、役員の変更など登記事項に変更があった場合には、所定の期間内に登記内容を変更するための申請を行わなければなりません。期限を過ぎてしまっても申請は受け付けてくれますが、過料が科せられる可能性があります。

●登記事項証明書の種類

証明書名	解説
現在事項証明書	証明書を発行してもらう時点で現に効力を有する登記事項が記載されています。
履歴事項証明書	過去から現在（証明書を発行してもらう日の 3 年前の日を含む年の 1 月 1 日から証明書の発行時点）までの登記内容が記載されています。発行時点で効力のある登記事項はそのまま記載されており、効力のなくなった登記事項には下線が引いてあります。ただし、本店所在地を移転して管轄の法務局が変わっている場合には、移転後の法務局で保存している内容に限り記載されます。
閉鎖事項証明書	会社が解散している場合、管轄を移動して法務局を移転している場合など過去に登記されていた内容が記載されています。

●履歴事項全部証明書の見方

発行済株式の総数と資本金の額が変更され、元の値の部分に下線が引かれ、下に変更後の値が表示されているぞ。

会社名

**本店の所在地
会社の住所**

事業内容
ここに記載の無い
事業をすることは
違法となるため、
多めに記載される
傾向にある。

**会社が発行できる
株数の上限**

**今までに発行した
株累計数**

資本金の額
設立時は 150 万
円だったが平成
26 年 3 月 3 日に
350 万円増額し、
500 万円になった

**役員に関する事
項**
取締役の名前と代
表取締役の住所・
名前

履歴事項全部証明書

東京都新宿区北新宿 5-5-5
蔵吹倶株式会社

会社法人番号	0000-00-000000		
商　号	蔵吹倶株式会社		
本　店	東京都新宿区北新宿 5-5-5		
公告をする方法	官報に掲載する方法により行う		
会社成立の年月日	平成 24 年 8 月 1 日		
目　的	1. デザイン、映像、音楽に関する業務 2. ソフトウェアの企画、制作、販売 3. インターネットウェブサイトの企画、制作、運営 4. インターネット、携帯電話のネットワークを活かした情報システムの企画、開発、販売、運営 5. インテリア、プロダクト、日用雑貨及び服飾雑貨の企画、デザイン 6. 前各号に付帯する一切の業務		
発行可能株式総数	1500 株		
発行済株式の総数並びに種類及び数	発行済株式の総数　150 株		
	発行済株式の総数　500 株	平成 26 年　3 月　3 日変更	
		平成 26 年　3 月　5 日登記	
資本金の額	金 150 万円		
	金 500 万円	平成 26 年　3 月　3 日変更	
		平成 26 年　3 月　5 日登記	
株式の譲渡制限に関する規定	当会社の株式を譲渡により取得するには、株主総会の承認を受けなければならない。		
役員に関する事項	取締役　　　出差員　太郎		
	東京都新宿区西新宿 9－1－1 代表取締役　　　出差員　太郎		
登記記録に関する事項	設立	平成 24 年　8 月　7 日登記	

これは登記簿に記録されている閉鎖されていない事項の全部であることを証明した書面である。
（東京法務局○○出張所管轄）
　　　　令和 5 年 11 月 23 日
　　　東京法務局○○出張所
　　　登記官
　　　　　　　　　　　　　○　○　×　×

整理番号　○○○○○○○　　＊　下線のあるものは抹消事項であることを示す。

---

memo ▷ 登記事項証明書はその会社を管轄する登記所に限らず最寄りの登記所で取得可能です。

Section

07 | 内容証明の作成と送付

売掛金が回収不能になったときなどトラブルが
発生したときに使うんだ。

ここだけ
Check!

- ☑ 内容証明を受付ける郵便局は限定されているため事前に確認する。
- ☑ 相手が受取ったことを証明するために必ず配達証明もつける。
- ☑ 同一内容の文書を3通作成する。

相手に文書が確実に届いたことを証明する

　内容証明とは、**いつ、どのような内容の文書が誰から誰あてに差出されたか
を郵便局が証明してくれる**ものです。記載した内容が確かに相手先に届いたこ
とを証明するために利用します。会社が内容証明を使うケースには右ページの
表のものがあります。内容証明自体は基本料が480円で、2枚目以降1枚あた
り290円が加算されます。この他、通常の郵便料（84円〜）と一般書留郵便料（480
円〜）と配達証明料（350円）がかかります。

基本的に書式自由だが1枚の文章量などに制限あり

　内容証明を作成・送付する手順は次のようになります。

①内容証明用紙などに相手先に通知したい内容を記載します（右ページ参
　照）。

②作成後、**同一内容の文書を計3通**になるよう印刷ないしはコピーします。

③普通の封筒の表に相手先の住所宛名、裏面に自社の住所宛名を記載します。

④郵便局の窓口に「作成した同内容の3通の文書」と「自社と相手先の住所
　宛名を記載した封筒」を提出します。忘れずに**配達証明**も頼みます。

⑤内容を確認してもらい問題が無ければ、作成した3通のうち1通が自社の
　控えとして**書留・特定記録郵便物等受領証**とともに渡されるので大切に保
　管します。また、相手先に配達された後、**郵便物等配達証明書**（ハガキ）
　が送られてくるので一緒に保管します。

経理

人事

総務・他

● 内容証明を使うケース

ケース	例
債権放棄	自社が持つ貸付金を債務者の同意をとるまでもなく一方的に免除する。
債権譲渡の通知	自社が持つＡ社に対する売掛金を、Ｂ社に譲渡する（借入金の返済にあてるためなど）。
時効の中断	時効が迫っている不良債権について裁判の準備をするため、緊急避難的に返済を催促する（6か月間だけ時効が延期される）。

● 内容証明の様式

　内容証明の送付では、相手先に送付するもの、自社で保存するもの、郵便局で保存するものの3通が必要で、これらには同じ内容が記載されている必要があります。このうち、自社で保存するものと郵便局で保存するものは「内容証明の謄本」と呼ばれ、1枚当たりの字数や行数の制限が決められていて、これに従って書かれている必要があります。

　相手先に送る内容証明には、このような制限はありませんが、一般的には文書を内容証明の謄本の規則に従って作成し、それを2部コピーして内容証明の謄本として使用します。

仕様	内容証明の様式
縦書きの場合	1行20字以内、1枚26行以内
横書きの場合	次のいずれか ・1行20字以内、1枚26行以内 ・1行13字以内、1枚40行以内 ・1行26字以内、1枚20行以内

同一内容の文書を計3通用意する

表に送り先、裏に
自社の住所と宛
名を書いた封筒

memo ▷ インターネット上でも内容証明手続きができます（e内容証明）。専用ホームページから専用ソフトウェアをダウンロードし内容証明文書を送信すると、印刷、封かん、発送まで一連の作業をしてくれます。

INDEX

ダウンロードデータ

P.014で解説しているダウンロードデータには、下記のファイルが収録されています。ファイルの用途等については関連ページを参照してください。

章	書類名	ファイル名	関連ページ
1章	書類保存箱ラベル	1-05_hozonbako.xlsx	24
	切手印紙受払簿	1-08_ukebaraibo.xlsx	36
	マインナンバーの利用目的	1-10-1_my_number.docx	42
	年次有給休暇管理台帳	1-14_kanridaityou.xlsx	50
	出勤簿	1-15_shyukkinbo.xlsx	52
2章	金種票	2-01-1_kinsyuhyou.xlsx	64
	支払証明書	2-01-2_shiharai.docx	66
	経費精算書	2-01-3_keihi.xlsx	68
	仮払申請書	2-01-4_karibarai.xlsx	70
	銀行勘定調整表	2-03_tyouseihyou.xlsx	74
	売掛帳・売掛管理表	2-06-1_urikake.xlsx	86
	買掛帳・買掛管理表	2-07-1_kaikake.xlsx	94
	見積書・発注書・発注請書・納品書・納品受領書・請求書	2-16_mitumori_seikyuu	132 〜 143
	領収書	2-17-1_ryousyusyo.xlsx	145
3章	納付管理表	3-01-4 noufu.xlsx	172
4章	労働保険申告用集計表	4-03_roudouhoken.xlsx	211
	年末調整のお知らせ	4-04-3_oshirase.docx	235
	定時株主総会議事録	4-08_kabusou.docx	286
	取締役会議事録	4-09_yakkai.docx	290
	監査報告書	4-10_kansa.docx	292
	税務届出書申告書一覧	4_10_zeimutodokedesyo.xlsx	294
5章	身元保証書	5-03-1_mimotohosyo.docx	306
	退職に関する合意書	5-04-1_taisyokugoui.docx	318

著者

税理士　**北川 知明**

1998年横浜市立大学商学部経営学科卒業。2003年税理士登録。2014年に会計事務所を退職、北川税理士事務所開設。スタートアップから上場後のさらなる発展段階のステージまで、企業の成長とともに各ステージのニーズに応じたサービス提供に定評がある。また、海外展開に取組む企業へのサービス提供にも長けている。

ウェブサイト　http://www.zeikinkaikei.com/

協力

特定社会保険労務士　**志戸岡 豊**

コントリビュート社会保険労務士法人　代表

長崎大学を卒業後、化学メーカーへ就職。その後、社労士事務所勤務を経て2011年に独立。独立後は、中小企業の就業規則に注力。最近は、勤怠管理や給与計算をはじめとした中小企業の労務管理のIT化や人事評価制度の構築を支援し、生産性の向上、働き方改革へのサポートも実施中。

ウェブサイト　https://www.office-shidooka.com/

カバー・本文デザイン	坂本 真一郎（クオルデザイン）
DTP	ケイズプロダクション
校正	松尾直子

増補改訂 インボイス・改正電子帳簿保存法に対応！

小さな会社の経理・人事・総務がぜんぶ自分でできる本

2023 年 9 月 20 日　初版第 1 刷発行
2024 年 3 月 26 日　初版第 3 刷発行

著者	北川 知明
発行人	片柳 秀夫
編集人	志水 宣晴
発行	ソシム株式会社
	https://www.socym.co.jp/
	〒 101-0064　東京都千代田区神田猿楽町 1- 5 -15 猿楽町 SS ビル
	TEL：(03)5217-2400（代表）
	FAX：(03)5217-2420

| 印刷・製本 | 中央精版印刷株式会社 |

定価はカバーに表示してあります。
落丁・乱丁本は弊社編集部までお送りください。送料弊社負担にてお取替えいたします。
ISBN978-4-8026-1427-6　©2023 Tomoaki Kitagawa　Printed in Japan

未収入金 （対象外）	●**本業以外の代金の未収** [摘要例] 作業くず売却代金、株式売却代金、固定資産売却代金、雑収入未収 　　　　　　　　　　　　　　　　▲未収金と記載することもある。
立替金 （対象外）	●**一時的な立替え** [摘要例] 取引先立替、従業員立替、労働保険料
仮払金 （対象外）	●**内容・金額が不明で一時的に使用する科目** [摘要例] 仮払交通費、仮払交際費、不明金、概算払い
仮払消費税 （対象外）	●**代金に係る消費税部分** [摘要例] 課税仕入れ、外税、輸入消費税
建物 （課税）	●**自社で使用するために所有する建物** [摘要例] 本社、事務所、店舗、倉庫、社宅、地鎮祭、上棟式
建物附属設備 （課税）	●**建物に附属している設備** [摘要例] 給排水設備、冷暖房設備、電気設備、衛生設備
構築物 （課税）	●**建物以外の建造物** [摘要例] 路面舗装、塀、広告塔、花壇、鉄塔
機械装置 （課税）	●**主に工場にある機械や装置およびその附属設備** [摘要例] ベルトコンベヤー、野菜裁断機、プレス、厨房設備
車両運搬具 （課税）	●**人や物を運ぶ車両や運搬具** [摘要例] トラック、オートバイ、ワゴン、フォークリフト、バス
工具器具備品 （課税）	●**工場で使われる道具、事務で使われる設備** [摘要例] 金型、応接セット、複合機、パソコン、テレビ
減価償却累計額 （対象外）	●**これまで減価償却した累計額** [摘要例] 有形固定資産分、無形固定資産分、減価償却
土地 （対象外）	●**自社で使用するために所有する土地** [摘要例] 事務所敷地、資材置場、駐車場用地、借地権、埋立費用、地盛、仲介手数料　　▲埋立費用、地盛、仲介手数料分は課
ソフトウェア	●**購入または自社制作したソフトウェア** [摘要例] 業務管理システム、プログラム開発費 　　　　　　　　▲自社制作の税区分は取引による

役員報酬	●役員に対する報酬の支払い
(対象外)	[摘要例] 取締役報酬、監査役報酬、定期同額給与
賞与	●ボーナスの支払い
(対象外)	[摘要例] 決算賞与、夏季賞与、事前確定届出給与
退職金	●退職による一時金の支払い
(対象外)	[摘要例] 退職一時金、退職年金、解雇予告手当、役員退職慰労金
法定福利費	●社会保険や労働保険の支払い
(対象外)	[摘要例] 健康保険料、雇用保険料、児童手当拠出金

売上・仕入、営業外損益、特別損益、法人税等

売上高	●本業で得た収入
(−)	[摘要例] 商品売上、サービス収入、請負収入、賃貸収入、クレジット売上、加工賃収入　▲税区分は扱う商品等による
売上値引・戻り・割戻し・割引	●値引き、返品、リベートの支払い
(−)	[摘要例] 数量不足、品質不良、荷傷み、売上返戻金、奨励金、破損　▲税区分は扱う商品等による
仕入高	●商品の購入代
(−)	[摘要例] 本体、引取運賃、運送保険料、関税、仕入諸掛、荷役費、購入手数料　▲税区分は扱う商品等による
仕入値引・戻し・割戻し・割引	●値引き、返品、リベートの受取り
(−)	[摘要例] 数量不足、品質不良、荷傷み、仕入返戻金、奨励金、破損　▲税区分は扱う商品等による
外注加工費	●取引業者への委託料
(課税)	[摘要例] 委託料、下請代、加工費、外注費、デザイン料
期首商品棚卸高	●前期から繰越されてきた商品
(対象外)	[摘要例] 期首商品の振替
期末商品棚卸高	●翌期へ繰越す商品
(対象外)	[摘要例] 期末商品の振替
受取利息	●預金や貸付金の利息収入
(非課税)	[摘要例] 普通預金利息、貸付金利息、解約利息、満期利息

受取配当金 （対象外）	●株式、投資信託、出資などの配当金 ［摘要例］中間配当金、期末配当金、出資配当金、収益分配金、匿名組合配当金 ▲投資信託の収益分配金は非
有価証券売却益 （対象外）	●有価証券を売った儲け ［摘要例］株式売却益、出資売却益、社債売却益、国債売却債 ▲売却金額の5%は非
為替差益 （対象外）	●為替相場の変動により生じた利益 ［摘要例］期末換算、為替換算差額
現金過不足 （対象外）	●帳簿と実際の現金の差額 ［摘要例］現金不足、現金過大、つり銭不足
支払利息 （対象外）	●借入金に対する利息の支払い ［摘要例］借入利息、信用保証料
有価証券売却損 （対象外）	●有価証券を売った損失 ［摘要例］株式売却損、出資売却損、社債売却損、国債売却損 ▲売却金額の5%は非
為替差損 （対象外）	●為替相場の変動により生じた損失 ［摘要例］期末換算、為替換算差額
繰延資産償却 （対象外）	●取得価額を所定の期間に渡り按分して計上する科目 ［摘要例］創立費償却、開業費償却
貸倒損失 （課税）	●売掛金などの回収不能による損失 ［摘要例］回収不能、債務免除、倒産、廃棄、破損、債権者集会、遠隔地、継続取引先 ▲貸付金の貸倒れは外
固定資産売却益 （対象外）	●固定資産の売却による儲け ［摘要例］器具売却、車両下取り、建物売却、土地売却、借地権売却、特許権売却 ▲売却金額は課（土地、借地権の売却金額は非）
固定資産除 売却損 （対象外）	●固定資産の売却や廃棄による損失 ［摘要例］備品売却、パソコン廃棄、取り崩し、廃車、設備除却 ▲売却金額は課（土地の売却金額は非）
法人税、住民税 及び事業税 （対象外）	●法人税、住民税、事業税の支払い ［摘要例］法人税、利息源泉、住民税、事業税

科目	用途

資産

現金 (対象外)	●硬貨、紙幣、通貨代用証券
	[摘要例] 他人振出小切手、送金小切手、定額小為替

普通預金 (対象外)	●自由に入出金できる預金
	[摘要例] 預入れ、引出し、振込、振替

当座預金 (対象外)	●手形や小切手の決済用の預金
	[摘要例] 小切手振出、引出し、約束手形、為替手形

定期預金 (対象外)	●あらかじめ預入れ期間を定めた預金
	[摘要例] 預入れ、解約、利息の入金、継続、満期

定期積金 (対象外)	●定期的に掛金を払込み満期に利息とともに受け取れる預金
	[摘要例] 掛金預入れ、当月積立

受取手形 (対象外)	●売上に対して受け取った手形
	[摘要例] 手形売上、約束手形、為替手形、売掛金回収

売掛金 (対象外)	●掛で販売した未収金
	[摘要例] 掛け売上げ、掛け代金回収、代物弁済

商品 (対象外)	●本業で販売する物品
	[摘要例] 販売用商品、期首商品振替、期末商品振替

貯蔵品 (課税)	●販売以外の物品でまだ使用していないもの
	[摘要例] パンフレット、事務用品、トナー、コピー用紙、切手(未使用)、収入印紙(未使用)、梱包材料　　▲印紙などは外

前渡金 (対象外)	●仕入れの前払い
	[摘要例] 手付金、着手金　　　　　　　▲前払金と記載することもある

前払費用 (対象外)	●1年以内のサービス提供に対する支払いでまだ提供されていない部分
	[摘要例] 広告料、保険料、前払利息、賃貸料

未収収益 (対象外)	●サービスを提供したがまだ代金を受取っていない部分
	[摘要例] 賃貸料、手数料、受取利息、保守料

短期貸付金 (対象外)	●期末から1年以内に返済される貸付金
	[摘要例] 取引先貸付、従業員貸付、社長貸付

電話加入権 （課税）	●**通信業者に支払う加入金** ［摘要例］電話加入権、施設設置負担金
投資有価証券 （対象外）	●**株式、社債、国債など** ［摘要例］株式、投資信託、出資払込み、社債払込み
出資金 （対象外）	●**株式会社以外の会社、信用金庫などへの出資** ［摘要例］合同会社、信用組合、商工会議所、協同組合
長期貸付金 （対象外）	●**返済までに 期末から1年を超える貸付金** ［摘要例］取引先貸付、従業員貸付、社長貸付
長期前払費用 （課税）	●**1年を超えるサービス提供に対する支払いでまだ 提供されていない部分など** ［摘要例］広告料、保険料、信用保証料、礼金、割賦手数料、 キャラクター使用料、フランチャイズ加盟金、社宅礼金 <div align="right">▲保険料、信用保証料、社宅礼金は非</div>
敷金 （対象外）	●**不動産を借りる際の支払いのうち返金される部分** ［摘要例］保証金、建物貸借敷金、敷金積み増し
保険積立金 （対象外）	●**保険料のうち積立て分** ［摘要例］養老保険、終身保険、長期平準定期保険、 積立損害保険
創立費 （ー）	●**会社を設立するまでの支払い** ［摘要例］司法書士報酬、登録免許税、定款認証費用、 会社設立費用、定款作成費用　　　　　▲税区分は取引による
開業費 （課税）	●**営業開始までの支払い** ［摘要例］調査費、開店広告、プレオープン諸費用

負債、純資産

支払手形 （対象外）	●**仕入れに対して振出した手形** ［摘要例］手形仕入、約束手形、支払手形、先日付小切手、 買掛金支払い
買掛金 （対象外）	●**掛で仕入れた未払金** ［摘要例］掛け仕入れ、掛け代金支払い、代物弁済

減価償却費 (対象外)	●取得価額を耐用年数に渡り按分して費用とする科目
	[摘要例] 車両減価償却費、ソフトウェア減価償却費
消耗品費 (課税)	●10万円未満の物品などの購入
	[摘要例] 机、モニター、電話機、30万円未満、包装紙
事務用品費 (課税)	●事務作業で使用する物品の購入
	[摘要例] 文房具、電卓、コピー用紙、トナー、ゴム印
福利厚生費 (課税)	●労働環境を改善するための支払い
	[摘要例] 健康診断、予防接種、社員旅行、忘年会、運動会、香典、慶弔費（社内）、制服、クリーニング　▲現金で渡す慶弔費・香典は外
地代家賃 (課税)	●土地や建物を借りるための支払い
	[摘要例] 事務所家賃、店舗家賃、倉庫料、駐車場代、トランクルーム、社宅家賃　▲社宅家賃、青空駐車場代は外
賃借料 (課税)	●土地・建物以外を借りるための支払い
	[摘要例] イベント機材レンタル料、レンタカー代、貸金庫代
支払手数料 (課税)	●銀行振込や専門家などに対する手数料の支払い
	[摘要例] 振込手数料、税理士報酬、仲介手数料、ロイヤリティ、クレジットカード加盟店手数料　▲クレジットカード加盟店手数料は外
新聞図書費 (課税)	●新聞、雑誌、書籍の支払い
	[摘要例] 購読料、雑誌、地図、業界紙、データベース利用料金
諸会費 (対象外)	●諸団体の会費
	[摘要例] 組合費、同業者団体会費、通常会費、特別会費、クレジットカード年会費　▲クレジットカード年会費、特別会費は課
寄附金 (対象外)	●見返りを求めない支払い
	[摘要例] 募金、義援金、政治献金、祭礼寄付、低廉譲渡
雑費 (課税)	●臨時的、少額な支払い
	[摘要例] 引越し代、求人広告代、ゴミ処理代、電池
給料手当 (対象外)	●従業員に対する給料、諸手当の支払い
	[摘要例] 基本給、残業手当、各種手当、現物給与
雑給 (対象外)	●パートやアルバイトに対する給料などの支払い
	[摘要例] パートタイマー、アルバイト、インターンシップ

小さな会社のための
よく使う勘定科目リスト

科目	用途
販売費及び一般管理費	
租税公課 （対象外）	●法人税、住民税、事業税以外の税金 ［摘要例］収入印紙、固定資産税、自動車税、登録免許税
荷造運賃 （課税）	●商品の梱包代、発送代 ［摘要例］運送料、宅配便、梱包材、EMS　　　▲EMSは外
水道光熱費 （課税）	●水道、電気、ガス代 ［摘要例］水道料金、電気料金、ガス料金、灯油、電灯
通信費 （課税）	●電話、郵便など通信に関する支払い ［摘要例］電話代、切手代、インターネット料、書留料金
旅費交通費 （課税）	●移動や宿泊などに必要な支払い ［摘要例］電車代、通勤費、宿泊代、ETC、パーキング料
車両費 （課税）	●車両の維持管理に必要な支払い ［摘要例］車検料、ガソリン代、定期点検、オイル交換
広告宣伝費 （課税）	●会社や商品の宣伝に関する支払い ［摘要例］会社案内作成、ホームページ制作、SEO対策、試供品、チラシ見本品、ラジオCM　　　▲商品券（配布用）は外
交際費 （課税）	●接待、贈答などに関する支払い ［摘要例］接待、見舞金、お中元、お歳暮、手土産、ゴルフ代、開店祝い花代、慶弔費（社外）　▲商品券、現金で渡す見舞金・慶弔費は外
会議費 （課税）	●打合せに関する支払い ［摘要例］貸会議室料、飲食代（会議）、商談関連費用
支払保険料 （対象外）	●保険料の支払い ［摘要例］火災保険、店舗総合保険、地震保険、PL保険、生命保険、共済掛金　　　▲社保、労保は法定福利費
修繕費 （課税）	●修理、保守、メンテナンスに関する支払い ［摘要例］定期点検、保守、修理、原状回復、外壁塗装

短期借入金	●期末から1年以内に返済する借入金
（対象外）	[摘要例] 取引先借入、手形借入、証書借入、社長借入
未払金	●本業以外の代金の未払い
（対象外）	[摘要例] 未払給与、諸経費の未払い、固定資産購入代金
未払費用	●サービスの提供を受けたがまだ代金を支払っていない部分
（対象外）	[摘要例] 給料手当、賃借料、保険料、利息
未払法人税等	●法人税、住民税、事業税のうち未払い
（対象外）	[摘要例] 期末引当、未払法人税、前期過大計上戻し、概算計上
未払消費税	●消費税の未払い
（対象外）	[摘要例] 確定決算分、仮払消費税と仮受消費税の相殺
前受金	●売上の前受け
（対象外）	[摘要例] 手付金、着手金、前受け、チケット販売、回数券販売
預り金	●源泉所得税、社会保険料、労働保険料など
（対象外）	[摘要例] 給与源泉、給与社保、住民税、旅行積立金
前受収益	●サービスに対する受取りでまだ提供していない部分
（対象外）	[摘要例] 賃貸料、手数料、受取利息、地代
仮受消費税	●代金に係る消費税部分
（対象外）	[摘要例] 課税売上、外税
仮受金	●内容・金額が不明で一時的に使用する科目
（対象外）	[摘要例] 不明入金、金額未定、売掛金回収
長期借入金	●返済までに期末から1年を超える借入金
（対象外）	[摘要例] 取引先借入、証書借入、社長借入
資本金	●株主から出資されたもの
（対象外）	[摘要例] 払込、現物出資、増資、原資